**Liebe Kolleginnen, Kollegen und Partner,**

*in vier Jahrzehnten hat sich dm zu einem besonderen und auch besonders erfolgreichen Unternehmen entwickelt. Den Gründungsimpuls – und vieles mehr – verdanken wir einem Menschen, der sich gerade in seinem 70. Lebensjahr befindet, Götz Wolfgang Werner. Er sagt, dass er nie mit diesem Resultat gerechnet hätte. dm ist heute ein Gemeinschaftswerk vieler Menschen, die Tag für Tag aufs Neue miteinander daran arbeiten, eine Kultur des Füreinander-Leistens auszubilden. Dabei herausgekommen ist nicht nur ein sozialer Organismus mit einer hervorragenden Reputation, sondern auch eine Dauerhöchstleistung beim Handeln mit drogistischen Produkten.*

*Der dm-Gründer ist sich sicher, dass der Erfolg das Ergebnis eines sozialkünstlerischen Prozesses ist, der eine Kultur der Zusammenarbeit erzeugt, die sich selbst trägt und aus sich heraus weiterentwickeln kann. Mehr über seine Arbeit bei und für dm, mehr über den Prozess des Aufgreifens und Verwandelns und noch viel mehr darüber, womit Götz W. Werner nie gerechnet hätte, hat er in seiner Autobiografie zusammengetragen.*

*Dieses Buch zu lesen lohnt sich, deshalb haben wir, die Geschäftsführung von dm, uns entschieden, es allen Gästen des Sommerfestes mit auf ihren Weg zu geben. Wir wünschen Ihnen eine erkenntnisreiche und kurzweilige Lektüre!*

*Herzlichst*
*Ihr Erich Harsch*

Götz W. Werner
mit Claudia Cornelsen

# Womit ich nie gerechnet habe

Die Autobiographie

Econ

MIX
Papier aus verantwortungsvollen Quellen
FSC® C014496

Econ ist ein Verlag
der Ullstein Buchverlage GmbH

ISBN 978-3-430-20153-7



Gesetzt aus der Aldus
Satz: LVD GmbH, Berlin
Druck und Bindearbeiten: GGP Media GmbH, Pößneck
Printed in Germany

## Inhaltsverzeichnis

*Die besten Entdeckungsreisen macht man, indem man die Welt mit anderen Augen betrachtet.* Marcel Proust

# Prolog **Evidenz oder warum ich im Leben nichts gelernt habe**

»Um Gottes willen, Herr Werner, das ist doch illusorisch. Das kann doch gar nicht funktionieren!« Sie können sich gar nicht vorstellen, wie oft im Leben ich diesen Satz gehört habe. Von Freunden, von Kollegen, in der Duz-Variante von Eltern und anderen Verwandten. Sie alle meinten es nur gut. Sie hatten schon ihre Erfahrungen gemacht und wollten mir Schlimmes ersparen.

Die meisten Menschen meinen, wir handelten aus Erfahrung. Aber das stimmt nicht immer. Wenn wir etwas Bestimmtes tun wollen, wird uns oftmals von guten Freunden sogar die Erfahrung als Gegenargument vorgehalten.

»Denk doch dran«, mahnen sie besorgt, »du wolltest doch nie wieder …«, und dann folgt irgendeine der schlechten Erfahrungen, die man gemacht und über die man sich bei den guten Freunden ausgeweint hat. Stimmt, man wollte nie wieder ein Fahrrad mit einem wackligen Gepäckträger fahren. Ja, man hatte sich in der letzten Wohnung oft darüber beklagt, dass der Weg zum Supermarkt so weit sei. Und genau, man wollte keine Beziehung mehr mit einem Menschen beginnen, mit dem man nicht auch über berufliche Probleme reden kann. Richtig, richtig, richtig. Aber ganz gleich, wie sehr andere dagegen reden, für einen selbst stimmt es trotzdem.

Sie werden das kennen: Diesen Moment, in dem man weiß, dass etwas richtig ist. Dass etwas stimmt. Vielleicht sind Sie gerade auf Wohnungssuche. Sie haben schon unzählige Wohnungen besichtigt, aber plötzlich stehen Sie in einer Wohnung und denken: »Die ist es! Hier will ich wohnen!« Oder Sie möchten sich ein neues Fahrrad kaufen, sind schon dieses und jenes zur Probe gefahren, bis Sie dann plötzlich auf einem Rad sitzen, bei dem Sie sicher sind: »Das soll es sein. Das ist das richtige für mich!« Und mit etwas Glück ist Ihnen auch schon einmal ein Mensch begegnet, bei dem Sie auf einmal und unvermittelt spürten: »Das ist der Mensch, mit dem ich den Rest meines Lebens verbringen will!«

Solche Situationen nenne ich Evidenzerlebnisse. Evident ist etwas, das durch unmittelbare Anschauung überzeugt. Es bedarf keiner langen Argumentation, keiner besonderen Methode, keines Vorwissens und keiner Expertise, um etwas als evident zu erkennen. Wenn etwas evident ist, dann braucht es keine Prüfung und lange Analyse mehr. Wobei durchaus wahrscheinlich ist, dass Sie für die Wohnungssuche eine detaillierte Checkliste geschrieben haben. Darauf steht alles, was Ihnen wichtig ist: Lage, Größe, Preis, Ausstattung. Sicher haben Sie auch an das neue Fahrrad im Vorfeld konkrete Ansprüche über Sportlichkeit und Stabilität gestellt. Und möglicherweise hatten Sie vom Mann oder der Frau Ihrer Träume auch klare Vorstellungen, was Aussehen, Charakter oder Hobbys betrifft. Aber in der konkreten Situation hat man ein Evidenzerlebnis, *bevor* Sie auch nur den ersten Punkt Ihrer Checkliste in Erwägung gezogen haben.

Erst im Nachhinein gehen Sie die Kriterien einzeln durch und prüfen, ob das Evidente der kritischen Betrachtung standhält – wobei durchaus häufig vorkommt, dass einzelne reale Aspekte nicht den ideal erdachten Bedingungen entsprechen. Dann fängt man an, die Checkliste zu korrigieren, etwa indem man einzelnen Kriterien weniger Wert beimisst. »So wichtig ist mir bei dem Fahrrad ein stabiler Gepäckträger gar nicht. Denn so lange Radtouren mache ich eigentlich gar nicht, dass ich eine schwere Tasche transportieren müsste.« Oder indem man die negativen Punkte ins Positive wendet: »Es wäre zwar bequemer, wenn von der neuen Wohnung aus der nächste Supermarkt fußläufig erreichbar wäre. Aber mit dem Bus sind es nur zwei Stationen. Und es ist ohnehin viel gesünder, wenn ich mit dem Fahrrad hinfahre, dann mache ich gleich ein bisschen Sport.« Oder wir werfen die vielen guten Argumente in die Waagschale, um das eine oder andere Manko auszugleichen: »Okay, ich kann mit der Frau nicht über Fußball diskutieren, aber sie sieht toll aus, hat ein großes Herz und ist umwerfend klug!«

Denn bei allem, was wir tun: Worauf kommt es dabei an? Auf die Zukunft! Und eben nicht auf die Verlängerung des Erfahrenen. Nur ein Bürokrat handelt aus der Vergangenheit heraus. Der unternehmerisch veranlagte Mensch fängt immer neu an. Er handelt auf Grundlage von heute und dem, was er aus der Zukunft antizipiert – gestärkt mit den Fähigkeiten, die er in der Vergangenheit entwickelt hat. Mit der Empirie erfasst man die Vergangenheit, mit der Evidenz bewältigt man die Zukunft. Wir bewegen uns durch die Welt, machen unsere Erfahrungen und ziehen daraus irgendeine Erkenntnis. Die Erkenntnis versucht man abzusichern, dann fühlt man sich sicher und geht weiter. Der Weg führt zu einer neuen Begegnung, man entdeckt ein Interesse an der Sache und hat dann eine Intuition. Diese Intuition sagt einem: Jetzt musst du hier weitergehen! Das ist kein Empirieerlebnis; das ist ein Evidenzerlebnis. Die Evidenz verschafft mir Erkenntnis. Man handelt nicht aus Erfahrung, sondern aus Erkenntnis. Vielleicht sind Sie noch gar nicht verliebt, aber Sie treffen das andere Wesen und sagen: Das hat etwas mit mir zu tun. Aus der Evidenz wird eine Erkenntnis. Alle sagen, es ginge nicht, aber Sie spüren, dass es doch gehen könnte. Es ist eine innere Überzeugung, das Richtige zu tun.

## Ausbruch aus dem Erfahrungsgefängnis

Es gibt die kleineren Evidenzerlebnisse: Man steigt aus irgendeinem Grund in einen Zug nicht ein, und später stellt sich heraus, dass dieser Zug mit zwei Stunden Verspätung ankommt. Und es gibt die schicksalhaften Evidenzerlebnisse: Man studiert nicht dies, sondern das andere. Man fängt nicht hier, sondern dort mit der Arbeit an.

Oftmals lässt man sich aber auch von Ratschlägen aus der Umgebung beirren. Dann kauft man ein Haus, zu dem einem alle geraten haben. Oder beginnt eine Ausbildung, die zwar die Eltern oder die Lehrer für zukunftsweisend halten, aber die einen selbst eigentlich nicht interessiert. Viele Menschen stecken in einem Erfahrungsgefängnis, das andere für sie errichtet haben. Manche bauen sich ihr eigenes. Sie müssen erst lernen, zwischen den Gitterstäben der Empirie hindurchzuschauen, um hinter dem weiten Horizont neue Handlungsfelder zu entdecken. Manchmal schafft man es erst Jahre später, empirische Entscheidungen zu revidieren und sich den evidenten zuzuwenden.

Ich erinnere mich an einen Mann, der neben mir im Zug saß, ein Rentner, der erzählte, er habe vierzig Jahre lang einen ungeliebten Beruf ausgeübt. Er hätte immer gern Medizin studiert, aber kriegsbedingt nur einen Volksschulabschluss gehabt. Und da er schon sehr früh für seinen Lebensunterhalt sorgen musste, habe er es sich nie leisten können, den Schulabschluss nachzuholen. Deswegen habe er erst jetzt als Rentner angefangen, sich mit Homöopathie zu beschäftigen. Dann strahlte er mich an: Jetzt hole ich nach, worauf ich vierzig Jahre verzichten musste!

Da hat jemand fast sein ganzes Leben gebraucht, um endlich sein Leben zu leben. Tragisch. Aber zum Glück dann doch noch den Mut und die Kraft gefunden, sich darauf einzulassen. Das Wichtigste: Er hat wenigstens das Evidenzerlebnis gehabt. Für ihn war immer evident: Medizin ist sein Metier!

Bei anderen Menschen ist manchmal das Gespür für Evidenz fast ganz verschüttet. Oder sie haben es noch nie erlebt. Denn obgleich jeder Mensch mehr oder weniger bewusst die Fähigkeit dazu hat, gibt es Evidenzerlebnisse nicht für jeden gleichermaßen. Man kann sich dafür sensibilisieren, man kann empfänglich werden für Evidenzerlebnisse. Nur, wie geht das?

Dazu eine kleine Geschichte: Mir hat vor vielen Jahren mein damaliger Chef, Helmut Nießner, der später auch Patenonkel meiner ältesten Tochter wurde, sehr imponiert: Seine damals heranwachsende Tochter hatte sich mit einem jungen Mann angefreundet, der aus Sicht eines fürsorglichen Vaters eher ein Graus war. Aber statt der Tochter Vorhaltungen zu machen und sich über die Frisur, die Kleidung oder gar die gesamte Lebensweise ihrer Jugendliebe zu empören, ging er auf – für die damalige Zeit – geradezu sensationelle Weise mit der Situation um: Er freute sich für die Tochter, gratulierte ihr zu dieser Erfahrung und lud das frisch gebackene Paar zu einem gemeinsamen Urlaub mit der ganzen Familie ein. Im Urlaub fand die Tochter dann von selbst heraus, was der Bursche eigentlich für ein Typ war, und damit war die Beziehung beendet. Der Vater hat einfach darauf vertraut, dass die Charakterschwächen des jungen Mannes, die für ihn evident waren, auch der Tochter evident werden würden. Aber er hat sich eben auch dafür geöffnet, im Urlaub möglicherweise die Vorzüge des jungen Mannes zu entdecken – und seinerseits von der Evidenz erfasst zu werden, wie die Tochter sie erlebt hatte. Er hat sich der Situation erlebend gegenübergestellt.

Genau darum geht es: Man muss sich selbst aufmerksam machen – auf die Menschen und die Welt um einen herum. Es braucht Menscheninteresse und Weltinteresse. Und es braucht Wärme und Licht. Zuerst muss man für andere Menschen und für die Welt Interesse entwickeln. Man muss sich für das, was einem entgegenkommt, erwärmen können. Zu der Wärme kommt dann das Licht, indem man die Welt und die Menschen mit seinem Denken beleuchtet – das Geisteslicht, das Denklicht.

Initiative kommt immer aus der Wärme, Reflektion kommt aus dem Kopf. Initiativ wird man mit dem Herzen, und der Kopf fragt dann: Halt mal, wo führt das hin?, und checkt, ob das auch der richtige Weg ist.

Man kann nicht sagen: Ich will jetzt was ganz Tolles machen, ich lege mich mal einen Tag in die Tiefkühltruhe. Ein cooler Typ ergreift keine Initiative. Den muss man erst anfeuern. Erst wenn ein Funke überspringt oder die Leidenschaft entflammt, dann schreitet man zur Tat.

Um sich für Evidenzerlebnisse zu sensibilisieren, sollte man hinaus in die Welt treten, mit Neugier und Offenheit schauen und sich darauf einlassen, wer und was einem begegnet und wofür man sich erwärmt. Jeder Mensch kommt ohne Bewusstsein auf die Welt. Erziehung ist nicht nur dafür da, Wissen zu vermitteln, sondern Erziehung muss ein Feuer entfachen. Gute Eltern, gute Freunde und gute Pädagogen sind in der Lage, die vorhandene Glut zu erahnen und entsprechend anzufachen – das Implizite explizit zu machen. Aber man muss sich auch selbst bemühen. Den roten Faden im Leben findet der Mensch nur, wenn er sich auf die Suche macht. Der Mensch ist ein suchendes Wesen, und das Leben ist ein permanenter Suchvorgang. Wer sich zurückzieht, wird nicht nur einsam, sondern lebt irgendwann nur noch abgekühlt. Irgendwann sitzt er ratlos vor dem Fernseher und weiß gar nicht mehr, was er eigentlich will, was ihm noch Spaß macht, wofür er lebt. Einen solchen Menschen muss man erst wieder hinausführen in die Welt und öffnen für das Funkenfeuer, das uns das Leben bereithält. Irgendwann wird auch er entdecken, welcher der für ihn richtige Weg ist. Der Schlüssel für Evidenz ist also Entwicklung von Weltinteresse und Menscheninteresse. Man muss sich Einlassen auf Welt und Mensch.

## Seelische Offenheit mit selten harmonischer Begleitmusik

Ein guter Arzt kommt oft über das Evidenzerlebnis zur Therapie. Zunächst macht er eine ausführliche Anamnese. Vielleicht fragt er den Patienten nach seinen Geschwistern, den Eltern und so weiter. Dadurch macht er sich mit ihm vertraut. Das geht nicht mit Coolness, sondern nur mit Wärme. Anschließend schickt er den Patienten ins Labor. Da werden Blutwerte und ähnliches analysiert. Anschließend betrachtet der Arzt durch die Wärme der Begegnung hindurch die nüchternen Werte und fragt sich, was sich ihm jetzt aufgrund der Anamnese und der Ergebnisse offenbart. Der Arzt sucht das Evidenzerlebnis.

Dazu muss man die Menschen und die Welt an sich herankommen lassen und schauen: Berührt es mich? Lehne ich es ab? Was macht es mit mir? Das erfordert eine seelische Offenheit. Das ist kein akademischer oder wissenschaftlicher Weg. Es geht nicht darum, Vokabeln oder Grammatik zu lernen oder sich Techniken und Methoden anzueignen, sondern diese seelische Offenheit zu entwickeln und zu trainieren. Wenn man erst hinaustritt in die Welt, dann wirft einem das Leben eine Vielzahl von Bällen zu. Es geht dann nur darum, die richtigen aufzufangen. Es sind Angebote, die das Schicksal einem unterbreitet, und es braucht dann Geistesgegenwart und Evidenz, im entscheidenden Moment zu sagen: »Ja, jetzt greife ich zu!«

Es ist selten so, dass es nur eine richtige Entscheidung gibt. Je nachdem wie ich mich entscheide, eröffnen sich neue Möglichkeiten. Mit jeder neuen Möglichkeit, die sich bietet, muss ich mich neu entscheiden, immer auf Basis von Evidenz. Man bekommt eine innere Gewissheit, obwohl es keinen äußerlichen Beweis gibt. Man hat seinen persönlichen Polarstern vor Augen. Und dann weiß man immer ganz genau, wie es weitergeht.

Man muss sich – wie Christoph Kolumbus oder Heinrich

der Seefahrer – ins Ungewisse begeben. Damals war die Erde noch eine Scheibe. Es gab nur Küstenschifffahrt. Trotzdem wagt sich ein Mensch, obwohl er die Scheibe im Bewusstsein hat, immer weiter raus aufs Meer. Er sieht kein Land, nichts mehr. Er segelt einfach im Vertrauen darauf weiterzukommen. Durch dieses »Hinwegschreiten über die Übergänge«, wie es der Philosoph Johann Gottlieb Fichte formuliert hat, gewinnt man Erkenntnisse, durch die man in Zukunft das Leben kreativer, schöpferischer, tatkräftiger, einsichtsvoller gestaltet. Auf diese Weise sind mir viele wunderbare Dinge widerfahren, mit denen ich nie gerechnet hatte – eben weil ich gar nicht erst gerechnet habe.

Wenn ich in diesem Buch also das »aus der Erfahrung Erkannte« beschreibe, dann standen die Lerneinheiten in keinem Stundenplan, gab es kein Klassenzimmer und keine ausgebildeten Pädagogen. Ich habe gelernt, was auf den Tisch kam. Manche Lektion habe ich mir selbst eingebrockt, manche war schwer verdaulich und brauchte etwas länger, bis ich sie verstehen konnte, und bis heute weiß ich nicht zu sagen, welches das Hauptgericht und welches das Dessert war – oder ob ich überhaupt schon über die Vorspeise hinausgekommen bin. Selbst wenn in der Rückschau auf meinen Weg der vergangenen Jahrzehnte alles scheinbar so linear, strategisch und zielgerichtet aussieht.

Übrigens, die Begleitmusik zu solcher Art des Hinwegschreitens klingt selten harmonisch. Den Refrain dazu kennen Sie schon. Er lautet: »Um Gottes willen, Herr Werner, das ist doch illusorisch. Das kann doch gar nicht funktionieren!«

*Lass dir von keinem Fachmann imponieren, der dir erzählt: »Lieber Freund, das mache ich schon seit zwanzig Jahren so!« – Man kann eine Sache auch zwanzig Jahre lang falsch machen.*
Kurt Tucholsky

# Kapitel 1 **Der Anfang oder wie ich wider Willen ein Unternehmen gründete**

Anfang der 1950er-Jahre wurden zwei Schuhverkäufer nach Afrika geschickt. Sie sollten den Markt erkunden und nach drei Tagen ein Telegramm über ihre ersten Eindrücke schicken. Telegrafiert der eine: »Nullmarktchancen, alle laufen barfuß.« Telegrafiert der andere: »Riesenmarktchancen, noch keiner trägt Schuhe.«

Das ist eine in der Wirtschaftswelt sehr beliebte Geschichte, die ich 1981 bei dem Vortrag eines Franzosen im Gottlieb-Duttweiler-Institut in Zürich aufgeschnappt habe. Sie illustriert, wie sich das alte Motiv vom halbleeren oder halbvollen Glas auch im unternehmerischen Denken widerspiegelt: Der nicht-unternehmerisch Disponierte sieht das Problem; der unternehmerisch Disponierte sieht die Gestaltungsmöglichkeit.

Der Vortrag hat mich damals sehr beeindruckt, obgleich ich alles nur in der Simultanübersetzung verfolgen konnte, weil ich kein Französisch verstehe. In Frankreich hatte gerade François Mitterand als erster Sozialist die Regierung übernommen. Der Referent berichtete, dass viele Unternehmen diesen Regierungswechsel als Bedrohung erlebten. »Aber«, sagte er, »wir haben es uns in unserem Unternehmen zur Angewohnheit gemacht, aus einer Bedrohung ein Problem zu machen und aus einem Problem eine Gestaltungsmöglichkeit.« Da leuchtete mir spontan ein: Es gibt keine Probleme; es gibt nur Herausforderungen. Bei dieser Gelegenheit habe ich auch gelernt, dass die Chinesen für die Chance und die Krise ein und dasselbe Schriftzeichen nutzen.

Wenn man sich dieses Zusammenspiel von Krise und Chance zur Lebenshaltung macht, dann fühlt man sich nie bedroht. Man hadert auch nicht mit seinen Fehlern, obwohl man ständig etwas falsch macht. Aber Fehler werfen einen nicht aus dem Gleis. Man muss dann eben anders weitermachen. Fertig. Allerdings sollte man aufpassen, dass man nicht übermütig wird. Große Risiken sollte man nur eingehen, solange man sicher ist, das eine Entscheidung reversibel ist. Leider können viele Menschen nicht gut unterscheiden, was reversibel und was irreversibel ist. Dabei ist das eigentlich ganz einfach: Solange ich auf meine Fähigkeit vertrauen kann, eine Lösung zu finden, wenn etwas schief geht, solange ist eine Entscheidung reversibel. An dieser Stelle kommen Evidenz und Empirie zusammen.

So war es auch im Sommer 1973.

Die Gründung des »Deutschen Drogisten-Verbandes« lag fast auf den Tag genau hundert Jahre zurück. Am 11. April 1873 hatten sich bei einem Delegiertentreffen die deutschen Drogisten in Berlin zusammengeschlossen, vor allem in Abgrenzung zu den zahlreichen Apothekern. Denn im 19. Jahrhundert wurden Tabak, Spirituosen, Gewürze und selbst Konditoreiprodukte als »Apothekerwaren« bezeichnet. Heilkräuter durften generell nur in Apotheken verkauft werden. Der Verband machte politische Lobbyarbeit im Deutschen Reichstag, und die Gesetze änderten sich. Schon bald reichte das Drogerie-Sortiment von Zahnpulver, Hautcreme und Schuhputzzeug über Heilkräuter und Backpulver bis hin zu Treibstoff für die damaligen Automobile. Bald entstanden die ersten Reformhäuser. Die Menschen begannen den sozialen und gesundheitlichen Auswirkungen der Industrialisierung entgegenzuwirken. Ob Pfarrer Kneipp als Vertreter der Naturheilbewegung oder Eduard Baltzer, der Vorreiter des Vegetarismus – man suchte einen würdevollen Umgang mit Mensch und Tier. Die »Lebensreformer« entwickeln neue Nahrungsweisen mit Vollkornbrot, pflanzlichem Fleischersatz, Fruchtsäften und Heilkräutern. Auch rund um die neu aufkommende Fotografie gab es alle Materialien, die für die Entwicklung von Fotos nötig waren, in der Drogerie.

Schon drei Jahre zuvor, nämlich 1870, hatte mein Urgroßvater in Heidelberg eine Drogerie eröffnet, die mein Vater als junger Mann in den 1920er Jahren übernahm. Er steuerte den Laden in der Heidelberger Hauptstraße, Ecke Märzgasse, durch die Wirren der Inflationszeit, die Jahre des Nationalsozialismus und den Zweiten Weltkrieg, in den er wegen starker Arthrose glücklicherweise nicht eingezogen wurde. Nach dem Krieg eröffnete er 1950 die erste Filiale, auf die in den bald einsetzenden Wirtschaftswunderjahren zahlreiche weitere folgten.

Ich bin als Kind immer im Laden herumgesprungen und habe mir schon als Sechsjähriger einen weißen Kittel gewünscht. Damals verkaufte man die meiste Ware offen, unverpackt. Den intensiven Geruch nach Seifen, Salben und Kräutern habe ich noch heute in der Nase.

## Eine Idee liegt in der Luft

1973 hatten sich die Zeiten gewandelt. Ich war Ende zwanzig und hatte eine Idee. Was mir fehlte, war Geld und Unterstützung. In mir gärte schon seit einigen Jahren ein Gedanke, der mir sofort und zutiefst eingeleuchtet hatte. Ein Evidenzerlebnis, auch wenn ich es damals noch nicht mit diesem Begriff hätte fassen können. Diese innere Sicherheit ließ mich meinen Plan unbeirrbar verfolgen, obwohl alle um mich herum abrieten. Mein Vater sprach schon längere Zeit nicht mehr mit mir. Meine Schwiegereltern liefen Sturm. Keine Bank gab mir Kredit. Jeder sagte nur: »Um Gottes willen!«

Es war niederschmetternd. Aber ich wusste, dass sie falsch lagen. Die meisten Menschen betrachten die Welt nicht aufgrund wahrnehmbarer Fakten, sondern aufgrund ihrer Vorurteile. Erst im Nachhinein meinen sie, sie hätten es genauso gesehen und gemacht.

Dabei war ich keineswegs der einzige, der wahrgenommen hatte, dass die Branche vor einem substantiellen Strukturwechsel stand. 500 Kilometer nördlich von Karlsruhe, wo ich meinen ersten eigenen Laden eröffnete, war fast zeitgleich ein ebenfalls junger Drogist auf dieselbe Idee gekommen: Als ich im August 1973 starten wollte, erfuhr ich, dass in Hannover schon im März 1972 Dirk Roßmann seinen »Markt für Drogeriewaren« eröffnet hatte. 1975, anderthalb Jahre nach meinem Beginn in Karlsruhe, eröffnete Anton Schlecker in Kirchheim unter Teck seinen ersten Drogeriemarkt. Rossmann und dm sind heute, vierzig Jahre später, jeder auf seine Weise noch dabei. Schlecker hat sich 2012 verabschiedet, aber das ist eine andere Geschichte.

Die Idee lag in der Luft. Sie war – rückblickend lässt sich das leicht sagen – in keiner Weise so abwegig, wie damals alle meinten. Der gesamte Einzelhandel war im Umbruch. Das, was uns heute so selbstverständlich erscheint – der Supermarkt nämlich –, war bis weit in die 1950er Jahre in Deutschland etwas völlig Unbekanntes. Lebensmittel kaufte man in Geschäften mit kleiner Fläche und vor allem mit einer Bedientheke, über die der Kaufmann die Ware dem Kunden einzeln reichte. Erst mit dem steigenden Warenangebot in den Jahren des Wirtschaftswunders begann die Zeit der Supermärkte: *Kaiser's, Hill, Bolle* oder *Tengelmann* machten den klassischen Einzelhändlern das Leben schwer. Deswegen wagten die beiden Brüder Karl und Theo Albrecht ein Experiment, nachdem ihre Versuche, mit vergrößerten Verkaufsflächen und verbreitertem Sortiment dem Druck der neuen Wettbewerber standzuhalten, kläglich gescheitert waren. Sie entwickelten die Idee des Discountgeschäftes: kleines Sortiment, Selbstbedienung, Warenverkauf aus dem aufgeschnittenen Versandkarton, direkt von der Palette oder aus schlichten Holzregalen, kein Kreditverkauf, keine Rabattmarken, dafür möglichst billige Preise.

Indem sie alles wegließen, was der Einzelhandel bis dahin für selbstverständlich erachtet hatte, und sich auf Qualität und Preis konzentrierten, gewannen die Aldi-Märkte enorme Kostenvorteile, die sie an den Kunden weitergeben konnten. Und die Verbraucher wussten die günstigen Preise zu schätzen. Bereits in den 1970ern war Aldi zum Hecht im Karpfenteich des Einzelhandels aufgestiegen. Es war naheliegend, das Discounter-Prinzip auch in anderen Handelsfeldern anzuwenden als nur im Lebensmittelhandel. Jedenfalls für mich.

Ich war 28 Jahre alt, eigentlich in einem großen Drogeriefilialbetrieb beschäftigt und hatte gar nicht vor, mich selbstständig zu machen. Ich schlug lediglich meinen damaligen Vorgesetzten vor, was mir evident erschien: »Wir setzen auch im Drogeriemarkt auf das Discountprinzip.« Leider fanden die Herren das nicht auf Anhieb plausibel, sondern fragten kritisch nach: »Wie wollen Sie das machen?«

Die Antwort fiel mir nicht schwer, sie lag auf der Hand: »Wir verkaufen statt 15 000 nur 2000 Artikel, dafür machen wir statt 10 000 Mark 120 000 Mark Umsatz!«

Doch die alten Drogerie-Hasen lachten bloß: »Sie können nicht rechnen, junger Mann! Diese Mathematik ist Ihnen etwas über den Kopf gewachsen.«

Nach ihrer Erfahrung schlug ich lauter Dinge vor, die sich

gegenseitig ausschlossen. Das waren sachkundige Leute, sie wussten, wovon sie sprachen. Und sie waren zu höflich, um mir einen Vogel zu zeigen, aber eigentlich haben sie genau das gemeint: der kleine Spinner da, mit 28 Jahren, Flausen im Kopf!

Mich machte das wütend. Denn natürlich konnte ich meine Vorschläge nicht mit Empirie belegen, sondern nur wenn ich die Chance bekäme, sie in der Praxis unter Beweis zu stellen. Selbst mein Verweis auf die Aldi-Erfolge fruchtete nicht. Stattdessen bekam ich zur Antwort: »Was der Aldi macht, das ist nur eine vorübergehende Erscheinung« oder: »Das mag im Lebensmittelhandel funktionieren, aber im Drogeriemarkt wird das nie und nimmer klappen.«

## Ende der Preisbindung – Anfang vom Ruin?

Die Diskussionen waren schon schwierig genug. Doch auch meine persönliche Lebenssituation machte die Sache nicht leichter. Ich hatte vor wenigen Jahren geheiratet, war junger Familienvater und trug damit privat große Verantwortung. Meine Frau Barbara, die ich bei einem meiner Besuche in Heidelberg 1967 kennengelernt hatte, war mit mir nach Karlsruhe gezogen. Im Mai 1971 war unsere Tochter Cornelia auf die Welt gekommen; im November 1972 unser Sohn Christoph. Mit der Stelle als Prokurist konnte ich gut für den Lebensunterhalt aller sorgen. Sollte ich das einfach so aufgeben? Wir lebten sparsam, aber ich verfügte über kein nennenswertes Eigenkapital. Zudem war die wirtschaftliche Situation in Westdeutschland damals sehr angespannt. Wenn ich mich nun selbstständig machte, würde ich für einen Kredit mindestens 14 Prozent Zinsen zahlen müssen. Oder mehr. Mein Schwiegervater, der als Verkaufsleiter in der Druckfarbenbranche relativ gut verdiente, rechnete mir quasi täglich vor, wie riskant meine Überlegungen wären und dass ich die ganze Familie in den Ruin stürzen würde.

Ich argumentierte, dass ich die Familie nur dann in den Ruin stürzen würde, wenn ich an der bisherigen Stelle bliebe; denn ich hielt die traditionellen Drogerie-Konzepte für veraltet und nicht mehr zeitgemäß. Sie hatten keine Zukunft, das war mir klar. Aber diese Einschätzung teilte in meiner Umgebung niemand. Egal mit wem ich sprach, ich biss überall auf Granit. Nur meine Frau Barbara hielt zu mir, obwohl sie mir in der Sache selbst keinen Rat geben konnte. Sie kannte sich in der Branche nicht genügend aus, vertraute aber darauf, dass ich eine vernünftige Entscheidung fällen würde. Was sollte ich tun?

Ausschlaggebend war letztlich, dass sich die politischen Rahmenbedingungen änderten. Schon seit einigen Jahren wurde in Deutschland die Abschaffung der sogenannten »vertikalen Preisbindung« diskutiert. Man wollte die Marktwirtschaft durch mehr Wettbewerb beflügeln. Dem stand die lange Tradition der Preisbindung entgegen. Die Industrie hatte sich über die Jahrzehnte das Privileg gesichert, dem Handel die Verkaufspreise diktieren zu können. Wir kennen das heute nur noch aus dem Buchhandel oder den Apotheken. Die Hersteller legen fest, was ein Produkt kostet, und jeder Händler muss das Produkt zu genau diesem Preis verkaufen.

In den Wettbewerb treten die Händler dann nicht, indem sie den Kunden unterschiedliche Preisangebote machen, sondern allein über die Art der Warenpräsentation, das Liefertempo, die Beratung oder einen zusätzlichen Service. Damit der Handel ökonomisch überlebt, muss er versuchen, die Differenzen unterschiedlicher Mietpreise und Lohnkosten dadurch auszugleichen, dass er mit der Industrie individuelle Einkaufskonditionen aushandelt: Wer 500 Packungen einer Zahncreme ordert, zahlt einen günstigeren Stückpreis als derjenige, der nur 10 bestellt. Oder das Zahlungsziel verlängert sich: Der Händler muss die Rechnung des Herstellers nicht sofort, sondern erst in einem halben Jahr bezahlen. Oder es gibt irgendwelche Rabatte, etwa dass man gemischte Pakete mit kombinierten Produkten zum Vorzugspreis bekam. Besonders beliebt war der Naturalrabatt, bei dem man bei einer gewissen Bestellmenge eine zusätzliche Menge des Produktes ohne Berechnung dazu erhielt.

Kurz: Die Spielräume des Handels waren begrenzt. Die Macht der Hersteller hingegen war groß. Dem wollte man durch das »Gesetz gegen Wettbewerbsbeschränkungen« entgegenwirken, das 1965 erstmals in Kraft trat und fortan ständig novelliert wurde. Die siebte und bislang letzte Novelle gab es 2005, als eine Angleichung an das EU-Wettbewerbsrecht erfolgte. Anfang der 1970er Jahre, man war bei der zweiten Gesetzesnovelle, stand ein grundsätzliches Verbot der Preisbindung ins Haus, die bis dahin bei Markenartikeln die Regel war. Natürlich gab es entsprechende Diskussionen, und viele hielten das Gesetz gar nicht für durchsetzbar. Deswegen wurden die alten Praktiken mit Vehemenz fortgeführt. Ich aber war davon überzeugt, dass das Gesetz beschlossen und in Kraft treten würde. Und dann würden die Menschen sich nicht mehr in den traditionellen Theken-Drogerien teure Markenartikel über den Tresen reichen lassen, sondern in modernen Selbstbedienungsläden eigenhändig die günstigsten Angebote heraussuchen wollen.

Deswegen sprach ich mit den mir bekannten Banken, um einen Kredit zu bekommen. Damals gab es für Festgeld 15 % Zinsen; für einen Kredit musste man ca. 17 % zahlen. Ich war zu allem bereit. Doch Sparkasse und Volksbank winkten gleich ab: »Nein, nein, bei uns kriegen Sie keinen Kredit!«

Allein die Deutsche Bank wies mir nicht sofort die Tür, sondern der Berater, Herr Heil, war schlau genug, um auf Zeit zu spielen. Tausend Mal habe ich gefragt: »Wann kriege ich denn endlich den Kredit?«, Woche um Woche wurde ich vertröstet:

»Ja, wir müssen noch …, Sie wissen doch, hier in Karlsruhe … Das muss erst nach Frankfurt, Deutsche Bank …«

## Rauchende Kassen und der schnellste Kassierer der Welt

Die Zeit lief. Ich konnte nicht länger warten. Im Sommer 1973 wusste ich: »Jetzt oder nie!« Dort, wo einst das Stammgeschäft der Firma Roth gewesen war, in der Herrenstraße 26–28 in Karlsruhe, war nach dem Umzug das Ladengeschäft frei. Kurz entschlossen unterschrieb ich den Mietvertrag. Da ich von Anfang an fest vorhatte, mehr als diesen einen Laden aufzumachen, suchte ich einen Mitstreiter, der bereit war, auf lange Sicht das Geschäft allein zu führen, damit ich mich um die Eröffnung weiterer Läden kümmern könnte. In Armin Föll, einem früheren Kollegen aus der Firma Roth, fand ich jemanden, der mein Konzept verstand und den Mut hatte, sich als Mitgesellschafter auf das Experiment einzulassen. Er leitete das Geschäft bis zu seiner Pensionierung mit großem Erfolg.

Noch Anfang des Jahres 1973 hatten der Drogistenverband und auch die Fachpresse beharrlich behauptetet, die Preisbindung würde bestehen bleiben und nur die Vertriebsbindung würde verboten. Nun, sie irrten. Wie ich es geahnt hatte, fiel die Preisbindung. Im Juli wurde das Gesetz beschlossen und sollte zum 1. Januar 1974 in Kraft treten. Am 28. August feierten wir Eröffnung.

Statt der damals üblichen 60 Quadratmeter hatte unser erster Laden, den wir schlicht »dm – drogeriemarkt« nannten, satte 190 Quadratmeter. Bei der Bedienung setzten wir radikal auf Selbstbedienung. Alle Artikel standen dem Kunden offen. Er griff die Ware selbst aus dem Regal und legte sie in seinen Korb oder Einkaufswagen, mit dem er dann zur Selbstbedienungskasse spazierte. Statt 10 000 Artikeln gab es nur

2000. Das entsprach derselben Relation, wie sie Aldi in der Lebensmittelbranche eingeführt hatte: Dort hatten die Albrecht-Brüder das Sortiment von den üblichen 3000 Artikel auf etwa 250 reduziert. Das zwang uns dazu, pro Artikel mehr Umsatz zu machen, aber wir vertrauten darauf, dass die Menschen ihre Ware lieber bei uns kaufen würden als andernorts, wenn sie den Preisunterschied wahrnahmen. Und dass wir dann eben nicht nur zwei, sondern zwanzig Tuben Zahncreme pro Tag verkaufen würden.

Anfangs bekamen wir von großen Unternehmen wie zum Beispiel Dralle (Birkin Haarwasser), Dr. Schiffer (Biovital), Buers Lecithin oder Klosterfrau noch einstweilige Verfügungen geschickt, weil wir ja die noch geltende Preisbindung nicht einhielten. Diese Schreiben habe ich einfach ignoriert und vertraute darauf, dass die Gerichte solche Verfügungen nicht mehr bearbeiten würden – nach dem Motto, das neue Gesetz kommt ja sowieso. Aber die Industrie war noch in Übung und hielt an der alten Tradition der Abmahnung von Preisbindungsvergehen bis zum letzten Tag fest. Zum Glück für mich ohne Folgen.

Währenddessen brummte das Geschäft. Und zwar vom ersten Tag an. Mein Konzept – straffes Sortiment, reine Selbstbedienung, niedrige Preise – ging hundertprozentig auf. Ich weiß es noch wie heute: Damals hat eine Dose Elnett-Haarspray – gebundener Preis – 9,90 DM gekostet. Wir haben sie für 6,98 DM verkauft. Das war nicht nur ein paar Pfennige billiger, das war richtig billig! Das hat sich sofort in der Stadt herumgesprochen, und alle kamen zu dm. »Da musst du gleich hingehen«, hieß es, »sonst ist bald alles ausverkauft!«

Gleich am ersten Tag begann die Kasse zu rauchen, im wahrsten Sinne des Wortes. Damals gab es Kassen, die zwar nicht mehr mit der Kurbel, sondern schon elektrisch, aber immer noch mechanisch betrieben wurden. Sie waren für damalige Verhältnisse sündhaft teuer. Eine Kasse kostete etwa

3500 Mark. Und wir brauchten zwei davon. Zum Glück kannte ich den örtlichen Vertreter der Firma NCR, des Herstellers der Ladenkassen, von früher und hatte ihn im Vorfeld um einen Gefallen gebeten: »Herr Krammer, ich kann nicht gleich neue Kassen kaufen. Sie müssen mir erst Leihkassen geben, bis ich das Geld zusammen habe, um sie Ihnen abzukaufen.«

Das hat er dann ermöglicht und mir irgendwelche gebrauchten Geräte zur Verfügung gestellt. Aber als die Kassen dann gleich so stark belastet wurden, fing eine an zu rauchen und zu qualmen, offenbar hatte sich der abgelagerte Staub entzündet. Große Aufregung. Der Laden war voller Leute, Schlangen an beiden Kassen. Es war im doppelten Sinne dramatisch. Nicht nur dass die Leute sich erschraken, wir hatten jetzt auch noch eine Kasse weniger. Es war keine Zeit zu verlieren. Ich schnappte mir die qualmende Kasse, sprang in meinen alten Renault 4 und düste rüber ins Lager des Geräteherstellers: »Herr Krammer, ich brauche eine neue Kasse. Schnell.« Kasse gegriffen, wieder ins Auto, zurück in den Laden und weiter ging's. Hinterher hat mich Herr Krammer lachend zum schnellsten Kassierer der Welt erklärt.

Schon nach wenigen Tagen hatte ich so viel Geld in der Kasse, dass ich zu Herrn Heil ging, dem zögerlichen Berater bei der Deutschen Bank, um Geld anzulegen. Der staunte nicht schlecht, als ich ihn bat, mir ein Festgeldangebot für 50 000 Mark zu erstellen. Zufällig lag zwei Tage später ein Schreiben in meinem Briefkasten: Der Kreditantrag sei bewilligt. Zufall, reiner Zufall!

*Jeder Mensch hat etwas Unbehauenes, Unerlöstes in sich, daran zu arbeiten seine heimlichste Lebensaufgabe ist.*
Christian Morgenstern

## Kapitel 2 **Der Duft der Drogerie oder wo der heilige Zorn des Unternehmers wächst**

Neben dem typischen Drogeriegeruch, dieser Mischung aus Kernseife und Kräuterbonbon, Rasierwasser und Salbeitee, gab es in meiner Kindheit und Jugend einen zweiten Geruch: den von Wasser.

Ich wuchs als jüngstes von fünf Kindern mit meiner Familie in Heidelberg auf. Meine beiden Schwestern, 13 und 8 Jahre älter als ich, und mein 12 Jahre älterer Bruder waren zu der Zeit, an die ich mich bewusst erinnern kann, schon aus dem Haus. Sie habe ich höchstens erlebt als welche, die an mir herumerzogen haben. Mein vier Jahre älterer Bruder kam ziemlich früh ins Internat, weil meine Mutter nicht mehr mit ihm zurechtkam, nachdem die Ehe meiner Eltern und damit unsere Familie zerbrochen waren. Ich war etwa elf Jahre alt, als mein Vater auszog, um mit seiner Buchhalterin eine neue Familie zu gründen, und war über viele Jahre der einzige aus unserer Familie, der noch Kontakt zu ihm hielt.

Wir wohnten in einer imposanten, aber altersbedingt ziemlich baufälligen Villa im französischen Neo-Barock direkt am Neckar. Unser Vermieter, der Kunstmaler Oskar Schepp, hatte die Mansardenwohnung im Dachgeschoss bezogen. Wir lebten direkt darunter in der sogenannten Beletage. Der Blick auf die Heidelberger Altstadt am gegenüberliegenden Ufer war natürlich grandios. Jeden Morgen begrüßte ich den Tag mit einem Blick auf die berühmte Schlossruine am Hang auf der anderen Seite. Aber das Beste war der Fluss, an dem entlang ich auf einem schmalen Treidelweg jeden Morgen zur Schule lief.

Je nach Jahreszeit und Wetter hatte der Neckar einen anderen Geruch. Als kleiner Junge wollte ich Neckar-Kapitän werden, bis ich als Schulbub nun den Duft der großen Drogeriewelt schnupperte. Trotzdem blieb ich im weitesten Sinne der Schifffahrt verbunden: Der Blick aus meinem Fenster fiel regelmäßig auf die Ruderer auf dem Neckar. Mit meinem Schulfreund Uli, der wenige Häuser weiter ebenfalls am Neckar wohnte, habe ich irgendwann aus altem Holz und Leinen, das wir in der kargen Nachkriegszeit der frühen 1950er Jahre irgendwo aufgetrieben hatten, ein kleines Katamaran-Segelboot gebaut und feierlich auf den Namen »Susi & Strolch« getauft. Das war ein erhabenes Gefühl, auch wenn nur selten ausreichend Wind blies und wir uns meist mit kleinen Paddeln flussabwärts fortbewegten, um dann später das Boot mühsam wieder flussaufwärts zu schleppen.

Irgendwann einmal, da waren wir etwa 14 Jahre alt, saßen wir gelangweilt am Ufer: »Was machen wir jetzt?« – »Jetzt gehen wir rudern. Komm, los zum Ruderklub!« Der Heidelberger Ruderklub 1872 e. V. war nur wenige Meter weit entfernt, und tatsächlich fanden wir schnell Spaß an der Sache. Uli ist bis heute im Verein engagiert, und auch ich selbst bin dem Heidelberger Ruderklub mein ganzes Leben verbunden geblieben, obgleich ich zwischenzeitlich keine Zeit mehr fürs Rudern fand und den Sport erst als 50-Jähriger am Bodensee wiederentdeckt habe.

Ein Erlebnis aus dieser Zeit im Heidelberger Ruderklub hat sich mir ins Gedächtnis eingebrannt: Achterboote sind sehr lang, 22 Meter, und entsprechend unhandlich. Wenn solch ein

Boot auf einem Anhänger bewegt werden soll, muss man mit sechs oder sieben Leuten vorne und hinten anpacken und mühsam rangieren, um das sperrige Ding durch die beengte Bootshalle zu bewegen. Das war eine knifflige Geschichte. Heikel waren vor allem die Höhen, weil man immer in gefährliche Nähe zum Oberlicht geriet, wenn man den Wagen an der vorderen Deichsel nicht tief genug führte.

Eines Tages kam einer von den älteren Herren zu uns Jugendlichen und forderte uns auf, den Achter aus der Bootshalle zu ziehen. Der stand nämlich im Weg, und er kam nicht an sein kleineres Ruderboot dahinter. Selbstverständlich packten wir beherzt zu, während der ältere Herr uns kommandierte.

Ich stand ganz vorne, versuchte in gebückter Haltung den Weg zu finden und mahnte meine Kumpels fortwährend: »Langsam, langsam.« Der ältere Herr hingegen gab energisch das Kommando: »Weiter, weiter!« So ging es zwei-, dreimal hin und her. Ich: »Langsam, langsam!« Er: »Weiter, weiter!« Bis es einen lauten Krach gab und das Oberlicht an der Decke mit einem Knall zersplitterte, worauf der ältere Herr rief: »Das habe ich kommen sehen!« Ich schüttelte den Kopf und erwiderte: »Das haben Sie eben nicht. Oder warum haben Sie es dann nicht verhindert?«

## Ohne Internet und Intercity, dafür großes Weltinteresse

Dieses Schlüsselerlebnis hat mich gelehrt, dass die Leute im Nachhinein gern klüger sind, obwohl sie in der Situation selbst auch nicht wissen, was zu tun ist – oder nicht die Courage haben, es zu tun. Deswegen habe ich mich im späteren Leben auch selten mit der Frage »Was hätte man (in der Vergangenheit) besser machen sollen?« aufgehalten, sondern lieber auf die Frage konzentriert: »Was können wir (in Zukunft) besser machen?«

Die Schule hat mich damals weniger interessiert. Ich war ein schlechter Schüler, allein für Geschichte und Geografie konnte ich mich begeistern. Oft habe ich stundenlang irgendwelche Karten studiert, Stadtpläne angeschaut oder den Globus gedreht. Alternativ beschäftigte ich mich mit Geschichte. Gustav Schwabs »Sagen des klassischen Altertums« habe ich inbrünstig gelesen. Ansonsten war Schule langweilig, aber Weltinteresse und Menscheninteresse – beides habe ich damals schon gehabt.

Es war die Zeit, als man in der Schule noch Strafarbeiten bekam, man Nachsitzen musste und »Tatzen« bezog. Das waren Schläge mit dem Rohrstock auf die Finger, sehr schmerzhaft. In dieser Hinsicht war ich bei den Lehrern zumindest kein seltener Kunde, aber nie so schlimm, dass man mich der Schule hätte verweisen müssen.

Meine Mutter hatte zwar Psychologie studiert, aber die heimischen Erziehungsmethoden aus ihrer eigenen Kindheit in Schlesien mitgebracht. Da ging es nach dem Motto: »Gelobt sei, was hart macht.« Mein Vater hatte etwas mehr Geduld mit mir und hat angesichts meiner schwachen schulischen Leistungen eines Tages klugerweise gesagt: »Lernen musst du woanders. Schule ist nichts für dich. Abitur brauchst du nicht. Sieh zu, dass du irgendeinen Abschluss machst, damit du dann möglichst noch einen Handelsschulweg einschlagen kannst.« Genauso habe ich das dann auch gemacht. Schließlich war er 42 Jahre älter als ich, hatte also ausreichend Erfahrung, und ich wollte und sollte ohnehin eines Tages seine Drogerie übernehmen.

So ging ich als 16-Jähriger nach Konstanz und machte dann bei der Drogerie Kornbeck in der Kanzleistraße eine Lehre als Drogist. Vier Jahre blieb ich dort, hatte ein kleines Zimmer in der Innenstadt und – wenngleich ich hin und wieder nach Heidelberg fuhr – genoss das selbstständige Leben in der Ferne. Man muss bedenken: Damals war die Entfernung noch gewaltig. Heidelberg – Konstanz war eine Weltreise. Es gab weder

Internet noch Intercity. Wenn man telefonieren wollte, musste man – anders als heute – das Telefongespräch »anmelden«. Den Kontakt zu meinem Freund Uli hielt ich, weil wir uns trafen, wenn ich in Heidelberg war, und indem wir Briefe schrieben.

In Konstanz hatte ich meine erste feste Freundin. Wilma war fünf Jahre älter als ich und eine Frau, um die mich alle beneideten. Diese Beziehung war nicht von Dauer. Aber wir sind unser Leben lang bis zu ihrem Tod befreundet geblieben.

Ansonsten bot mir die Stadt am Bodensee vor allem das, was ich am meisten liebte: Wasser – und einen erfolgreichen Ruderklub. Der Ruderverein »Neptun« blickte damals auf eine 75-jährige Vereinsgeschichte und zahlreiche Erfolge auf nationaler und internationaler Ebene zurück. Aus dem Club gingen mehrere Deutsche Meister hervor, auch Europa- und Weltmeister sowie zahlreiche Olympiateilnehmer bis hin zu Goldmedaillengewinnern.

Zu meiner Zeit waren dort zwei Trainer aktiv, die in der Rudergeschichte legendär waren und sind: Ludwig Marquardt und Karl-Heinz Bantle. Bantle trainierte die Männer, darunter das ebenfalls legendäre Ruderer-Duo Dieter Bender und Günter Zumkeller, die 1962 Weltmeister geworden waren. »Ludi« Marquardt trainierte uns Jugendliche. Im April 1963 tauchte plötzlich ein junger Österreicher im Club auf: Günter Bauer, den wir »Pepi« nannten. Zwei Wochen älter als ich und 12 Zentimeter größer, was nicht ganz leicht war, immerhin war ich selbst schon 1,86 groß.

## Unschlagbar: das technisch sauberste Ruderpaar von Deutschland

Pepi hatte in Krems an der Donau eine Lehre als Einzelhandelskaufmann abgeschlossen und war nun von der Hertie-Personalabteilung nach Konstanz geschickt worden, weil dort gerade ein neues Hertie-Kaufhaus eröffnet hatte. Er hatte beim Steiner-Ruderclub in der Wachau das Rudern gelernt und war bereits zweimal österreichischer Jugendmeister im Doppel-Zweier geworden. Ludi Marquardt setzte den langen Kerl zu mir ins Boot und ließ uns anderthalb Stunden auf dem Untersee mit permanenten Temposteigerungen trainieren. Dann entschied er: »Ihr beide fahrt ab morgen zusammen Doppel-Zweier!« Fortan trainierten wir jeden Tag, natürlich immer erst nach Feierabend, weil wir ja beide bis zur Ladenschließung arbeiten mussten. Schon nach einem Monat ruderten wir die erste Regatta und räumten dann nach und nach alles ab, was es zu gewinnen gab.

Wir waren unschlagbar. Als wir nicht nur die Deutsche Jugendmeisterschaft, sondern auch noch den Jugend-Fünfländerkampf (Deutschland, Italien, Frankreich, Schweiz, Belgien) gewannen, bejubelte uns das Fachblatt *Rudersport* als das »technisch sauberste Ruderpaar von Deutschland«.

Aber was so großartig klang, war eigentlich ein Abgesang auf veraltete Rudertechnik: Denn auch der Rudersport erlebte damals einen Umbruch. In seinen Anfängen war Rudern ein Elitensport gewesen. Da war Schönheit wichtiger als Tempo. Da ruderte man nicht so, dass man aus der Puste kam, sondern pflegte einen eleganten Ruderstil. Die legendäre italienische Moto-Guzzi-Achter-Rennmannschaft soll noch auf der Olympiade 1936 ihr Boot mit Zigarillos im Mundwinkel zu Wasser gebracht haben.

Alles änderte sich ab den späten 1950er Jahren. Da entwickelte Karl Adam, der »Ruderprofessor vom Ratzeburger See«, auf Basis eigener theoretischer Überlegungen und experimenteller Untersuchungen neue Trainingsmethoden: Plötzlich ging es um hohe Schlagzahlen und Intervalltraining. Trainer aus aller Welt pilgerten zu ihm, um die Ratzeburger Rudertechnik zu erlernen. »Technik bringt Meter, Kondition bringt Längen«, hieß es. Bantle gehörte schon zu der neuen Trainer-

Generation. Aber unser »Ludi« war noch ein Trainer aus der alten Ruderschule. Er hatte ein unwahrscheinliches Gefühl für Ästhetik und ließ uns manchmal ganz langsam fahren, um die Rudertechnik auszufeilen. Statt uns bis an die Leistungsgrenze zu schinden, achtete er lieber penibel darauf, dass wir beim Rudern eine perfekte Körperhaltung annahmen. Und natürlich der Rhythmus – der musste stimmen.

»Im Rhythmus liegt die Kraft«, hat er immer gesagt. Wir sollten nicht hirnlos Kraft vergeuden, sondern immer schön dranbleiben. »Dranbleiben, dranbleiben, nicht lockerlassen!«, und »Rhythmus! Rhythmus! Im Rhythmus liegt die Kraft!«

Für mich war Ludi eine Art Ersatzvater, der mich sehr geprägt hat. Vor allem einer seiner Lehrsätze ist mir zum Lebensmotto geworden: Anfang der 1960er Jahre war gerade die Schauspielerin Brigitte Bardot auf allen Titelseiten. Uns junge Männer haben an Brigitte Bardot vor allem die ausgeprägten Rundungen interessiert. Deswegen hat Ludi uns immer väterlich gemahnt: »Bei ›B. B.‹ müsst ihr nicht an Brigitte Bardot denken. Denkt bei B. B. an diese Formel: ›Beharrlich im Bemühen und bescheiden in der Erfolgserwartung!‹«

Wenn ich heute zurückblicke, dann hat er recht behalten: Warum gehen so viele Sachen schief? Ungeduldig im Bemühen, anspruchsvoll in der Erfolgserwartung! Daran zerbrechen Ehen, daran scheitern Freundschaften, daran platzen unternehmerische Träume. Die Menschen setzen sich große Ziele, starten dann mit aller Kraft, aber lassen sich viel zu schnell wieder ablenken. Erfolg hat man mit B. B. – beharrlich im Bemühen und bescheiden in der Erfolgserwartung.

Wie oft im Leben habe ich in schwierigen Situationen an den Trainer Ludi gedacht: Durchstehen, aushalten, so wie ein Ruderer das macht. Nur nicht lockerlassen, dranbleiben!

Kraft und eisernen Willen benötigt man unbedingt auf den letzten Metern. Man muss mit ganzem Herzen dabei sein, aber vor allem braucht es beim Rudern einen klaren Kopf.

Denn erst die absolute Konzentration macht den Rhythmus möglich, der nötig ist, um als Erster die Ziellinie zu überfahren. Den entscheidenden Unterschied macht der Wechsel von kraftvollem Schlag und gefühlvoller Umkehrbewegung – und das in totaler Übereinstimmung mit dem Ruderpartner.

## Zwischen B. B. und K. K.

Die Erinnerung an Ludis Rudertraining war mir als Unternehmer immer wieder wertvolle Inspiration. Neben »B. B.« habe ich irgendwann ein zweites Buchstabenpaar gesetzt: »K. K. – Kontinuität und Kreativität«. Das wurde ein ganz wichtiges Unternehmensprinzip. Und funktioniert wie beim Rudern das rhythmische Atmen: einatmen, ausatmen.

Das sind ja eigentlich sich widersprechende, aber doch notwendige Handlungen: Wer nur einatmet, stirbt. Wer nur ausatmet, stirbt auch. Leben tut nur, wer den richtigen Atemrhythmus findet. Das ist im Unternehmen genauso. Ein Unternehmen braucht einen gewissen Rhythmus zwischen Kreativität und Kontinuität. Wenn Sie zu sehr auf die Kreativität setzen, also Erneuerung und Wachstum, dann besteht die Gefahr, dass der Organismus zu wuchern beginnt, das ist Krebs und am Ende tödlich. Wenn Sie nur auf Kontinuität setzen, dann kommt irgendwann die Sklerose, der Herzinfarkt, auch tödlich. Das gesunde Unternehmen kommt in den Rhythmus. Denn im Rhythmus von Kontinuität und Kreativität liegt die Kraft eines Unternehmens.

Meine Rudererfolge nahmen schnell ein Ende. Als wir 1964 bei den Erwachsenen mitrudern mussten, stellte sich rasch heraus, dass wir konditionell nicht mithalten konnten. Die Trainingsmethoden von Ludwig Marquardt hielten dem Wettbewerb nicht mehr stand. Pepi regte sich furchtbar auf. Mir war das nicht so wichtig. Hauptsache, wir haben Spaß beim Rudern!, dachte ich. Schließlich hatten wir insgesamt ein schönes Leben. Wir machten Radtouren um den Bodensee, waren im Winter in den Bergen Skilaufen, und im Frühjahr und Herbst Wandern. Das war einfach eine sehr schöne Zeit.

Als ich im Herbst 1964 aus Konstanz fortging, löste sich unser Doppel-Zweier zwangläufig auf. Pepi trainierte fortan bei Bantle, wechselte aber kurze Zeit später zurück nach Österreich, um im A-Kader der österreichischen Nationalmannschaft mitrudern zu dürfen. Dafür hat er sogar einen gut bezahlten Job im Hertie-Kaufhaus Lörrach aufgegeben. Er hat dann sehr hart für die Olympischen Spiele in Mexiko 1968 trainiert, aber als das mit der Teilnahme nicht klappte, hat er sich wieder für die Arbeit entschieden und einen Job bei Hofer, dem österreichischen Aldi, angenommen. In ein Ruderboot stieg er seither nie wieder.

Auch ich gab das Rudern für lange Zeit auf. Im Mittelpunkt stand nun auch bei mir die Arbeit. Die folgenden vier Jahre arbeitete ich- bis auf eine 18-monatige Wehrdienst-Unterbrechung im Sanitätsdienst bei der Bundeswehr – zielstrebig darauf hin, möglichst viel Berufserfahrung zu sammeln, immer mit dem Ziel, die Drogerie meines Vaters zu übernehmen. Er würde 1967 seinen 65. Geburtstag feiern und hatte angekündigt, dann in den Ruhestand zu gehen.

So verbrachte ich nach der Lehre in Konstanz jeweils mehrere Monate als eine Art Volontär in drei verschiedenen Drogerien, zuerst in Wuppertal in einer großen Drogerie mit Parfümerie und Fotogroßhandel, dann in Saarbrücken in einem Fotogeschäft und schließlich in Hannover beim Filialbetrieb Schmelz. Da habe ich sicher am meisten gelernt. Das waren rund vierzig Reformhäuser, die sehr professionell geführt wurden, obgleich man ja noch in den seligen Zeiten der Preisbindung lebte und moderne Managementmethoden noch keinen Einzug in die Branche gehalten hatten. Aber einer der dortigen Geschäftsführer, Herr Brandenburger, war zuvor

Manager bei Aldi gewesen und arbeitete mit Kennzahlsystemen, Quadratmeterumsatz und Flächenleistung. Das alles habe ich dort kennengelernt.

## Eine Art Wetterleuchten: das Harzburger Modell

Zum Abschluss dieser Wanderjahre ging ich noch für drei Monate auf einen Führungslehrgang nach Bad Harzburg. Damals sind alle geradezu nach Bad Harzburg »gepilgert«.

Dort hatte ein gewisser Professor Reinhard Höhn 1962 die »Akademie für Führungskräfte der Wirtschaft« gegründet. Seine Prinzipien des sogenannten *Harzburger Modells* prägten damals und die folgenden zwanzig Jahre das Denken in den deutschen Unternehmen. Im Mittelpunkt stand ein pyramidenförmiges Organigramm und für jede Position eine präzise Stellenbeschreibung, anhand der die Aufgaben und Verantwortlichkeiten eines jeden Mitarbeiters exakt abgegrenzt wurden. Per *Dienstanweisung* und *Erfolgskontrolle* – das waren zwei Schlüsselbegriffe des Harzburger Modells – wurde dann einerseits sehr genau definiert, was ein Mitarbeiter zu tun und zu lassen hatte, andererseits wurde ihm im Rahmen dieser definierten Grenzen die Verantwortung überlassen. »Delegation von Verantwortung« war vielleicht das wichtigste Schlagwort aus der Harzburger Führungsschule.

Was heute scheinbar banal klingt, war damals revolutionär. Bis dahin galt ja eher die Führungsdevise: »Überlassen Sie das Denken den Pferden, die haben nämlich größere Köpfe!« Mein Vater hat noch von seiner »Gefolgschaft« gesprochen. Der einzelne Angestellte hatte wenig zu melden. Der patriarchalische Führer zog alle Entscheidungsmacht an sich. Wenn ein Mitarbeiter irgendetwas selbstständig machte, hieß es sofort: »Warum haben Sie mich nicht gefragt?« Eigenständig arbeitete da keiner. Man musste erst den Chef fragen. Oder antizipieren, wie der Chef darüber dachte. Maßstab war immer der Vorgesetzte.

Durch die Delegation der Verantwortung, wie es das Harzburger Modell vorsah, bekam der Mitarbeiter einen Bereich, den er selbstständig zu verantworten hatte. Plötzlich war nicht mehr der Chef der Maßstab, sondern man musste sich selbst die Frage stellen, was richtig und was falsch war. »Management by objectives« nannte man dann die damit zusammenhängende Führung durch Zielvorgaben: »Bis zu Termin X müssen Sie soundsoviel Produkte verkauft und soundsoviel Gewinn erwirtschaftet haben. Der Weg dahin ist Ihnen überlassen.«

Das war zwar schon so eine Art Wetterleuchten für das, was sich später auch bei dm an neuen partizipativen Führungsmodellen herausbildete – aber eben auch nicht sehr viel mehr. Das Harzburger Modell war extrem bürokratisch und starr, im Kern geprägt von militärischen Denkweisen – sozusagen eine Unternehmensführung nach Clausewitz. Das führte schon früh zu Kritik. Als in den 1980er Jahren herauskam, dass Höhn nicht nur ein alter Generalstäbler, sondern in besonderem Maße in das Hitler-Regime verstrickt gewesen war, nämlich als Abteilungsleiter im Reichssicherheitshauptamt und SS-Oberführer, verschwand das Harzburger Modell nach und nach von der Bildfläche der Managementtheorien.

Aber 1967 war das Harzburger Modell noch sehr in Mode, und es gehörte unter Führungskräften zum guten Ton, die Akademie besucht zu haben. Auch ich habe die ersten dm-Jahre noch sehr überzeugt mit diesen Methoden gearbeitet, bis ich damit an unternehmerische Grenzen stieß.

Nach den drei Volontariatsstationen und dem dreimonatigen Führungslehrgang stand ich im November 1968 mit 24 Jahren endlich in Heidelberg in der Drogerie meines Vaters. Nunmehr waren es nicht mehr große Kinderaugen, mit denen ich auf das bunte Sammelsurium von Waren in den Filialen blickte. Auch der »Pustebär«, der vor dem Hauptgeschäft in der Hauptstraße, Ecke Märzgasse mit Seifenblasen die Aufmerksamkeit der Passanten weckte, war mir nicht mehr wichtig. Jetzt betrachtete ich die Geschäfte meines Vaters mit professionell geschultem Blick.

## »Vati, wenn du so weitermachst, gehst du pleite«

Mein Vater war im Prinzip ein Selfmademan. Deswegen hat er auch seine Werbung selbst gemacht. Überhaupt einen Slogan zu haben, war damals etwas Besonderes. Mein Vater hatte zwei. Der eine hieß: »Drogerie Werner – vielseitig, höflich, preiswert«. Mit diesem Slogan ist er groß geworden, hat in den 1950er und 1960er Jahren eine Filiale nach der anderen aufgebaut. Dann aber hatte er noch einen zweiten Slogan, auf den er besonders stolz war: »Drogerie Werner führt alles oder besorgt es schnell«. Das war der Sargnagel für seinen Betrieb! Denn ein solches Versprechen war auf die Dauer viel zu kostspielig, um es zu halten.

Heidelberg ist eine Universitätsstadt. Hier wohnen viele Leute aus dem Ausland, Studierende und Gastprofessoren. Die waren begeistert, dass sie im Geschäft meines Vaters alles kaufen konnten, was sie sich jemals gewünscht hatten. Und sie wollten diesen Service auch weiter nutzen, wenn sie wieder in ihrer Heimat waren. Mein Vater – vielseitig, höflich, preiswert – besorgte alles, packte es sorgfältig in kleine Pakete, adressierte und frankierte, und dann zog er abends zur Post, um unzählige Päckchen in alle Welt zu versenden. Da kam es vor, dass er Drogeriewaren bis nach Indonesien, nach Jakarta oder Surabaya, schickte. Ihn trieb geradezu eine Dienstleistungsmanie, jeden Wunsch zu erfüllen. Und es kam mehr als einmal vor, dass die Ware nicht bezahlt wurde – obwohl er den Aufwand, den ihn diese Art von Verkauf kostete, ohnehin schon nicht berechnete. Immer gemäß dem Slogan: »Drogerie Werner führt alles oder besorgt es schnell«.

Als ich Ende 1968 nach Heidelberg kam, hatte er etwa 20 Filialen mit rund 200 Mitarbeitern. Das Ganze war eine Ansammlung kleiner Lädchen mit unterschiedlichsten Spezialisierungen. Es gab Drogerieartikel hier, pharmazeutische Produkte dort; zwischendurch eine Fotoabteilung und verschiedene kleine Reformhäuser. Aber nichts davon war in irgendeiner Weise durchstrukturiert. Ich habe dann den Dezember über alle Läden begutachtet, mit allen Mitarbeitern gesprochen, sozusagen observierend gearbeitet, analysiert, würde man heute sagen, um dann nach dem Weihnachtsgeschäft zu sagen: »So, Vati, jetzt müssen wir uns mal unterhalten.«

Das Ergebnis der Analyse war offensichtlich, jedenfalls für mich: Man musste das Ganze aufräumen, und zwar schnell. Doch mein Vater lebte ganz im betriebswirtschaftlichen Nirwana. Von Kostenrechnung keine Spur. Seine neue Frau, die wir in der Familie immer liebevoll den »Rauschgoldengel« nannten, war mit der Buchhaltung jämmerlich im Rückstand. Selbst so banale Zahlen wie die aktuellen Umsatzzahlen waren schwer zusammenzukriegen.

Meinen Vater hat das nicht bekümmert. Er sagte immer: »Ich habe das alles im Kopf. Mach du das erst mal besser!« Er war ja viele Jahre sehr erfolgreich gewesen. Darauf ruhte er sich aus. Zwar ahnte er, dass die Geschäfte nicht mehr so gut liefen wie früher, aber da er mit seinen Bilanzen zwei Jahre zurück lag, ahnte er nicht, wie stark sich die wirtschaftliche Situation bereits verschlechtert hatte.

Die Lieferanten lieferten nur noch, wenn die letzte Rechnung bezahlt war. Er hatte dort also keinen Kredit mehr. Der Leiter der Sparkasse hatte mich auch schon beiseitegezogen: »Wann übernehmen Sie endlich das Geschäft? Das geht so nicht weiter. Wir stützen das nur aus alter Verbundenheit.«

Fragte ich meinen Vater, ob es eine Erfolgsrechnung gab, sagte er unwirsch: »Dazu habe ich keine Zeit; ich muss jetzt die Bilanz von 1967 machen!« Das Ganze war ein Blindflug im dichten Nebel. Aber mein Vater gab sich gelassen. »Arbeite dich erst mal in Ruhe ein. Da wirst du sehen, wie das bei uns geht.«

Es musste etwas passieren! Deswegen suchte ich das Gespräch mit ihm. Zunächst vorsichtig, irgendwann mit großer Vehemenz. Es war Anfang, Mitte Januar, als ich bei ihm im Büro stand und nach einer halben Stunde Vorgeplänkel schließlich in aller Deutlichkeit die Lage auf den Punkt brachte: »Du, Vati, wenn du so weitermachst, gehst du pleite. So wirst du das 100-jährige Jubiläum nicht mehr erreichen!«

Das erfreut den 66-jährigen Vater natürlich nicht, wenn der 24-jährige Sohn ihm sagt, dass er in spätesten einem Jahr Pleite macht. Das Jubiläum stand nämlich 1970 ins Haus, also in genau 12 Monaten. Dieser Satz brachte meinen Vater derart auf die Palme, dass ich zwei Stunden später auf der Straße stand.

## Peng. Ein Lebenstraum platzt

Da war ich nun jahrelang durch Deutschland getingelt, also Konstanz, Wuppertal, Saarbücken und Hannover, in Vorbereitung auf die Übernahme in Heidelberg. Und jetzt war binnen weniger als einer Stunde mein ganzer Lebenstraum geplatzt. Peng.

Ich hatte keine Zeit, lange mit mir oder der Situation zu hadern. Zwar hätte ich mir Vorwürfe machen können, etwa dass ich vielleicht diplomatischer mit ihm hätte umgehen müssen und dass meine Situation nur die Konsequenz aus meinem Ungestüm war. Aber ich hatte immer schon ein gesundes Selbstbewusstsein. Durch das Rudern war es noch stabilisiert worden. Es gab kaum etwas, womit ich mich auf Anhieb zufriedengeben mochte. Immer fragte ich erst: »Müssen wir das wirklich so machen? Oder können wir das nicht auch anders machen?« In meinen Augen ist es nach wie vor ein gutes Prinzip, sich nie mit der ersten Antwort zufriedenzugeben. Aber in den Augen von autoritär denkenden Lehrern und Vorgesetzten trägt es einem schnell den Ruf einer rebellischen Grundnatur ein. Als meine Mutter mal meinen Konstanzer Lehrchef, Herrn Kühn, fragte: »Wie ist das denn so mit meinem Sohn?«, seufzte er: »Der hat auf alles eine Gegenfrage.« Meine Mutter nickte: »Ja, das kenne ich.« Darauf der Kühn: »Deswegen nenne ich ihn auch immer einen u. U. – einen unangenehmen Untergebenen!«

Wo sollte ich jetzt hin? Das Einzige, was ich konnte, war Zahnpasta. Damit war klar, dass ich mir eine andere Drogerie suchen musste, deren Inhaber bereit war, einen »u. U.« zu ertragen, oder der meinem Wissen und meinen Ideen vielleicht sogar etwas abgewinnen konnte.

In dieser Situation erinnerte ich mich an die Drogerie Roth in Karlsruhe. Mit deren Inhaber kooperierte mein Vater schon seit längerer Zeit immer mal wieder. Die Drogerie Roth hatte etwa zwölf Filialen, aber obendrein noch ein Chemikaliengeschäft. Der Sohn des Inhabers war etwa zwanzig Jahre älter als ich und hatte sich für ein naturwissenschaftliches Studium entschieden, promoviert und inzwischen die kleine Chemikalienfabrikation ausgebaut. Für die Drogeriefilialen suchte Carl Roth, der inzwischen auf die Achtzig zuging, noch einen geeigneten Nachfolger. Seine ursprüngliche Idee war gewesen, dass man die Heidelberger und Karlsruher Filialen zusammenlegt, wenn erst »der Werner junior« kommt. Nun würde der Junior aber nicht kommen, jedenfalls nicht nach Heidelberg. Deswegen fuhr ich kurzerhand nach Karlsruhe, erklärte ihm meine Situation, und schon 14 Tage später, nämlich am 1. Februar, begann ich bei Roth das, was ich in der

Drogerie Werner nicht machen durfte: den Laden zu reorganisieren.

Dabei habe ich dann fleißig all das zum Einsatz gebracht, was ich aus Hannover mitbekommen hatte – aus heutiger Sicht wahnsinnig dilettantisch, aber im Rahmen meiner damaligen Möglichkeiten beharrlich bemüht und bescheiden in der Erfolgserwartung.

Das Geschäft meines Vaters gab es zwar noch etwas länger, als ich prophezeit hatte, aber leider kam die Drogerie Werner noch vor dem hundertjährigen Jubiläum in die von mir vorausgesagten Schwierigkeiten. Weil ich noch Kommanditist in der Firma meines Vaters war, tauchte eines Tages ein Investor bei mir auf, Helmut Nießner. Ein imposanter Mann, Typ Aufreißer, der bereits einige Drogeriefilialen in Frankfurt aufgekauft hatte und nach weiteren Läden suchte, die er aufkaufen könnte. Mit meinem Vater, der 1970 seine Drogerie an die Stuttgarter Drogerie Godel verkaufen musste, kam er nicht zusammen. Aber über mich kam Helmut Nießner in Kontakt mit Dr. Roth junior, und so dauerte es nicht lange, bis dieser die Gelegenheit beim Schopfe packte. Er verkaufte Ende 1971 die Drogerie, um sich voll und ganz auf seine Chemikalien konzentrieren zu können.

Ich wurde gewissermaßen mitverkauft. Meine Aufgabe war es nun, als Prokurist die über hundert Einzeldrogerien, die Helmut Nießner unter dem Namen »Idro« fast immer über Nacht und geradezu willkürlich kaufte, in irgendeiner Weise in einem vernünftig strukturierten Filialnetz zu ordnen. Das Geschäftsmodell hatte, gelinde gesagt, wenig Substanz und funktionierte nach dem Motto: »Möglichst viele Einbeinige. Wenn man zwei kombiniert, hat man einen prima Hundert-Meter-Läufer.«

Vereinfacht dargestellt, bekam ich beispielsweise am Montagmorgen einen Anruf von einem Berliner Drogisten: »Der Herr Nießner hat uns am Wochenende gekauft, ich soll mit

Ihnen einen Inventurtermin vereinbaren.« Am Nachmittag fuhr ich dann mit meinem schicken Dienstwagen – einem 250er Mercedes, sechs Zylinder – nach Berlin und versuchte mir binnen weniger Tage ein Bild von der neuen Filiale zu machen. Das klang alles großartig. Und Prokurist einer solch großen Firma zu sein, machte ordentlich was her. In meiner Umgebung staunten zu dieser Zeit alle Bauklötze und meinten, nun sei ich endlich am Ziel aller Wünsche angekommen.

Aber mir war leider binnen weniger Monate klar, dass Idro ziemlich bald das Geld ausgehen würde. Denn diese alten Drogerien warfen keine Erträge ab, die man in eine zukunftsfähige Reorganisation hätte investieren können.

## »Viel zu ambitioniert, völlig unmöglich!«

»So geht das nicht weiter«, dachte ich. »Es braucht ein vernünftiges, neues Konzept.« Also setzte ich mich nach Feierabend hin und schrieb auf, wie ich mir den Drogeriemarkt der Zukunft vorstellte. Darin verarbeitete ich alles, was ich bis dahin gelernt und erkannt hatte. Heute nennt man derlei Businessplan, damals hatte ich keinen Namen dafür, aber das Konzept umfasste Zahlen und Wachstumsideen, auch Maßnahmenpläne, wie man schrittweise vorgehen müsste: Selbst aus der Rückschau von heute war das nicht ganz schlecht. Aber wieder einmal teilte niemand mein Evidenzerlebnis, auch nicht der Idro-Gesellschafterbeirat, dem ich das Ganze im Februar 1973 präsentierte. Dessen Reaktion lautete schlicht: »Viel zu ambitioniert, völlig unmöglich!«

Da stand ich nun also – wie fast auf den Tag genau vier Jahre zuvor bei meinem Vater – im Büro von Helmut Nießner und sagte: »Herr Nießner, Ihr Unternehmen ist bald pleite. Wenn sich nichts ändert, steige ich aus.«

Bei Idro änderte sich nichts, also stieg ich aus, tauschte den

Mercedes gegen einen gebrauchten Renault 4 und verdiente den Lebensunterhalt für unsere vierköpfige Familie die nächsten Monate im *Teppichland Holzbachtal.* Das Bodenbelagsgeschäft mit etwa zwanzig Filialen war einer der Pioniere für Teppichartikel, textile Fliesen und dergleichen. Tatsächlich zog ich einen derart radikalen Branchenwechsel und den Umzug nach Berlin in Erwägung. Aber in mir schlummerte dieser Realtraum des dm Drogeriemarktes und wartete darauf, wachgeküsst zu werden.

*Und steh beschämt, wenn du bekennen musst: Ein guter Mensch, in seinem dunklen Drange, ist sich des rechten Weges wohl bewusst.* Johann Wolfgang von Goethe

# Kapitel 3 **Menscheninteresse oder warum Erfolg Erfolg heißt**

Das Beste am Handel ist, dass man sofort merkt, ob man Erfolg hat oder nicht: Der Umsatz ist der Applaus der Kunden. Wenn die Leute den Laden ausräumen, hat man es richtig gemacht. Insofern war mit dem einschlagenden Verkaufsstart in Karlsruhe der weitere Weg gebahnt. Als Pionier konnte ich das Unternehmen quasi über den Kontoauszug führen. Binnen weniger Wochen war klar, dass ich genug Geld hatte, um eine zweite Filiale eröffnen zu können. Ich dachte: »Der erste Laden läuft spitze. Jetzt müssen wir einen zweiten aufmachen, um zu sehen, ob das kein Zufall ist.« 1974 eröffnete ich eine Filiale in Mannheim, die noch besser lief; schließlich war inzwischen die Preisbindung gefallen.

Damit hatte ich einen gewissen empirischen Beweis, dass mein Konzept keine Eintagsfliege war. Der Erfolg war offensichtlich. Deswegen habe ich zwei Monate später gesagt: Jetzt kommt es darauf an, das Prinzip zu multiplizieren!

Allerdings war es so, dass nicht alle diese Sicht auf meinen Erfolg teilten. Es war keineswegs ausgemacht, dass ich das richtige Konzept entwickelt hatte. Für die meisten – so erfuhr ich es durch Tratsch und Klatsch von den herumreisenden Industrie-Vertretern – war klar, dass ich zum Scheitern verurteilt war: »Das kann nie was werden, wie soll das was werden mit so einem kleinen Sortiment zu niedrigen Preisen?!«

Die Drogisten hielten an ihren schlechten Prognosen fest. Für den bisherigen Riesenerfolg wählten sie stets eines von drei Erklärungsmustern:

Erstens: Dummheit. Viele Drogisten taten sich damals noch sehr schwer mit der Mehrwertsteuer, die erst 1967 in Deutschland eingeführt worden war. Mit dem Wegfall der Preisbindung kam zusätzliche Verwirrung auf. Man kaufte netto ein, musste aber brutto verkaufen. Da geriet schnell Einiges durcheinander. Deswegen meinten manche: »Der Werner ist nur deswegen so billig, weil er vergessen hat, die Mehrwertsteuer zu kalkulieren.«

Zweitens: Manipulation. Zu dieser Erklärung neigte offenbar meine damals weit über 80-jährige Großmutter, eine richtige Preußin, quasi meine Mutter im Quadrat, die sich bei einem Kaffeebesuch zu mir beugte und flüsterte: »Sag mal, Götz, du hast nun Erfolg. Wen ziehst du denn da über den Tisch?«

Drittens: Protektion. Da man sich nicht vorstellen konnte, dass sich mein Geschäftsmodell rechnete, vermutete man, dass mich irgendjemand finanziell subventionierte. Im geflüsterten Klartext: »Da steckt der Aldi dahinter!«

Nun, es war nichts dergleichen. Wir hatten eine Umsatzrendite von über 15 Prozent, heute freuen wir uns über ein Prozent. Ich habe nie mehr so viel Geld verdient wie in meinen ersten beiden Läden.

## Ein Freund kam, sah und staunte

Weil ich – allen Unkenrufen zum Trotz – mit der zweiten Ladeneröffnung die Sicherheit hatte, dass mein Konzept funktionierte, suchte ich nun nach einem Partner, um richtig durchzustarten. Er fand sich in Günter Lehmann, Juniorchef des in Süddeutschland damals sehr bekannten Lebensmittelfilialisten »Pfannkuch«. Durch die Übergabe von 50 Prozent Geschäftsanteil erhoffte ich mir einen aktiven »Mitunternehmer«, aber nach anfänglicher Euphorie wurde über die Jahre aus ihm ein eher passiver Mitgesellschafter.

Schon im November 1974 eröffnete der dritte dm, jetzt in Böblingen in einem geschlossenen Pfannkuch-Markt. Im Januar darauf startete dm im Ruhrgebiet, zuerst in Herne, dann kam Essen, und dann eröffnete etwa alle vier Wochen der nächste Laden, in Serie sozusagen. Mitte des Jahres 1975 gab es schon über 20 Läden.

Und ich begriff: Erfolg heißt Erfolg, weil er Folgen hat.

Denn allmählich fing die Sache an, mir über den Kopf zu wachsen, buchstäblich. Bislang war alles recht einfach gewesen. Wenn man weiß, was man verkaufen will, und weiß, wie das geht, dann braucht man nur ein paar Leute, denen man sagt, was sie zu machen haben – und fertig. Meine allererste Mitarbeiterin kam damals mit jungen Jahren vom Arbeitsamt. Sie machte bei dm richtig Karriere und blieb bis zu ihrer Pensionierung.

Doch inzwischen hatte dm eine Größenordnung erreicht, wo es eine umfassende Struktur brauchte. Ich wandte mich an meinen alten Ruderfreund Günter »Pepi« Bauer, der mittlerweile bei Hofer, der österreichischen Filialkette, die Aldi 1968 übernommen hatte, Karriere gemacht hatte. Wir hatten nur unregelmäßig und selten Kontakt, aber ich wusste, dass er inzwischen für über fünfzig Filialen verantwortlich war und die Aldi-Denke tief verinnerlicht hatte. Im August 1975 rief ich ihn kurzerhand an: »Komm doch mal nach Karlsruhe; dann zeige ich dir, was ich da gemacht habe.«

Er kam, sah und staunte: Als erstes fuhren wir zu der Filiale in Karlsruhe. Es war Samstagvormittag, die Einkaufswagen waren voll, und alle Kassen brummten. Dann ging es nach

Böblingen. Dort dasselbe Bild. In Pepis Augen sah ich schon, dass es ihn gepackt hatte. Die Sache war auch für ihn mehr als evident. Auf der Fahrt berichtete ich dem alten Freund über die Umsätze der vergangenen Wochen, und er verglich die dm-Zahlen mit denen von Aldi. »Wahnsinn!«, konnte er das Gehörte kam fassen: »Da muss sich der Hofer aber verdammt anstrengen, um auf solche Ergebnisse zu kommen!«

Ein paar Wochen drauf besuchten Günther Lehmann und ich ihn drei Tage in Österreich. Wir fuhren durch die großen Landeshauptstädte, Pepi zeigte uns die eine oder andere Hofer-Filiale, und wir entwickelten Ideen, was wir gemeinsam auf die Beine stellen könnten, wenn wir uns zusammentäten.

Pepi meinte, er könne sich in vier oder sechs Wochen in alles einarbeiten, und dann könnten wir bald die erste Filiale in Salzburg oder Linz aufmachen. Gesagt, getan. Mitte Januar 1976 hatten wir die Verträge fertig, die Firma dm Österreich war gegründet, und Pepi kündigte bei Hofer. Ich war begeistert. Es war beeindruckend, wie viel Wissen Pepi sich in den acht Jahren bei Hofer angeeignet hatte; ein Wissen, das wir bei dm in Deutschland gut gebrauchen konnten. Wieder ein paar Wochen später war mein Entschluss klar: Ich bot Pepi an, bei dm Deutschland einzusteigen – auf Augenhöhe als Mitgeschäftsführer. Pepi war überrascht und bat mich um etwas Bedenkzeit.

Später erfuhr ich, dass er die Zeit aber gar nicht mehr brauchte, um nachzudenken, sondern weil er den bereits gefassten Entschluss seiner Frau schonend beibringen wollte. Die beiden hatten nämlich gerade erst den Bau eines Hauses in der Nähe von Graz abgeschlossen, für den sie die letzten zwei Jahre fast ihre gesamte Freizeit geopfert hatten. Im Jahr zuvor war das erste Kind auf die Welt gekommen. Jetzt war das zweite unterwegs. Wenn er nun bei dm einsteigen würde, bedeutete das, aus Graz wegzuziehen und sich eine Bleibe in Karlsruhe zu suchen. Aber offenbar gelang es ihm, seine Frau mit der Begeisterung anzustecken: Schon acht Wochen später zog die Familie in eine 140 qm-Wohnung nach Karlsruhe um. Der Plan war, für drei Jahre in Deutschland zu bleiben, bis dm Österreich groß genug war, um dann wieder in die Heimat zurückzukehren.

## Körbeweise Bewerbungen, Auswahl per Graphologie

Ab diesem Zeitpunkt arbeiteten wir auf Hochtouren auf zwei Ebenen. Zum einen ging es darum, Strukturen in das bereits bestehende dm-Filialnetz einzuziehen. Zum anderen begannen wir mit dem systematischen Aufbau von dm-Filialen in Österreich.

Strukturen zu schaffen, bedeutete in dieser Phase des Unternehmens, eine zweite Hierarchie-Ebene einzuziehen. Denn 40, 50 Filialen zu betreuen, war für mich allein kaum noch möglich – zumal wir ja noch weiteres Wachstum anstrebten, und ich andere Aufgaben zu erledigen hatte, als von einer Filiale zur anderen zu düsen.

Durch Pepis Aldi-Erfahrungen gab es keine langen Diskussionen. »Das machen wir so, wie ich das gewohnt bin.« Wenn jemand von seinem Format, 1,98 Meter, 150 Kilo, acht Jahre in leitender Position bei Hofer in Österreich – wenn so jemand solch einen Satz sagt, dann gibt es da kein Vertun. Zumal das alles auch sofort einleuchtete: Wir würden das Harzburger Modell einführen. Wir bildeten Filialbezirke. Auf sechs oder sieben Filialen kam ein Bezirksleiter. Anfangs würden also fünf oder sechs Bezirksleiter reichen, aber für die langfristige Perspektive bräuchten wir sicher bald an die zwanzig Bezirksleiter. Jetzt musste man eben die entsprechenden Menschen dafür finden. Auch für die Mitarbeitersuche übernahmen wir den Prozess von Aldi.

Wir schalteten Stelleninserate in drei oder vier Zeitungen,

weil wir Sorge hatten, nicht genügend Bewerbungen zu bekommen: »Führungsaufgabe im Handel«. Den Text übernahmen wir frech aus einem Aldi-Inserat für Bezirksleiterstellen, ein Plagiat, nur eben auf dm-Belange angepasst. Das erleichterte die Arbeit, und außerdem hofften wir, dass die erkennbare Ähnlichkeit zu Aldi für ein gewisses Vertrauen sorgen würde, schließlich war dm noch völlig unbekannt.

Und dann kamen die Bewerbungen. Körbeweise. Rund 850 Bewerbungen lagen am Ende auf unserem Tisch. Ich werde nie vergessen, wie wir da herumgeeiert sind: Was macht man mit 850 Bewerbungen? Eine Stecknadel im Heuhaufen zu suchen, wäre kaum schwieriger gewesen. Wir mussten irgendwelche quantitativen Kriterien finden, um auf 30 zu kommen, mit denen wir Gespräche führen wollten. Wonach sollten wir gehen? Wenn wir jeden Lebenslauf ansehen würden, wären wir tagelang beschäftigt.

Die Lösung war hart und ungerecht. Wir selektierten im ersten Schritt durch willkürliche, ganz äußerliche Kriterien: Bewerbungen ohne Unterschrift, was übrigens häufiger vorkommt, als man denkt, wurden aussortiert. Wer die Briefmarke nicht aufrecht aufgeklebt hatte, sondern schräg, wurde nicht eingeladen. Bartträger schieden aus. Und so weiter. Im Prinzip entschieden wir anhand von Formfragen. Denn wir dachten: Wer die Form schon an dieser Stelle nicht beherrscht, der wird es auch im Unternehmen nicht tun. Irgendwann blieben 45 Bewerber übrig, die wir genauer unter die Lupe nahmen.

Weiterhin blieben wir bei dem Verfahren, das Pepi von Aldi mitgebracht hatte: Wir schalteten einen Graphologen ein. Eine interessante Erfahrung.

Graphologie ist eine Methode, ein psychologisches Gutachten anhand der Handschrift zu erstellen. Das wird heute meist belächelt, war eine Zeitlang in Deutschland aber sehr in Mode und galt zeitweilig als echte Wissenschaft. In den 1920er Jahren wurde die Graphologie in der Justiz eingesetzt, und bis in die 1980er Jahre hinein war es selbstverständlich, dass man Bewerbungen mit der Hand schreiben musste. Aldi und dm waren also keineswegs die einzigen Unternehmen, die einen Graphologen bei der Auswahl von Bewerbern beschäftigten. Unser Graphologe, der uns empfohlen worden war, lebte und arbeitete in Heidelberg, ein Herr Fischer, der inzwischen verstorben ist. Mit den graphologischen Gutachten zusammen gab er sehr deutliche Statements ab: »Den können Sie nehmen. Den können Sie nicht nehmen.« Ich habe Herrn Fischer sehr geschätzt. Er hat mit seinen Empfehlungen immer recht gehabt. Aber natürlich ist es so, dass die Entscheidung, einen Graphologen zu konsultieren, schon eine Entscheidung dafür ist, ihm zu folgen. Denn was würde passieren, wenn der Graphologe ein tendenziell negatives Gutachten über jemanden abgibt und man stellt den Kandidaten trotzdem ein? Beim ersten Fehler des neuen Mitarbeiters gerät man ins Grübeln. Ein negatives graphologisches Gutachten ist eine Kontaminierung des möglicherweise entstehenden Vertrauens. Ein positives hingegen schafft zusätzlich Vertrauen. Ein Fehler wird leichter verziehen, schließlich ist der Kandidat im Kern – und wissenschaftlich erwiesen – ein guter Mitarbeiter.

Am Ende dieses ersten Auswahlprozesses blieb dann schließlich ein knappes Dutzend von Bewerbern übrig, mit denen wir ein Gespräch führten und von denen wir schließlich sechs einstellten. Im Gespräch geht es dann übrigens wieder um Evidenzerlebnisse. Da müssen Sie sich auf die Person einlassen und schauen, wie Sie zu einer Entscheidung kommen.

## »Junge, du musst was lernen!«

Bei diesem Mitarbeiterauswahl-Verfahren blieben wir recht lange; im Prinzip bis zu dem Zeitpunkt, an dem wir begannen, die Führungskräfte aus den eigenen Reihen zu rekrutieren. Und auch unsere Führungsprinzipien basierten zunächst auf dem Aldi-Führungshandbuch, das die Harzburger Prinzipien fast militärisch penibel umsetzte und das Pepi nur geringfügig für dm umarbeitete. Im Mittelpunkt standen nicht der Mensch, sondern die Ordnung, das Akkurate und die Produktivität. Der Mensch war dem Mechanismus untergeordnet. Das schien uns damals einleuchtend. Wir hinterfragten das nicht.

Nur in ein paar Details befreiten wir uns von den strengen Vorgaben. Zum Beispiel gab es im Harzburger Modell für Beförderungen die strikte Regel, dass man mit einem bestimmten Ausbildungsgrad auch nur eine bestimmte Karrierestufe erklimmen konnte. Pepi und ich waren uns einig, dass das Quatsch ist. Der Schulabschluss hatte in meiner Biografie keine Rolle gespielt, und auch Pepi hatte es bei Hofer gehasst, dass er gute Filialleiter nicht mehr befördern konnte, obwohl sie anerkannte Kaufleute waren. Gleich als Erstes schrieben wir deswegen in das dm-Handbuch, dass idealerweise unsere Führungsmannschaft zu 50% aus Praktikern und zu 50% aus Akademikern besteht. Auch Frauen wollten wir von Anfang an berücksichtigen. Hofer hat lange nur Männer in Führungspositionen gelassen.

Parallel begannen wir mit der Expansion nach Österreich. Im November 1976 eröffneten wir den ersten Laden in Linz. Ein Jahr drauf waren es schon zehn, und es war absehbar, dass bis zum Sommer 1978 in Österreich mindestens 14 Filialen stehen würden. Kurz vorher stand Pepi bei mir im Büro: »Götz, wir müssen reden. Es wird Zeit, jetzt beginnt die heiße Phase. Ich muss zurück nach Österreich. Jetzt!« Es war ein Jahr früher als geplant, aber keinen Tag zu früh. Denn dadurch, dass Pepi wieder in Österreich lebte, konnte er die regionalen Entwicklungen besser mitverfolgen.

dm Österreich war bald auf 80 Filialen angewachsen. Doch 1981 gelang nach kurzen Verhandlungen der Coup, auf einen

Schlag weit über hundert bestehende Vita-Märkte zu übernehmen, knapp sechzig in Österreich, knapp siebzig in Deutschland. Einzelne Läden mussten wir schließen, weil sie oft dicht nebeneinander lagen, aber in Österreich haben wir danach mit 130 Filialen, in Deutschland mit über 250 Filialen weitergemacht. Das war wie eine Explosion!

»Erfolg heißt Erfolg, weil er Folgen hat«, haben wir immer scherzend gesagt. Aber der Zuwachs an Komplexität ist bei solchem Wachstum erheblich. Rückblickend sieht es aus, als hätten wir das alles ganz systematisch vorbereitet, aber aus dem gegenwärtigen Alltag heraus agierten wir eher intuitiv. Als hätten wir es geahnt, hatten wir bereits Ende der 1970er Jahre begonnen, dem Zuwachs an Komplexität auch mit einem Zuwachs an Fähigkeiten zu begegnen.

Manche Unternehmen, die erfolgreich gestartet sind, gehen daran zugrunde, dass sie diesen Schritt versäumen. Viele Pioniere glauben, dass sie mit ihren bisherigen Fähigkeiten auf Dauer erfolgreich bleiben könnten. Sie handeln aus Empirie: Ich war in der Vergangenheit erfolgreich, ich werde es auch in Zukunft sein. Sie wollen reproduzieren. Sie schauen zurück (auf ihre Erfolge der Vergangenheit) und gehen vorwärts (in eine ungewisse Zukunft). Und dann, weil sie eben nicht sehen, wohin sie gehen, fallen sie in den Graben. Solches Handeln aus Empirie ist töricht: Wenn sich die Verhältnisse ändern, braucht man andere Fähigkeiten, um erfolgreich zu sein. Denn das Verhalten der Vergangenheit hat zwar zum Erfolg geführt; aber daraus hat sich eine neue Situation ergeben – und damit auch neue Herausforderungen. Denen aber kann man, um den berühmten Physiker Albert Einstein zu zitieren, nicht mit dem Denken von gestern begegnen, das ja erst zu den Problemen von heute geführt hat. Deswegen braucht man eine Veränderung, einen Zuwachs an Fähigkeiten. Und das heißt Zuwachs an Bewusstsein. Im Klartext sagte ich mir: »Junge, du musst was lernen!«

Ich erinnerte mich daran, dass ich zu Idro-Zeiten mehrmals Seminare am Gottlieb-Duttweiler-Institut (GDI) in Rüschlikon bei Zürich besucht hatte, die mir gut gefallen hatten.

## Dutti, der Riese, wird zum Vorbild

Das GDI gilt als der älteste Wirtschafts-Think-Tank der Schweiz. Es wurde 1963 zum Gedächtnis an Gottlieb Duttweiler gegründet, der in der Schweiz die Lebensmittelkette Migros zu legendärem Erfolg geführt hatte. Duttweiler war ein beeindruckender Mann, der in den 1920er Jahren die Lebensmittelbranche auf den Kopf stellte, indem er die Ware unter Umgehung des Zwischenhandels billiger anbot. 1948 gründete er den ersten Selbstbedienungsladen und startete 1957 ein umfassendes Kulturprogramm – nach dem Motto: »Wenn ich oben zu einem guten Zwecke Geld zum Fenster hinauswerfe, kommt's unten zur Ladentüre wieder herein.« Vom Umsatz der Handelskette geht bis heute ein fester Satz, das »Migros-Kulturprozent«, an gemeinnützige Zwecke – das waren 2011 über 117 Millionen Franken.

Besonders spektakulär war jedoch, dass Duttweiler 1940 sein Vermögen an seine 120 000 damaligen Kunden verschenkte, indem er die auf zehn Millionen Franken geschätzte Migros AG samt ihren Fabrikationsbetrieben in eine Genossenschaft umwandelte und die Kapitalanteile unter den Kunden verteilte. Auch seine private Villa mit dem umliegenden großen Park vermachte er der Allgemeinheit. Nur eine Million Franken behielt der damals 52-Jährige als »Notgroschen«. Heute umfasst der Migros-Genossenschafts-Bund zehn Regionalgenossenschaften, gehört über zwei Millionen Genossenschaftern und ist mit 86 000 Beschäftigten größter Arbeitgeber der Schweiz.

Dass »Dutti, der Riese« (so heißt ein Dokumentarfilm über

ihn, der 2007 in die Kinos kam) in der Schweiz nicht nur als großherziger Wohltäter und engagierter Visionär gefeiert wird, liegt daran, dass Duttweiler genauso ambitioniert, wie er sein Unternehmen führte, auch seine politische Ansichten vertrat – und das ohne wirkliche politische Heimat. Die Rechten mochten ihn nicht, weil er jahrelang einen Kampf gegen die gewinnorientierten Methoden der Großkonzerne führte. Die Linken mochten ihn nicht, weil er Kommunismus und Sozialismus entschieden ablehnte und stattdessen die Macht der Konsumenten beschwor. So streitbar seine Ansichten waren, so polarisierend war auch sein Temperament, das schon mal mit ihm durchging. Zum Beispiel schmiss er 1948 Steine durch die Scheiben des Schweizer Parlamentsgebäudes in Bern, weil er den Eindruck hatte, die lahmen Politiker riskierten mit ihrer Entscheidungsunfähigkeit das Heraufziehen eines neuen Kriegs.

Kurz vor seinem Tod legte der oftmals als »Makkaronikönig« verlachte Unternehmer den Grundstein zum Gottlieb-Duttweiler-Institut in Rüschlikon, einem Zentrum für wirtschafts- und sozialpolitische Fragen. Er glaubte an den Begriff des »sozialen Kapitals« und wollte der Nachwelt ermöglichen, seine Ideen vom verantwortungsbewussten Dienst an der Gemeinschaft weiterzuverfolgen und zu verbessern. Auf seinem Leitsatz »Der Mensch im Mittelpunkt und nicht das Kapital« basierend, erforscht und lehrt das GDI bis heute aktuelle wirtschaftliche und gesellschaftliche Themen rund um Handel und Konsum.

Ich hatte das Institut seit dem Weggang von der Idro aus dem Blick verloren. Mir fehlte die Zeit, irgendwelche Seminare zu besuchen – und auch der Wille. Als Pionier weiß man sowieso immer alles besser. Ich machte ja alles richtig, also musste ich nichts lernen.

Glücklicherweise bekam ich mit dem wachsenden Erfolg dann doch ein mulmiges Gefühl oder besser: spürte einen gewissen Lernbedarf. Nicht weil wir in Schwierigkeiten oder gar in Verlust zu geraten drohten, sondern weil ich mich fit halten wollte. Schließlich wusste ich vom Rudern, dass man ohne regelmäßiges intensives Training keine Regatta gewinnen kann – auch wenn man in der Vergangenheit zahlreiche Pokale gesammelt hat.

Ich besuchte also im Sommer 1977 kurz vor den großen Ferien ein Dreitagesseminar zum Thema »Organisationsentwicklung«. Das schien mir genau das zu sein, was wir bei dm jetzt brauchten. Seminarort war nicht in Rüschlikon, sondern das Hotel »Chateau Gütsch« oberhalb von Luzern. Das Hotelgebäude stammt aus der Belle Époque und war dem Schloss Neuschwanstein nachempfunden. Es thront mit eigener Standseilbahn wie ein Wahrzeichen über der Stadt. Es war also eine wunderbare Atmosphäre, in der wir dort tagten.

## »Sagen Sie mal, haben Sie was mit Anthroposophie zu tun?«

An das Seminar selbst erinnere ich mich nicht mehr genau. Wir waren etwa 35 Teilnehmer aus unterschiedlichsten Handelsunternehmen und gingen, wie das so üblich ist, von Gruppenarbeit zu Gruppenarbeit. Dabei hatte ich sicher auch die eine oder andere kluge Erkenntnis. Aber wirklich entscheidend für mein weiteres Leben wurde eine Kaffeepause. Es muss am zweiten oder dritten Tag gewesen sein. Da kam in der Pause der Seminarleiter namens Hellmuth J. ten Siethoff auf mich zu. Er war ein etwa 50-jähriger Holländer, der in Indonesien geboren und als Erwachsener nach Holland zurückgekehrt war.

»Sagen Sie mal, haben Sie was mit Anthroposophie zu tun?« Ich war erstaunt. Das hatte mich noch nie jemand gefragt. Aber es stimmte.

Nach meinen eigenen schlechten Schulerfahrungen hatten meine Frau und ich beschlossen, dass unsere Kinder eine andere Art von Schule erleben sollten. Zusammen mit anderen engagierten Eltern gründeten wir die erste Waldorf-Schule in Karlsruhe. Dadurch war ich erstmals in Berührung mit den Ideen von Rudolf Steiner gekommen und hatte angefangen, erste Texte zur Anthroposophie zu lesen. Allerdings bislang nicht sonderlich ambitioniert, schließlich sind die Begrifflichkeiten sehr gewöhnungsbedürftig und die Texte nicht leicht zu lesen.

»Wieso fragen Sie das?«, hakte ich nach. Da sagte er: »Die Art und Weise, wie Sie hier im Seminar argumentieren, entspricht sehr dem Denken Rudolf Steiners.« Und dann erzählte er in wenigen Sätzen, dass seine gesamte berufliche Tätigkeit aus der Anthroposophie gespeist sei.

Zum Abschluss der Kaffeepause drückte er mir ein kleines 83 Seiten schmales Büchlein in die Hand. Es enthielt Vorträge seines Lehrmeisters Prof. Dr. Bernard Lievegoed, der den Begriff Organisationsentwicklung in Europa seit den 1950er Jahren entscheidend mitgeprägt hatte. Lievegoed war ein holländischer Vollblutanthroposoph und Begründer des Niederländischen Pädagogischen Instituts für Organisationsentwicklung, NPI, einer internationalen Unternehmensberatung im holländischen Zeist, die auch große Konzerne beraten hat. Das Büchlein hieß »Soziale Gestaltung in der Heilpädagogik« und erschloss sich auf Anhieb nicht als typische Unternehmerlektüre. Trotzdem nahm ich es mit in den Urlaub und las es mit wachsendem Interesse. Ich begann mich mit Fragen der *Sozialität* zu beschäftigen. Wie erlernt der Mensch eine soziale Orientierung für sein Verhalten und Handeln?

Vor allem beschäftigten mich drei Kernfragen, die mir Hellmuth J. ten Siethoff mit auf den Weg gegeben hatte:

»Erste Frage: Ist das Unternehmen für Sie da, oder sind Sie für das Unternehmen da?

Zweite Frage: Sind die Mitarbeiter für das Unternehmen da oder das Unternehmen für die Mitarbeiter?

Dritte Frage: Sind die Kunden für das Unternehmen da oder das Unternehmen für die Kunden?«

## Drei Fragen ändern die Welt(sicht)

Ich war damals noch so im Erfolgsrausch, dass ich mir solche Fragen selbst nie gestellt hätte. Aber plötzlich betrachtete ich die Welt mit anderen Augen. Plötzlich stießen mir Äußerungen anderer Unternehmer auf, die sich bei irgendwelchen Gelegenheiten empörten: »Der Mitarbeiter betrügt mich! Der hat einfach, ohne zu fragen, neue Lagerkarren gekauft. Der bringt uns um unseren Gewinn. Das ist *mein* Geld. Solche Leute muss man wegen Diebstahl entlassen!«

Vielleicht hätte ich früher nur achselzuckend auf solche Sprüche reagiert. Denn natürlich wurde bei dm niemand entlassen, wenn er defekte Arbeitsgeräte durch taugliche ersetzte. Aber nun störte mich die Haltung, die sich in solchen Sätzen artikulierte. Oder wie hatte es ten Siethoff noch formuliert, als er mir die drei Fragen mitgab: »Je nachdem, welche Haltung Sie bewusst einnehmen, schauen Sie in die Welt und können sich die Fragen so oder so beantworten.«

Wer war für wen da? Der Kunde? Der Mitarbeiter? Das Unternehmen? Ist der Mensch Mittel oder Zweck?

Diese Fragen verfolgten mich. Mit der Zeit wurde es immer klarer: Nichts auf der Welt wird gemacht, ohne dass der Mensch das Ziel ist. Also ist der Mensch nie Mittel, immer Zweck!

Genau darin liegt allerdings das Problem unserer Gesellschaft heute: Egal ob Sie Geschäftsberichte oder Wirtschaftszeitung lesen, egal ob *Manager Magazin*, *Spiegel*, *Frankfurter Allgemeine Zeitung* – immer ist es genau andersherum:

Der Mensch ist Mittel, nie Zweck. Deswegen haben wir die ganzen Verwerfungen.

Damals vollzog ich die entscheidende Wende.

Wenn man mit diesen Fragen anfängt, wenn man das ernst nimmt, also nicht nur versteht, sondern auch fühlt, dann schaut man anders in die Welt. Und wenn man anders in die Welt schaut, entdeckt man etwas anderes, und dann macht man den Unterschied. Dann fängt man an, sein Unternehmen in eine andere Richtung zu führen. Die Frage: Wer ist für wen da?, zieht automatisch die Frage nach sich:

Ist das Unternehmen für den Gewinn da oder der Gewinn für das Unternehmen?

Ich empfehle Ihnen, dieses Buch einen Moment beiseite zu legen und selbst über diese Frage nachzudenken: Ist das Unternehmen für den Gewinn da oder der Gewinn für das Unternehmen?

Meine Antwort ist diese: Die wesentliche Aufgabe des Unternehmers ist es, zwischen sich eigentlich widersprechenden Polen eine Balance herzustellen. Der eine Pol heißt: Du musst Gewinn machen! Der andere Pol heißt: Du musst möglichst günstig anbieten! Das widerspricht sich. Und die meisten Leute bringen die Bewegung zwischen diesen Polen nicht in einen harmonisierenden Rhythmus, sondern denken dual im Entweder-Oder: »Wenn ich mehr Gewinn machen will, muss ich die Preise erhöhen …« Und wundern sich, dass langfristig der Kunde wegläuft. Der Kunde akzeptiert höhere Preis nämlich nur, wenn die Gegenleistung dafür größer ist. Und am liebsten ist es ihm, wenn er Qualität zu niedrigem Preis bekommt. Deswegen muss ein Unternehmer gleichzeitig die Leistung verbessern *und* die Preis senken. Eine Preissenkung ist ja ebenfalls eine Leistungssteigerung. Ich senke die Preise, um die Gewinne zu erhöhen. Es werden dann mehr Kunden kommen, und so wird das Unternehmen mehr Gewinn machen. Man muss sich im permanenten Rhythmus zwischen

Kundenorientierung (gute Qualität, niedriger Preis) und Unternehmensinteressen (hohe Gewinne, langfristige Innovationssicherung) hin- und herbewegen.

Es scheint so wahnsinnig banal, ist aber so verdammt schwer.

## Fundgrube für alle, auch alltägliche Probleme

Mit der Zeit habe ich angefangen, mich richtig in die diversen Texte der Anthroposophie reinzubohren. Ich entwickelte ein reges Innenleben, ein konstantes Denken, das mich durch den ganzen Tag begleitete. Das merkte ich zum Beispiel daran, dass mich plötzlich die Radiomusik bei der Autofahrt störte. Ich fuhr damals einen Wagen, bei dem das Radio automatisch anging, wenn man den Zündschlüssel im Schloss drehte. Nun war ich aber immer mit irgendwelchen Gedanken beschäftigt. Fortan blieb das Autoradio aus. Bis heute. Selbst wenn ich ins Taxi steige, bitte ich sofort darum, die Musikberieselung auszuschalten.

Man muss die richtige Balance finden. »Vita activa« und »vita contemplativa« gehören zusammen. Die Aktion braucht die Reflektion. Deswegen haben wir bei dm auch stets einen Satz des flämischen Dichters Guido Gezelle gepflegt: »Denke erst und handle dann und handelnd denke stets daran.« Leider kann man heute viel zu oft beobachten, dass die Reflektion zu kurz kommt. Die Menschen sind immer mit irgendetwas beschäftigt, anstatt einmal innezuhalten. In der Aktion heißt es »Augen zu und durch«; Kraft und Offenheit für Neues entstehen nur aus der Reflektion.

Durch die Beschäftigung mit der Geisteswissenschaft, der Anthroposophie fing ich an, Dinge zu hinterfragen, statt immer nur den Aktionen hinterher zu hetzen. Ich entdeckte die Anthroposophie als eine Fundgrube für meine Tagesproblematik, aber auch für meine mittel- und langfristigen Überlegungen. Durch die Begegnung mit Hellmuth J. ten Siethoff und die Lektüre von Steiners Schriften nahm ich einen Perspektivwechsel vor und ging mit anderen Augen durch die Welt.

Ich hatte vorher praktisch gar nichts gelesen. Nun wurde ich zur Leseratte. Wovon ich am meisten profitiert habe, ist die Erkenntnistheorie. Sie kann man wunderbar in Steiners »Philosophie der Freiheit« studieren, einem preiswerten Buch, das ich sicher schon ein Dutzend Mal gelesen habe.

Es geht um die Frage, wie man die Welt erkennt. Das wissen die wenigsten. Die meisten sagen nur: Ich erkenne sie. Aber die wenigsten fragen sich, wie sie die Welt erkennen und warum andere Menschen die Welt anders erkennen als sie selbst. Dabei entstehen doch genau daraus so viele Schwierigkeiten, dass wir Menschen die Welt eben unterschiedlich erkennen. Also ist es doch offenbar mehr als notwendig, zu fragen, warum wir wie die Welt erkennen. Mit dieser Frage beschäftigt sich die Erkenntnistheorie.

Die zweite Frage, die für mich wesentlich wurde, war die nach Reinkarnation und Karma. Es macht nämlich einen großen Unterschied, wie ich das Leben an sich bewerte – also ob ich sage: Vorn ist ein schwarzes Loch, hinten ist ein schwarzes Loch, und dazwischen musst du so viel wie möglich an dich raffen. Oder ob ich sage: Mein Ich ist einmalig, unverwechselbar und kehrt immer wieder; in diesem Leben habe ich eine Aufgabe zu erfüllen.

Wenn wir es uns erlauben – und nicht aus Angst, keine Antwort zu finden, uns schon die Frage verbieten –, dann beschäftigt uns diese Rätselfrage doch alle: Warum bin ich auf die Welt gekommen? Was sind meine Aufgaben? Und was gilt es zu lernen oder vielleicht im Verhältnis zu dem, was man in einem früheren Leben getan oder gelassen hat, auszugleichen?

Seit ich mich das erste Mal damit beschäftigt habe, war mir klar, dass es gar nicht anders sein kann, als dass wir wiedergeboren werden, dass das Leben sonst gar keinen Sinn hat. Dinge wie Schuld und Sühne, Glück und Pech, Krankheit und Wohlsein etc. könnte man sich sonst nicht erklären. Wenn man das alles nur auf ein Leben beschränkt, dann wird man nicht schlau daraus. In dem Moment, wo man über den Tellerrand der Inkarnation hinaus schaut, findet man eine ganz andere Dimension, ganz andere Einsichtsmöglichkeiten.

## Nachdenken – die Universität des Lebens

Es gibt viele Menschen, die sich mit den Texten Rudolfs Steiners und ihrer sperrigen Sprache schwer tun. Leicht fällt mir die Lektüre auch nicht. Richtig warm geworden bin ich mit den Texten erst durch die Begegnung mit meiner zweiten Frau Beatrice, die mit der Anthroposophie bereits bestens vertraut war. Sie hat mir den Zugang zu den zentralen Schriften von Rudolf Steiner erst eröffnet. Mit ihr zusammen lese ich die Bücher immer wieder. Beharrlich im Bemühen, bescheiden in der Erfolgserwartung. Man kann die Texte nicht überprüfen, wie man ein wissenschaftliches Buch überprüfen kann. Man kann die Erkenntnisse Steiners nicht nachmessen, nachwiegen oder nachzählen wie Erkenntnisse der Naturwissenschaften. Aber man kann diese Sätze zur Kenntnis nehmen, man liest und lässt die Worte quasi gegen sein Bewusstsein und seine Seele schlagen. Und dann muss man sich fragen: Was macht die Lektüre mit mir? Tut sich bei mir ein Widerstand auf? Oder ist da etwas dran? Berührt es mich, oder lehne ich es ab?

Anthroposophie ist die Weisheit vom Menschen. Sie ist für mich zur Quelle geworden, um die Welt und die Menschen besser zu verstehen. Sie hat dazu geführt, dass ich eher die Lösungen als die Probleme sah. Damals hätte ich das sicher nie so gesagt, aber jetzt weiß ich es aus einer gewissen Empirie heraus: Je besser Sie die Menschen verstehen, je besser Sie die Welt verstehen, umso besser können Sie die Welt verwandeln und die Menschen bedienen.

In der Folge habe ich mit Hellmuth J. ten Siethoff die verschiedensten Facetten dieser drei Grundfragen und ihre Auswirkungen auf die Führung unseres Unternehmens oft und lange diskutiert. Unser sozialer Organismus, unser wahrnehmungsgeleitetes Management und insbesondere unsere dialogische Führung, wie wir sie heute bei dm praktizieren, haben sich erst auf der Basis dieser Fragen entwickeln können.

Wenn ein Unternehmer die Welt und seine Mitmenschen nicht liebt, wird er auf Dauer nicht erfolgreich sein. Es gibt Unternehmer, die denken: Mitarbeiter sind erstens gierig und zweitens klauen sie. Die mögen kurze Zeit als große Unternehmer auftreten, aber das bricht irgendwann zusammen. Das habe ich schon mehrfach aus eigener Anschauung erlebt.

Ich bin zwar kein Akademiker, aber ich war in der Universität des Lebens, und dort lernt man durch Schlüsselerlebnisse. Die Begegnung mit Hellmuth J. ten Siethoff war ein solches Schlüsselerlebnis.

Ich bekam plötzlich eine klare Perspektive, sozusagen eine Zielorientierung. Indem ich mich mit Anthroposophie beschäftigte – aber vielleicht wäre es auch auf andere Weise möglich gewesen –, lernte ich, das Wesentliche vom Unwesentlichen zu unterscheiden. Es gibt immer tausend Fragen, die sich stellen. Worauf kommt es an? Worauf kommt es mir an? Was braucht der andere? Was ist für das System wichtig? Was ist für den anderen Menschen wichtig?

In der Zeitung habe ich später oft gelesen, dass bei dm alles anthroposophisch sei. Mancher Bewerber stellte dann die Frage, ob man Anthroposoph sein müsse, um bei dm arbeiten zu dürfen. Nein, muss man nicht. Mein Denken auf die Anthroposophie zu reduzieren, ist plakativ und wird der Sache nicht gerecht. Mich hat die Anthroposophie nicht vereinnahmt;

sie hat mich befeuert. Dasselbe gilt für dm. Ich habe angefangen, das Unternehmen mit Hilfe der Anthroposophie zu reflektieren, nicht mehr, nicht weniger.

Die Anthroposophie ist keine Religion, die Glaubenssätze vorgibt. Mit den Erkenntnissen der Anthroposophie kann man sich die Gesetzmäßigkeiten in der Entwicklung von Menschen und Gemeinschaften erarbeiten. Doch wie man diese Erkenntnisse umsetzt, dazu gibt die Anthroposophie keine Hinweise. Dafür braucht es Geistesgegenwart und Intuition.

Die Anthroposophie wurde für mich als Unternehmer das, was dem Architekt die Statik ist. Ein Architekt hat das Ziel, kühne und materialsparende Gebäude zu bauen. Deswegen ist es vernünftig, dass sich der Architekt in den Gesetzmäßigkeiten der Statik kundig macht. Genauso beschäftige ich mich als Unternehmensverantwortlicher mit Anthroposophie. Die Wahrscheinlichkeit, dass ich dann als Unternehmer etwas Nachhaltiges, Tragfähiges hervorbringe, ist größer, als hätte ich davon null Ahnung.

## Verurteilt zum Suboptimalen

Dieses Nachdenken, diese Metamorphose, diese Art und Weise, in die Welt zu schauen, das alles hat dazu geführt, dass das ganze Unternehmen bewusster wurde. Alle Aufgaben und Arbeiten im Unternehmen wurden transparenter und plötzlich auch vermittelbar. Bis dahin hatte ich keine formulierten Ziele und entschied alles entweder aus dem Bauch heraus oder auf der Grundlage von Evidenzerlebnissen. Wie soll man das jemand anderem erklären? Das ist vielleicht originell, aber es lässt sich nicht kultivieren. Wenn man aber etwas kultivieren will – Stichwort »Unternehmenskultur« –, dann muss klar sein, worauf es ankommt.

Deswegen waren die Fragen, die Hellmuth J. ten Siethoff

mir gestellt hatte, für dm ein wesentlicher Impuls. Ich konnte jetzt vor meine Mitarbeiter treten und sagen: »Wozu gibt es dm? Um Rahmenbedingungen dafür zu schaffen, dass sich die Menschen entwickeln können. Wissen Sie, liebe Kolleginnen und Kollegen, wenn ich Reifenhändler gelernt hätte, dann würden wir jetzt Reifen verkaufen. Nun habe ich eben Drogist gelernt, deswegen verkaufen wir jetzt Zahnpasta. Aber die Grundidee dieses Unternehmens ist, dass man sich als Mensch entwickeln kann.«

Ich zitiere in diesem Zusammenhang auch gern aus Goethes Faust: »Wer immer strebend sich bemüht, den können wir erlösen.« Denn es gibt nichts, was wir nicht besser machen können. Der Mensch ist verurteilt zum Suboptimalen. Aber wir können uns beharrlich bemühen, die Dinge besser zu machen. Wie schaffen wir Rahmenbedingungen, damit die Menschen sich entwickeln können?

Hellmuth J. ten Siethoff wurde wichtigster Ratgeber von dm. Wir haben in den folgenden Jahren viele Seminare mit ihm durchgeführt, in denen es um die Entwicklung unserer Organisation ging. Mit seiner Unterstützung entstand auch die dm-Philosophie.

1982 kam die gesamte deutsche und österreichische Geschäftsführung, rund 30 dm-Mitarbeiterinnen und Mitarbeiter, über eine Woche in einem Hotel in Zell am See zusammen. Wir trafen uns am frühen Morgen und haben uns bis zum Abend mit den Fragen unserer Unternehmensphilosophie beschäftigt. Dabei haben wir keineswegs nur geredet. Jeder hatte zwei Stunden am Tag Zeit, einen Speckstein nach seinen eigenen Vorstellungen zu bearbeiten. Dabei kamen sehr verschiedene Objekte heraus. Das reichte von der abstrakten Figur über das Abbild eines Fußes bis zum überdimensionierten Aschenbecher.

Nach dem Abendessen kamen wir dann wieder zusammen, und dann hat uns Hellmuth J. ten Siethoff Texte vorgelesen.

Man muss sich klar machen: Wir waren durchweg Kaufleute. Kaum einer hatte jemals was von Parzival oder der Gralsburg auch nur gehört. Manch einer hätte gewiss lieber einen James-Bond-Film gesehen; ein anderer schlummerte vielleicht sogar vorübergehend ein. Aber doch haben diese künstlerischen Arbeiten und Texte etwas in uns ausgelöst. Jedenfalls stand am Ende der Woche eine Unternehmensphilosophie mit Grundsätzen, die bis heute nichts an Gültigkeit verloren haben. Diese dort formulierten Sätze stammen nicht von Edelfedern teurer Werbeagenturen, die mehr oder weniger verklausuliert Varianten des lyrischen Bürospruchs »Bei uns ist der Mensch Mittel. Punkt!« zu Papier bringen. Unsere Grundsätze haben wir bis zum letzten Komma selbst erarbeitet – und immer wieder stießen wir später auf Fragen, bei denen wir genau auf diese Grundsätze zurückgeworfen wurden.

Zum Beispiel gibt es da den *Mitarbeitergrundsatz*: »Wir wollen allen Mitarbeitern helfen, Umfang und Struktur unseres Unternehmens zu erkennen, und jedem die Gewissheit geben, in seiner Aufgabe objektiv wahrgenommen zu werden.«

Das klingt einfach, wenn man noch mit hundert oder fünfhundert Mitarbeitern zu tun hat. Inzwischen arbeiten bei dm über 46 000 Menschen. Wie kann man *jedem* die Gewissheit geben, in seiner Aufgabe objektiv wahrgenommen zu werden? Solche Ziele fordern uns bis heute immer wieder heraus.

Das wird auch nicht einfacher bei diesem Grundsatz: »Wir wollen allen Mitarbeitern Möglichkeiten geben, gemeinsam voneinander zu lernen, einander als Menschen zu begegnen, die Individualität des Anderen anzuerkennen, um Voraussetzungen zu schaffen, sich selbst zu erkennen und entwickeln zu wollen und sich mit den gestellten Aufgaben verbinden zu können.« Aber wir suchen und finden Lösungen. Immer wieder aufs Neue.

## Konsumbedürfnisse veredeln

Am meisten beschäftigt hat uns aber in den letzten drei Jahrzehnten, was wir damals als *Kundengrundsatz* formuliert haben: »Wir sehen als Wirtschaftsgemeinschaft die ständige Herausforderung, ein Unternehmen zu gestalten, durch das wir die Konsumbedürfnisse unserer Kunden veredeln.«

Konsumbedürfnisse *veredeln*. Andere hätten vielleicht gesagt: Wir wollen die Bedürfnisse befriedigen, ohne sie billig zu stimulieren. Denn das ist doch das übliche Tagesgeschäft in unserer zynischen Handelswelt: Unzählige Unternehmen leben davon, dass sie bei den Menschen Bedürfnisse wecken, nur um ihnen irgendeinen Kram anzudrehen. Es wäre also schon ein vornehmes Anliegen gewesen, als Unternehmen auf aggressive Werbung zu verzichten. Wir hätten sagen können, wir möchten den Menschen nicht vorgaukeln, sie kauften Glück statt Nudeln oder sie bekämen Liebe statt Schnickschnack. Wir hätten auch festschreiben können, dass wir Verkaufsstrategien entwickeln, die den Kunden nicht – wie manches Versicherungsprodukt – in Abhängigkeit bringen, sondern wir möchten dem Kunden die Freiheit lassen, selbst zu entscheiden, was er wann braucht und was nicht.

Aber nein, als wir in dieser Weise über die Unternehmensphilosophie nachdachten und ohne Druck aus uns selbst heraus formulieren durften, was uns wichtig ist, schrieben wir fest, dass wir die Konsumbedürfnisse »veredeln« wollten! Das ist ein hoher Anspruch. Aber ich bin der festen Überzeugung, dass es allen Menschen – wenn sie denn die Freiheit haben, darüber in Ruhe nachzudenken – ein Anliegen ist, als Gemeinschaft vorbildlich in unserem Umfeld zu leben. Das entspringt dem Menschsein. Deswegen haben wir einen hohen Anspruch formuliert und nicht einen, der gut klingt und leicht zu erfüllen ist.

In der Praxis hat uns dieser Kundengrundsatz immer wieder vor Herausforderungen gestellt. Denn veredelt beispielsweise ein Mickey-Maus-Pflaster das Konsumbedürfnis, oder wollen Kinder ein solches Pflaster, obwohl sie gar keine Wunde haben? Veredeln Genusswaren die Konsumbedürfnisse? Ist es in Ordnung, Alkohol zu verkaufen? Oder Zigaretten? Veredeln wir Bedürfnisse, wenn wir nicht nachhaltige oder nicht fair gehandelte Produkte verkaufen?

Ein Händler muss sehen, dass er sein Geschäftsmodell so realistisch entwickelt, dass es sich einigermaßen mit den Bedürfnissen der Gesellschaft deckt. Je größer die Deckung ist, desto größer ist das Marktpotenzial. Wer in einer Stadt mit 15 000 Einwohnern einen Laden eröffnet, dessen Geschäftsmodell nur ein Prozent der Bevölkerung anspricht, der wird auf die Dauer zu wenig Fleisch am Knochen haben. Mit solchen Geschäftsmodellen kann ich nur in London oder Paris, wo Millionen Menschen leben, einen Laden aufmachen. Hier finden sich vielleicht die tausend Menschen, die sagen: Donnerwetter, so was brauche ich unbedingt. Da muss ich hin!

Der Händler muss die latent vorhandenen Bedürfnisse des Menschen antizipieren können und dann ein Angebot generieren, so dass die latent vorhandenen Bedürfnisse virulent werden. Das wäre das Ideal. Deswegen muss man sich fragen: Was sind die wahren gesellschaftlichen Zielsetzungen? Wo will der Mensch hin?

Ein Vorbild in diesem Denken war mir immer der Unternehmer Karl August Lingner, der 1892 den ersten Markenartikel, *Odol-Mundwasser*, auf den Markt brachte. Mit seiner Werbung – übrigens künstlerisch bedeutende Plakate – hat er nicht ein Scheinbedürfnis geschaffen, sondern ein latent vorhandenes, aber bislang nicht gestilltes Bedürfnis geweckt. Bis dahin hatte sich kein Mensch an Mundgeruch gestört, nicht Goethe, nicht Schiller, nicht Lessing, nicht Herder. Lingner aber kommt und erkennt, dass Mundgeruch etwas ist, was der Mensch eigentlich nicht will. Er antizipiert das latente Bedürfnis. Und dann bringt er ein Produkt auf den Markt, das nicht nur den Mundgeruch beseitigt, sondern außerdem noch Hygiene schafft und dadurch Krankheiten vorbeugt. Aber wenn dieses Bedürfnis nach frischem Atem nicht latent vorhanden gewesen wäre, dann wäre das kein dauerhafter Erfolg geworden. Indem er das Bedürfnis verstanden hat, konnte er mit seinen Fähigkeiten ein Angebot dagegensetzen.

Lingner interessierte sich für die Menschen und erkannte sehr früh, dass die Bevölkerung zu wenig über die Entstehung und Verbreitung von Erkrankungen wusste. Tuberkulose, Haut- und Geschlechtskrankheiten nahmen deswegen in Großstädten in besorgniserregender Weise zu. Lingner investierte deswegen einen Großteil seines Vermögens in gemeinnützige Arbeit und entwickelte eine Art »hygienische Volksbelehrung«. Die erste Internationale Hygiene-Ausstellung Dresden 1911 mit über fünf Millionen Besuchern und die Gründung des Deutschen Hygiene-Museums in Dresden 1912 gingen auf seine Initiative zurück. Heute gehören tägliches Zähneputzen und der regelmäßige Zahnarztbesuch ganz selbstverständlich zur europäischen Alltagskultur. Der durchschnittliche Bundesbürger investiert 16,20 Euro pro Jahr für Zahn- und Mundhygiene. Das macht ein Gesamtmarktvolumen von knapp 1,4 Milliarden Euro – ein Markt, den es noch nicht gab, als mein Urgroßvater 1870 seine Drogerie eröffnete.

In dieser Weise muss man dem Trend gerecht werden. Wir müssen permanent mit diesem Entdeckergeist, mit diesem Forschergeist – oder um es mit Steinerschen Worten zu sagen: mit Weltinteresse und mit Menscheninteresse – danach schauen: Wo kann ich Bedürfnisse wahrnehmen?

Um die Bedürfnisse zu veredeln, muss ich erkennen, welcher Art die Bedürfnisse sind, die ich finde: Wer den Menschen nur zum Mittel macht, nicht zum Zweck, wird nicht den Menschen bedienen, sondern den Geldbeutel.

Schiller würde fragen: Wollen wir den Stofftrieb oder den Formtrieb bedienen? Der Stofftrieb ist der sinnliche Trieb, der von der physischen Natur des Menschen ausgeht. Der Formtrieb ist beständig und entspringt dem ideellen Kern des Menschen. Nicht um eine Entscheidung zwischen beiden geht es, sondern um ihre *Auf-Hebung* und dadurch um eine Höherentwicklung des Menschen. Das vermittelnde, beide durchdringende und qualitativ erhebende Element zwischen den beiden Extremen bezeichnet Schiller als den Spieltrieb: »Der Mensch [...] ist nur da ganz Mensch, wo er spielt.« Dass hier nicht das kindliche Spielen gemeint ist, ist offenkundig. Schiller denkt dabei vielmehr an eine Tätigkeit des sich noch zu entwickelnden ideal vorgestellten Menschen, eines Menschen, der lernt, zwischen beiden Polen zu vermitteln und mit diesen beiden Polen gleichsam spielerisch umzugehen. Das Spiel besteht aus dem gegenseitigen Durchdringen und Sichaufheben.

Der Mensch fühlt sich wertgeschätzt, wenn er sich als Bewusstseinswesen angesprochen fühlt, und er fühlt sich beschämt, wenn er als Triebwesen benutzt wird. Früher oder später spürt er den Unterschied. Denn wie heißt es im Prolog von Goethes Faust, als Mephisto Gott die Wette anbietet, er werde beweisen, was der Mensch für eine erbärmliche Kreatur sei. Da billigt Gott dem Teufel zu, den arglosen Dr. Faust in Versuchung führen zu dürfen:

*»Nun gut, es sei dir überlassen,*
*zieh diesen Geist von seinem Urquell ab*
*und führ ihn, kannst du ihn erfassen,*
*auf deinem Wege mit herab.«*

Aber sogleich unterstreicht der Goethesche Gott, für wie aussichtslos er diesen teuflischen Versuch hält:

*Und steh beschämt, wenn du bekennen musst:*
*Ein guter Mensch, in seinem dunkeln Drange,*
*Ist sich des rechten Weges wohl bewusst.«*

Die meisten Unternehmen meinen, sie müssten an den dunklen Drang appellieren, deswegen ist Werbung so oft dumm, eitel oder sexistisch und appelliert nicht an das eigentlich Menschliche. Sie sagen: »Ätsch, der König ist Kunde, der Kaiser sind wir.«

Die Kunst ehrlicher Kommunikation ist es – beharrlich und bescheiden –, an der Zielsetzung zu arbeiten, den Kunden auf Augenhöhe anzusprechen, damit auf Dauer wirklich erlebbar wird, dass der Kunde nicht das Objekt unserer Begierde ist, sondern das Ziel unserer Anstrengungen.

Wenn wir bei dm nach den Kundenbedürfnissen forschen, dann suchen wir genau diesen Unterschied: Sind die Bedürfnisse nur dunkler Drang? Oder sind sie sich des rechten Weges wohl bewusst? Genau diese Fragen stellen wir, wenn wir die Bedürfnisse unserer Kunden durch unser Angebot veredeln wollen. Das bedeutet, immer zu versuchen, den Menschen so anzusprechen, wie er gern wäre, und nicht, wie er gerade scheint – und ihm dadurch dabei zu helfen, das Höhere in ihm zur Geltung zu bringen.

*Fortschritt ist das Werk der Unzufriedenheit.*
Jean-Paul Sartre

## Kapitel 4 **Realträume oder wie die Utopien von heute die Realitäten von morgen werden**

Der Unternehmer ist ein Realträumer. Für ihn ist der Traum wie Realität. Für die anderen ist es ein unerreichbares Luftschloss, aber für den Unternehmer ist es bereits gebaut, und er läuft buchstäblich darin herum. Man kann nur etwas unternehmen und umsetzen, wenn man es sich vorstellen kann. Wenn man keine großen Träume hat, kommt nur wenig heraus. Der Unterschied zwischen dem real-befangenen Menschen und dem real-träumenden, unternehmerischen Menschen liegt darin, dass der befangene Mensch seine Wahrnehmung mit seinen Vorstellungen verwechselt und dadurch nichts Neues entdecken kann; während der unternehmerische Mensch offen durch die Welt geht, ständig Neues wahrnimmt und daraus neue Einsichten bekommt. Nur das, was wir träumen können, können wir auch denken. Das, was wir denken können, können wir auch wollen. Und das, was wir wollen, können wir auch tun.

Es fängt immer mit einer Utopie an. Die Utopien von heute sind die Realitäten von morgen. Die Realitäten von heute sind die Utopien von gestern. Individuelle Fortbewegung war mal eine Utopie; dann hat einer das Automobil erfunden, und heute haben wir ein mächtiges Verkehrsgetümmel. Das erste

Berliner Telefonbuch, das 1881 mit 185 Einträgen erschien, wurde im Volksmund das »Buch der Narren« genannt, weil angeblich nur Verrückte ein Telefon hatten. Sieben Jahre später gab es in Berlin mehr Telefonanschlüsse als in jeder Stadt in den Vereinigten Staaten von Amerika.

Deswegen sagt man auch, Unternehmer sind Verrückte, weil sie auf der Zeitachse des Mainstreams »verrückt« sind. Aber für denjenigen, der seine Ideen umsetzt, ist das alles völlig normal, weil er es aus einer inneren Einsicht, einer Notwendigkeit, einem inneren Anliegen heraus macht. Im Nachhinein erklärt sich alles. Oder um nochmal an Fichte zu erinnern: »Die klare Einsicht in den zurückgelegten Weg kommt später und bildet erst den freien Künstler.«

Deswegen ist es die vornehmste Aufgabe für jemanden, der Führungsverantwortung hat, ein Stück weiter zu schauen als andere: Was sind die neuen Fragen, und was entwickeln sich daraus für neue Realitäten? Wenn sich die Menschen nie gefragt hätten, wie gelingt es uns zu fliegen, dann wäre nie ein Flugzeug erfunden worden.

In genau dieser Weise entwickelte sich im gesellschaftlichen Bewusstsein irgendwann die Erkenntnis, die auch heute nicht banal ist. Sie lautete: Die Menschen sind nicht die *Abnehmer* von Produkten, sondern in Wirklichkeit die *Auftraggeber*; sie müssen eine Mitverantwortung übernehmen für die Art und Weise, wie sie konsumieren.

Die Wahrhaftigkeit dieses Gedankens wurde mit den Jahren immer deutlicher. Es entwickelt sich allmählich und bis heute ein neues Konsumbewusstsein: Öko, nachhaltig, fair, sozial. Mitte der 1980er Jahre waren wir davon noch weit entfernt. Aber in jener Zeit lief mir ein Mann über den Weg, mit dem zusammen ich bald darauf diesem neuen Konsumbewusstsein erste Angebote gegenüber stellte.

Ich war auf der Durchreise in Dornach in der Schweiz und eigentlich auf der Suche nach einer Apotheke, weil ich mich rechtzeitig für einen aufkommenden Schnupfen wappnen wollte. Da spazierte ich in der Mittagszeit an einem Haus vorbei, wo zu jener Zeit unterschiedlichste Seminare für »freie Jugendarbeit, Kunst und Sozialorganik« angeboten wurden. Im Schaukasten am Eingang entdeckte ich, dass just in diesen Tagen Dr. Götz Rehn ein Seminar mit dem rätselhaften Titel »Sozialorganische Unternehmensgestaltung« leitete. Der Name des Seminarleiters war mir schon mal begegnet: Bei einem Seminar im Gottlieb-Duttweiler-Institut hatte ich wenige Monate zuvor den Abdruck eines Vortrages von Götz Rehn zum Thema »Das Verhaltensgitter – ein modernes Führungsinstrument und Organisationsentwicklungskonzept?« gefunden und mitgenommen, weil er die Herausforderungen einer Organisation ziemlich präzise auf den Punkt brachte.

Als ich das Haus betrat, um nach dem Seminarleiter zu fragen, schickte man mich gleich weiter in das ehemalige Wohnzimmer der Villa, wo sich nun der Speiseraum des Seminarhauses befand. Ich fand Götz Rehn mit seiner Gruppe an einem Esstisch vor dem Fenster, steuerte neugierig auf ihn zu und signalisierte – auch um die Gruppe nicht unnötig lange zu stören – schnell, offen und direkt, dass ich seine Arbeit sehr interessant fände und gern mehr darüber erfahren würde.

Götz Rehn arbeitete, nachdem er Volkswirtschaft studiert und in BWL über Organisationsentwicklung promoviert hatte, zu dieser Zeit bei Nestlé, hatte sich aber schon seit seinem 21. Lebensjahr mit Anthroposophie beschäftigt und wollte sich eigentlich als Unternehmer selbstständig machen. Er hatte sehr genau Vorstellungen davon, wie die Unternehmensgrundsätze aussehen, wie die Führung organisiert und wie man mit Kapital umgehen würde. Aber er hatte keine Ahnung, *was* er machen sollte; er suchte nach einem Unternehmensgegenstand. Er war offen für diverse Geschäftsideen mit unterschiedlichsten Ansätzen, ob Kinderkleidung, Lebensmittel oder Gastronomie – wichtig war ihm das Ideal, etwas Sinnvolles zu tun.

Ich erhoffte mir von dem sechs Jahre jüngeren, wissenschaftlich geprägten Mann interessante Fragen und Anregungen für mein eigenes unternehmerisches Denken und Tun. Im Gegenzug konnte ich ihm vielleicht helfen, seine Selbstständigkeit zu realisieren. Sehr schnell erkannte ich, dass es eine gute Idee wäre, noch einen Dritten in diesen geistigen Austausch einzubinden: Wolfgang Gutberlet, den Chef der Lebensmittelkette tegut aus Fulda. Ihn hatte ich kennengelernt, weil wir beide Mitglied in der Einkaufsorganisation Gedelfi waren. Wir waren gleich alt, hatten Kinder etwa im selben Alter in der Waldorfschule, auch er beschäftigte sich mit Anthroposophie und las gerade Steiners Buch »Die Kernpunkte der sozialen Frage«. Bei so vielen Parallelen war es leicht, sich anzufreunden.

Also habe ich uns drei zusammengebracht. Wir trafen uns fortan vielleicht drei-, viermal im Jahr, um uns in konzentrierter Atmosphäre über Fragen der Sozialorganik auszutauschen. Von Anfang an waren die Gespräche natürlich von der Frage begleitet, auf welche Weise Götz Rehn seine Karriere als Unternehmer beginnen könnte. Es dauerte nicht lange, bis sich die ersten groben Ideen konkretisierten: Ziel war es, ein biologisches Lebensmittelsortiment aufzubauen, vielleicht sogar eine Bio-Supermarktkette.

## Bio – ein schieres Hirngespinst!?

Was heute relativ banal scheint, galt damals als ein schieres Hirngespinst. Der Bio-Gedanke war in keiner Weise gesellschaftsfähig. Götz Rehn stieß mit seinen Vorstellungen auf wenig Gegenliebe. Ob Freunde, Verwandte, Bekannte – außer seiner Mutter, Wolfgang Gutberlet und mir fanden alle die

Idee eines Bio-Supermarktes völlig abgedreht, ohne Aussicht auf Erfolg, Zeitverschwendung. Er war deswegen zutiefst dankbar, wie er einmal gegenüber einem Journalisten sagte, »dass es überhaupt anderthalb Personen gab, die einen nicht für nur wahnsinnig hielten«.

Man sollte sich zudem bewusst machen, dass es in den frühen 1980er-Jahren nur sehr wenige echte Bioprodukte gab. Zwar hatten hier und da schon kleine Bioläden namens »Heuschrecke« oder »Gerstenkorn« aufgemacht. Aber was dort verkauft wurde, sah teilweise nur müsliartig aus, war aber gar nicht hundertprozentig biologisch. Rechtsvorschriften gab es damals noch nicht, lediglich selbst geschaffene Richtlinien von Bauern und Lebensmittelproduzenten, die sich bei Demeter oder Bioland zusammengeschlossen hatten. Erst 1992 gab es die erste gesetzliche Regelung zu Kennzeichnungen wie Bio oder Öko – und die sind bekanntlich bis heute umstritten.

Anfang der 1980er Jahre war das Thema Bio noch ein vollkommen gesetzloser Wildwuchs. Da wurde herkömmlicher Tee einfach in einer Packpapiertüte als Öko verkauft oder herkömmliches Getreide simpel gemischt und als Bio deklariert. Aber vor allem gab es viel zu wenig Bio-Artikel, um überhaupt einen Laden zu bestücken. Uns war klar, dass man hier das Qualitätsversprechen »Bio« unbedingt einhalten musste, wenn man das Vertrauen der Verbraucher nicht gleich verspielen wollte. Die erste Frage, die wir uns stellten, lautete also: Woher kommen die Bio-Produkte, die man dann im Laden verkaufen kann?

Die Antwort war einfach, aber folgenschwer: Man musste erst mal Bio-Produkte entwickeln und dann Bauern und Firmen finden, die die Produkte entsprechend der Vorgaben herstellten: Tee, Saft, Müsli, Mehl, Honig, Marmelade … Anfangs ging es um das Trockensortiment, das wir – ohne speziellen Laden – bei dm und tegut anbieten und erproben konnten. Die Kooperation mit dem Lebensmittelhändler tegut war naheliegend, aber auch die Kooperation mit dm war keineswegs so abwegig, wie man vielleicht meint, wenn man bei Drogerie nur an Zahnpasta denkt. Traditionell gab es in Drogerien ja immer schon Diätetika. Auch ich hatte in meiner Ausbildung im Reformbereich gelernt.

Das kleine Sortiment wurde dann Stück für Stück weiterentwickelt, immer mit der Zielsetzung, dass Götz Rehn irgendwann sein eigenes Unternehmen gründet: nämlich eine Bio-Supermarktkette. 1984 kündigte Rehn bei Nestlé und gründete seine Firma »Konzeption und Vertrieb natürlicher Lebensmittel Dr. Rehn«, die 1985 in die »Alnatura Produktions- und Handels GmbH« umgewandelt wurde. Verkauft wurden nur Lebensmittel, die nicht nur naturnah bearbeitet, sondern auch vollständig aus dem biologischen Landbau stammten. Deswegen heißt der Slogan bei Alnatura »Sinnvoll für Mensch und Erde«: Sinnvoll für den Menschen, weil es gesund, nicht denaturiert ist; und sinnvoll für die Erde, weil keine Pestizide oder Gifte in der Erzeugung die Erde auslaugen oder schädigen.

Der Weg war weit. Aber mit der bewährten Devise ging es beharrlich und bescheiden vorwärts. Zunächst war das Alnatura-Sortiment bei dm sehr klein, füllte vielleicht einen Regalmeter oder sogar weniger. Das Frische-Sortiment landete bei tegut, aber auch hier brauchte alles seine Zeit. Doch der Trend kam, wir hatten uns nicht geirrt. Als endlich auch außerhalb des Eigenmarken-Sortimentes genügend Waren verfügbar waren, eröffnete 1987 in Mannheim die erste Alnatura-Filiale. Doch anders als bei den ersten dm-Märkten rauchten keineswegs gleich die Kassen. Im Gegenteil: Anfangs lief es überhaupt nicht gut. Die Kunden kauften relativ geringe Mengen und waren extrem skeptisch, ob sie dem Angebot vertrauen konnten.

Es dauerte einige Jahre und brauchte enorme Beharrlichkeit, die Götz Rehn vielleicht nur deshalb durchstand, weil er von Anfang an die dm-Mitarbeiter in zwei- oder dreitägigen Seminaren ausbildete und in diesen Seminaren für die Alnatura-Produkte begeistern konnte. Es gab dann immer mehr Mitarbeiter bei dm, die mit größtem Enthusiasmus und größtem Engagement das Alnatura-Segment gefördert haben. So spürte Götz Rehn immer wieder die positive Reaktion der Menschen auf sein Tun, wenn sie sich erst lange genug damit beschäftigt hatten. Es musste ihm nur gelingen, Situationen zu schaffen, in denen die Kunden sich damit verbinden und sich selbst ein Urteil bilden können. Ich ermutigte ihn, kompromisslos konsequent zu bleiben, weil es immer wieder Stimmen gab, die ihn vom Weg abbringen wollten. Er war ein Pionier im Bio-Bereich. Die Leute haben über uns gelacht. »Körnerfresser« haben die Kollegen bei dm-Österreich uns in Deutschland immer gehänselt. Heute sind sie ganz stolz auf das Sortiment.

## dm-Marken – eine Erfolgsgeschichte

Rückblickend muss man anerkennend festhalten, dass Götz Rehn eine Riesenleistung zustande gebracht hat – ohne Gleichen. Es gibt kein Handelsunternehmen im Bereich der Bio-Produkte weltweit, das auch nur annähernd seine Bedeutung hat. Inzwischen gibt es über achtzig Alnatura-Märkte, vor allem in Süddeutschland, aber auch in Hamburg und Berlin. Das Sortiment hat sich in den vergangenen 25 Jahren extrem gewandelt. Während es am Anfang noch eine große Naturtextilabteilung, Spielzeug und andere Non-Food-Produkte gab (und geben musste), konzentriert sich der Alnatura-Markt heute primär auf Bio-Lebensmittel. Und heute gibt es bei Alnatura Bio-Produkte, von denen man vor dreißig Jahren nicht zu träumen gewagt hätte: etwa Macadamia-Creme aus ökologischer Produktion oder Dominosteine mit Apfelgelee-Füllung.

Auch für dm hat das Alnatura-Sortiment enorm an Bedeutung gewonnen. Alnatura ist inzwischen der drittgrößte Partner und geradezu ein Wesenskern von dm: Manche Menschen kommen nur zu uns, weil es hier Alnatura-Produkte gibt.

In dieser Zeit entstand auch der Trend, dass die Handelsunternehmen sogenannte Eigenmarken auf den Markt brachten, also Produkte, deren Markenzeichen nicht der Industrie, sondern den Handelsunternehmen selbst gehören. Aldi hatte wieder einmal Pionierarbeit geleistet, und nun begannen eigentlich alle Händler, eigene Marken zu entwickeln, wobei sich die meisten für sogenannte Gattungsmarken entschieden, also billige No-Name-Produkte anboten. Auch bei dm führten wir die Diskussion, ob und wie wir diesen Trend, der in den 1970er Jahren in den USA begann und in den 1980er nach Deutschland überschwappte, aufgreifen sollten.

Wozu überhaupt braucht man eine Eigenmarke? Aus dm-Perspektive ist das leicht beantwortet: Wir haben ein ubiquitäres Sortiment, also Produkte, die überall erhältlich sind. Man kann als zivilisierter Mensch überleben, ohne jemals einen dm-Drogeriemarkt zu betreten. Zahncreme bekommen Sie auch woanders. Damit die Menschen bewusst zu dm gehen, ist es sinnvoll, Produkte auf den Markt bringen, die man eben nur bei dm bekommt. Das funktioniert nur über Eigenmarken.

Da dm als Discounter gestartet war und der kleine Preis Teil unseres Slogans war – große Marken, kleine Preise –, lag es extrem nahe, sich auf billige No-Name-Produkte im Drogeriebereich zu stürzen. Andererseits gab es da diesen Kundenleitsatz, nach dem wir die Bedürfnisse unserer Kunden veredeln wollten. Also kamen wir nach langen Diskussionen zu dem Schluss, dass wir »Qualitätsmarken« verkaufen würden, also hochwertige Produkte, die es in dieser Qualität sonst nicht gab, oder Produkte in der Qualität von bekannten Hersteller-Marken, die aber signifikant günstiger sind. Wir wollten nicht nur das Bedürfnis der Kunden nach preiswerten, aber hochwertigen Produkten befriedigen, sondern auch Kompetenz bei Drogerieprodukten beweisen.

Da sich Götz Rehn gedanklich bereits intensiv mit dem Aufbau von Bio-Markenprodukten beschäftigte, konnte er dm als Berater in dieser Sache gut unterstützen. Und so kam es, dass wir auch in diesem Punkt wieder einmal sehr früh eine Idee aufgegriffen, vorsichtig entwickelt und dann im Laufe der Zeit verstärkt umgesetzt haben.

Uns war schnell klar, dass wir für jede Warengruppe eine spezielle Marke brauchten. Angefangen haben wir mit den *Denk-mit*-Reinigungsmitteln. Ich bin damals mit Michael Kolodziej und Rainer Klöters durch Belgien gefahren, auf der Suche nach umweltbewusst arbeitenden Seifensiedereien, die uns einen ökologischen Wasch-, Putz- und Reinigungsschrank auffüllen könnten.

Erst später waren wir mit *alverde*-Naturkosmetik erfolgreich, die wir 1989 auf den Markt brachten. Hochwertige und zu hundert Prozent natürliche Pflegeprodukte, die von unabhängigen Verbrauchermagazinen wie *Öko-Test* und *Stiftung Warentest* teilweise mit Bestnoten ausgezeichnet wurden. Die Rohstoffe kommen bevorzugt aus kontrolliert biologischem Anbau. Alle Produkte sind frei von Inhaltsstoffen auf Mineralölbasis wie auch von rein synthetischen Duft-, Farb- und Konservierungsstoffen. Für *alverde*-Produkte werden keine Tierversuche durchgeführt, und ein Großteil trägt das Vegan-Siegel, enthält also keinerlei tierische Inhaltsstoffe. Und die Verbraucher wissen das zu schätzen: Laut der Gesellschaft für Konsumforschung (GfK) ist *alverde*-Naturkosmetik heute die meistverkaufte zertifizierte Naturkosmetikmarke Deutschlands.

Und mit diesem Anspruch ging es konsequent weiter: *Alana*-Babykleidung besteht aus strapazierfähiger und atmungsaktiver Baumwolle aus kontrolliert biologischem Anbau. Seit September 2009 trägt *Alana* sogar das GOTS-Siegel, als Garant für beste, schadstoffarme Öko-Qualität, die sozial und fair hergestellt wird.

Inzwischen haben wir eine dm-Produktpalette von nunmehr 23 Marken mit rund 2700 Produkten aus nahezu allen Sortimentsbereichen – ob Körperpflege, Kosmetik, Hygieneartikel, Gesundheit, Haushalt, Baby, Textil, Foto oder Tier. Etwa ein Fünftel unseres Umsatzes machen wir inzwischen mit Eigenmarken. Bei der Küchenrolle sind es fast 100 Prozent, bei Toilettenpapier 90 Prozent Eigenmarkenanteil. Zehn Produkte verschiedener dm-Marken zählen zu den meistverkauften ihrer Art in Deutschland. Niemand in Deutschland verkauft so viel Sonnenschutzmittel wie wir; niemand verkauft so viele Windeln wie wir, einmal abgesehen von Pampers.

## »Wenn es so kommt, ist es unsere gemeinsame Aufgabe.«

Auch privat hatte die Begegnung mit Götz Rehn Folgen für mich. Allerdings nach einer längeren Vorgeschichte. Als unsere zwei Kinder neun und zehn Jahre alt und damit aus dem Gröbsten raus waren, beschlossen Barbara und ich: »Prima, machen wir eine zweite Serie!« So kam es, dass 1982 unser drittes Kind, unsere Tochter Bettina, das Licht der Welt erblickte.

So sehr wir uns gefreut hatten, so sehr traf es uns, dass Barbara diese Schwangerschaft nicht so gut überstand wie die beiden zuvor. Sie litt unter Depressionen, die sich nach der Geburt immer weiter verstärkten. Barbara wurde ernsthaft krank, und es dauerte eine Weile, bis wir die Bedeutung der Diagnose »Bipolare Störung« wirklich verstanden.

Damals war die Erforschung dieser Krankheit noch in den

Kinderschuhen. Wer manisch-depressiv war, wurde von der Gesellschaft ausgegrenzt. Ärzte kannten keine Therapien, bis heute gibt es kaum gesicherter Erkenntnisse über Ursachen und Auslöser der psychiatrischen Symptome. Fakt war: Unser bis dahin so harmonisches Familienleben war im Mark erschüttert.

Barbara hatte zuvor immer ein sonniges Wesen gehabt. Sie war unkompliziert, unglaublich kommunikativ und ging offenherzig auf Menschen zu. Wir verstanden uns gut, lachten viel miteinander, kümmerten uns vergnügt um die Kinder. Ich war immer gern zuhause, brauchte jenseits von Familie und Garten keine Hobbys, einfach weil mich nichts so glücklich machte wie unser trautes Heim. Mit der Krankheit war das alles vorbei.

Zur Depression kam die Manie hinzu, und es folgten zahllose Krankenhausaufenthalte. Sie blieb bis zu ihrem Freitod im Jahre 2006 immer in medizinischer Betreuung. Trotzdem war es ihr glücklicherweise möglich, zu den Kindern und mir regelmäßigen Kontakt zu halten. Doch mit der Krankheit begann damals eine schwierige Zeit voller Vorwürfe, nicht zuletzt weil meine Schwiegereltern, die mir immer schon mit großer Skepsis begegnet waren, nunmehr die Ursache allen Übels sicher ausgemacht hatten: Ihrer Ansicht nach war ich an allem Schuld. In dieser Zeit wurde mir Hellmuth J. ten Siethoff auch ein wichtiger privater Freund, der mich lehrte, darauf zu vertrauen, dass sich die Dinge schon richten werden, auch wenn ich sie nicht bis ins Letzte durchdeklinieren kann. Barbara unterlag heftigen Gefühlsschwankungen, schließlich forderte sie die Scheidung.

Es war mir schier unerträglich, meine Familie zerbrechen zu sehen; schließlich war ich selbst als Scheidungskind aufgewachsen und wollte meinen Kindern solche Erfahrungen ersparen. Ich versuchte alles, was in meiner Kraft stand; verbrachte unendlich viel Zeit mit meiner Frau, mit meinen Kindern, suchte Gespräche, konsultierte Ärzte … – und doch konnte ich am Ende das Scheitern nicht verhindern. Es kam der Tag, an dem ich spürte, dass ich Barbara nicht länger der Zerrissenheit zwischen ihren Eltern und mir aussetzen durfte. Ich tat ihr den Gefallen und ging. Die Kinder blieben bei ihr, was insofern wagemutig war, als dass Barbaras Krankheit schubweise immer wieder auftrat und nicht sicher war, wie lange sie sich um die Kinder wirklich kümmern könnte.

Für Cornelia, Christoph und die kleine Bettina war das natürlich auch belastend. Zum Glück gelang es mir sicherzustellen, dass unter der Woche immer jemand bei den Kindern war für den Fall, dass Barbara wieder in eine manische Phase kam. Jeden Mittag fuhr ich – egal was in der Firma los war – zum Mittagessen nach Hause, so dass ich immer wusste, wie es ihnen und Barbara ging. Und an den Wochenenden war ich ebenfalls konsequent bei der Familie.

Jedesmal wenn Barbara ins Krankenhaus musste, was immer häufiger vorkam, kümmerte ich mich um die Kinder. Die beiden Großen waren mittlerweile 12 und 13 Jahre alt und sorgten sich rührend um die kleine Bettina. Ich erinnere mich, wie meine Mutter irgendwann zu Cornelia, der Ältesten, gesagt hat: »Du, Cornelia, sei doch nicht immer so streng mit der Bettina!« Cornelia antwortete: »Ja, Omi, weißt du, die Mama kann nicht mehr und den Papa wickelt sie um den Finger. Also muss ich sie erziehen.« Süß war das, aber auch traurig. Als sie 16 Jahre alt war, habe ich Cornelia ein halbes Jahr nach Kanada geschickt, damit sie fern von allen familiären Problemen einfach mal unbeschwert Jugendliche sein konnte.

In dieser Zeit lernte ich die Schwester von Götz Rehn kennen: Beatrice. Eine schöne, kluge, selbstbewusste Frau, die mich durch ihre Selbstständigkeit, ihre Sensibilität und ihr feines Gespür für Kunst und Musik beeindruckte. Sie hatte damals als Theaterpädagogin mit Waldorf-Schülern ein Theaterstück einstudiert. Es gibt wohl niemanden, der auf so feine, gleichermaßen inspirierende und warmherzige Art vor einen vollen Saal tritt, um ein Klassenspiel anzusagen. Ich war Anfang vierzig, sie Anfang dreißig. Obgleich sie also knapp zehn Jahre jünger ist als ich, war und ist sie mir immer eine ebenbürtige Gesprächspartnerin – und mehr noch: Erst mit ihr zusammen konnte ich die Tiefen der Anthroposophie ausloten, in ihrer Vielschichtigkeit erspüren und wirklich für mich als Erkenntnisquell nutzen.

Erstmals begegnet war ich ihr schon Anfang der 1980er Jahre bei einer Veranstaltung, zu der sie ihren Bruder begleitet hatte. Es dauerte einige Jahre, bis wir uns näher kennen lernten und ich ihr Weihnachten 1985 den Katalog einer überregional beachteten Ausstellung mit Werken des Malers Carl Spitzweg mit zwei Eintrittskarten für das Münchner Haus der Kunst schenkte – mit dem Hinweis, dass sie sicher einen netten Menschen kenne, der sie begleitet. Im Januar kam sie erfreulicherweise auf mich zu, ob ich dieser nette Mensch sein möchte, und so fuhren wir ein Wochenende im Februar zusammen nach München. Dort entdeckten wir in der Alten Pinakothek bei der Betrachtung von Dürers Bild »Die vier Apostel«, wie nahe wir uns wirklich standen.

Doch so sehr ich von ihr fasziniert war und mich ihr in Liebe verbunden fühlte, so sehr ließ mich meine gesamte Lebenssituation zögern. Schließlich konnte ich nicht sorglos mit ihr ins Glück starten, sondern musste sie warnen: »Du weißt, es gibt drei Kinder, die im Moment bei der Mutter leben. Aber ich weiß nicht, ob das so bleiben kann. Es kann durchaus sein, dass ich mich komplett um sie kümmern muss.« Beatrice antwortete ruhig und bedacht: »Wenn es so kommt, dann ist es unsere gemeinsame Aufgabe.«

Einige Monate später ist es genau so gekommen. Plötzlich musste Barbara wieder für längere Zeit ins Krankenhaus, die drei Kinder standen vor der Tür, und in die kleine Wohnung, die Beatrice und ich uns gerade erst gesucht hatten, zog nun eine fünfköpfige Patchwork-Familie. In den nächsten Jahren kamen mit Michaela, Johanna, Sonja und Matthias noch vier gemeinsame Kinder dazu. Beatrice hat alle sieben Kinder gleichermaßen als ihre eigenen ins Herz geschlossen. Ich bin meinem Schicksal zutiefst dankbar, dass ich diese erfüllende Liebe zu ihr erleben und mich an dieser großen, bunten und harmonischen Familie erfreuen darf.

*Wir können die Probleme der Welt nicht mit den Denkmustern lösen, die zu ihnen geführt haben.* Albert Einstein

# Kapitel 5 **Miteinander-füreinander oder wie eine »geringfügig Beschäftigte« dm auf den Kopf stellte**

Eines Abends – es war Winter, schon dunkel, aber erst kurz vor 18:30 Uhr, also noch vor Ladenschluss – fuhr ich auf dem Heimweg mit dem Auto durch den Pfälzer Wald. Damals hatte ich noch das Prinzip, nie an einer offenen dm-Filiale vorbeizufahren. Es war wenig los auf der Straße, also beschloss ich, noch schnell den Umweg in die Filiale in Pirmasens zu machen. Die Stadt war schon ziemlich ausgestorben, die Bürgersteige beinahe hochgeklappt, und so huschte ich noch auf den letzten Drücker in den Laden hinein. Drinnen entdeckte ich eine dm-Mitarbeiterin, ging auf sie zu und sagte: »Guten Abend, ich bin der Herr Werner.« Sie kannte mich nicht, erwiderte aber ganz freundlich: »Guten Abend, da weiß ich aber nicht, ob ich Ihnen weiterhelfen kann.« Also stellte ich ein paar harmlose Fragen, um die Situation aufzulockern: »Wie lange sind Sie schon bei uns? Was sind Ihre Aufgaben? Wie zufrieden sind die Kunden mit unserem Angebot?« Nichts Spektakuläres also, ganz ohne jeden Hintergedanken. Aber in diesem Zusammenhang verwies die zurückhaltende Mitarbeiterin plötzlich auf die Filialleiterin und sagte ganz bescheiden: »Ich bin ja nur eine geringfügig Beschäftigte.«

In diesem Moment fiel es mir wie Schuppen von den Augen. Plötzlich war mir klar: »Hier läuft etwas grundfalsch!« Da steht jemand in unserem Laden, in den wir einen Haufen Geld investiert haben, und diese im Moment für uns und den Kunden wichtigste Person, beschreibt sich selbst mit einem spröden Terminus aus der Lohnsteuertabelle. Sie hätte alle meine Fragen locker beantworten können, aber sie hat sich nicht getraut, weil sie im Kopf hatte: Da oben sind die Chefs, dann kommen die Bezirksleiter, dann die Filialleiter, alles wichtig, wichtig, wichtig, und dann irgendwann komme ich. Und ich bin bloß eine geringfügig Beschäftigte.

Bei der Weiterfahrt nach Karlsruhe ging mir das durch den Kopf: Es gibt viele Gründe, eine geringfügige Beschäftigung anzunehmen, etwa weil man sich zu Hause um die Kinder kümmern will oder einen Angehörigen pflegt und man deswegen nur wenige Stunden in der Woche arbeiten will. Aber die Einstufung in einer Lohnsteuertabelle darf doch nicht die Wertigkeit der Arbeit bestimmen! Da machten wir was grundfalsch. Das war evident. Aber wie machte man es denn richtig?

Je länger ich über diese Situation nachsann, desto klarer wurde mir: Wir müssen das System umgekehrt denken: Der Mitarbeiter redet mit dem Kunden. In diesem Moment ist der Mitarbeiter der Wichtigste; alle anderen sind aus dieser Perspektive nur rückwärtige Dienstleistende. Und plötzlich war mir klar: Wir dürfen das Unternehmen nicht von oben nach unten denken, sondern wir müssen es von außen nach innen denken. Und die Mitarbeiter müssen erleben, dass es auf jeden Einzelnen von ihnen ankommt, auch wenn sie nur wenige Stunden pro Woche bei dm arbeiten.

Nun gibt es manchen Manager, der sich solche Gedanken verbietet, aus lauter Angst, dass sein Denken eine Konsequenz hat. Er fürchtet, dass die Mitarbeiterin sich – gleich einem Tier – auf die Hinterbeine stellt und mehr Geld fordert. Vielleicht sagt sie selbstbewusst: »Ich bin hier die Wichtigste, denn ich rede mit dem Kunden. Und du, Boss, bist nur ein rückwärtig Dienstleistender! Deswegen will ich mehr Geld verdienen.« Weil er darauf keine Antwort weiß, verbietet sich der Manager alle vorherigen Gedanken. Er müsste sonst sein gesamtes Weltbild hinterfragen.

Denn er verknüpft etwas, das nicht zusammengehört. Er verkoppelt Arbeit und Einkommen. Und er verkoppelt Einkommen und Wertschätzung. Und das ist absurd: Wir beschäftigen die Menschen doch bei dm, weil sie für uns dringend notwendig sind. Und wenn jemand dringend notwendig ist, hat er bei uns einen Arbeitsplatz. Deswegen kümmern wir uns um ihn. Deswegen bekommt er jeden Monat sein sicheres Einkommen – und zwar das, was wir leisten können. Wenn jetzt alle geringfügig Beschäftigten dreimal so viel Lohn bekämen, dann wären wir drei Wochen später pleite. Das Lohnniveau regelt der Markt. Aber man kann doch Menschen nicht für die Tatsache, dass sie wenige Stunden arbeiten und dafür wenig Lohn bekommen, obendrein auch noch mit fehlender Wertschätzung und Missachtung quittieren.

Jeder Mensch, der morgens aufwacht, hat mindestens zwei Gründe, warum er heute liegen bleiben sollte. Wir müssen den dritten Grund liefern, damit er sagt: »Ich stehe auf, ich werde gebraucht, auf mich kommt es an.« Wenn wir ihn schlecht behandeln, wird er aufwachen und sagen: »Für die bin ich sowieso nur kleines Rädchen im Getriebe, da kann ich heute auch liegen bleiben.« Als Gemeinschaft ist es unsere Aufgabe, jedem Mitglied unserer Gemeinschaft – und im Unternehmen heißt das jedem Kollegen, jeder Kollegin – so viel Sinn zu vermitteln, dass er oder sie sagt: »Wenn ich heute nicht aufstehe, dann sind nicht nur meine Kollegen enttäuscht, sondern da bleiben auch Sachen liegen, die nur ich machen kann.«

Der Schlüsselbegriff heißt Wertschätzung. Leider kommt man in unserer heutigen Gesellschaft mehr mit Geringschätzung in Berührung als mit Wertschätzung. Dabei – und das sollte sich jeder Unternehmer, jeder Manager mit Blockbuchstaben ins Tagebuch eintragen! – gilt die Formel: Je weiter der einer Arbeit innewohnende Wert abnimmt, desto größer muss die Wertschätzung der Menschen drum herum sein!

Wenn jemand weiß, dass er der Einzige ist, der den Durchblick hat, und dass ohne ihn alles zusammenbricht, dann kann man ihn sogar Idioten nennen – er wird trotzdem seine Arbeit machen. Aber wer eine Arbeit verrichtet, die auch jeder andere erledigen könnte, den kann man nicht oft genug daran erinnern, dass es gut und wertvoll ist, dass *er* sie tut. Das können Sie in jeder Familie erleben: Einmal im Jahr kunstvoll den Weihnachtsbaum schmücken, da wollen alle mithelfen. Aber am Abend den Müll runtertragen, da schreit keiner »Hier!«. Umso wichtiger ist es, dass man den Menschen vermittelt, dass Arbeit verschiedene Werte haben kann: einen für sich selbst, weil man sich darin erfahren und weiterentwickeln kann, und einen für die Gemeinschaft.

Nun konnte ich meine kleine individuelle Erkenntnis nicht vor mir hertragen wie eine Monstranz und im Unternehmen »par ordre du mufti« ein anderes Wertesystem anordnen. Das wäre absurd gewesen und gnadenlos gescheitert. Aber wenn man sein Denken ändert, dann macht man zwar das Gleiche wie vorher, aber in einem anderen Licht, mit einem anderen Engagement. Deswegen begann ich, meinen Einsichten nicht nur entsprechendes Verhalten folgen zu lassen, sondern versuchte zugleich, andere Menschen in den Strom meiner Erkenntnisse einzubeziehen, indem ich sie mit denselben Fragen konfrontierte, die mich beschäftigten. Ich begann, Fragen zu stellen – mir und anderen.

In dieser Phase drängte sich mir, der ich seit jenem Schlüsselerlebnis in Pirmasens die Welt mit anderen Augen betrachtete, eine weitere Erkenntnis auf, gewissermaßen eine weitere Schlüsselerkenntnis: Mein Tag hatte damals wie heute und wie bei jedem anderen Menschen 24 Stunden. Nun wurden aber die Filialen immer mehr, die Mitarbeiter wurden immer mehr, und – weil die Mitarbeiter gewohnt waren, den Herrn Werner dies und das zu fragen – wurden auch die Fragen immer mehr.

Natürlich war ich furchtbar stolz drauf, dass ich all diese Fragen immer sehr schnell beantworten konnte. Schließlich lebte ich nach der Devise »Verantwortung tragen heißt, Fragen beantworten zu können«. Aber als nun die Fragen immer mehr wurden, kam ich plötzlich an eine Grenze.

Damals gab es – Gottseidank! – noch keine Handys, sonst hätte ich das Spiel sicher noch sehr viel länger durchgehalten. Aber so erwartete mich in jeder Filiale, in die ich kam, immer schon eine Liste von Telefonnummern, die ich zurückrufen sollte. Das fühlte sich zunächst einmal großartig an. Man steigt aus seinem 500er Mercedes, kommt in die Filiale, und sofort ruft die Filialleiterin: »Herr Werner, da waren ein, zwei, drei, vier, fünf Anrufe, da müssen Sie überall anrufen!« Immer kam ich mir entsprechend wichtig vor. Es ist eben verführerisch, sich allwissend zu fühlen. Und wehe, ich kam in die Filiale, und es wartete kein Anruf. Da bekam ich es, überspitzt formuliert, fast schon mit der Angst zu tun, ich würde nicht mehr gebraucht.

Angeregt durch die Anthroposophie, begann ich nun, genau zu beobachten, wann mich die Menschen etwas fragten. Dabei machte ich die Beobachtung, dass die meisten Menschen erst fragen, wenn sie schon eine Antwort oder zumindest eine Idee von einer Antwort haben. Hatten sie keine, fragten sie nicht – vermutlich aus Sorge, dumm dazustehen. Die Antwort im Hinterkopf, fragen sie aus anderen Gründen, etwa weil sie Kontakt suchen, weil sie nicht die Verantwortung tragen wollen, weil die Arbeit stillsteht, solange sie auf die Antwort warten müssen, oder weil sie dem Befragten das Gefühl geben wollen, dass er wichtig ist. Aber sie fragen nicht, um eine Antwort zu bekommen.

Historisch kommt dieses Verhalten aus dem Handwerk. Der Meister weiß alles besser und kann alles besser. So war das früher. So war es auch, als unser Unternehmen klein war. Natürlich habe ich alles besser gewusst und besser gekonnt. Der Meister gibt dann die Direktiven. Aber inzwischen war unser Unternehmen gewachsen. In großen Unternehmen jedoch und mit der Spezialisierung, die wir heute haben, kann niemand mehr alles wissen. Die Menschen vor Ort müssen selbst wissen, was sie tun, und sie wissen es meist auch – und in der Regel besser als der Chef in der Zentrale. Doch anstelle der Evidenz (es gibt eine offensichtlich richtige Antwort) tritt die Empirie (in der Vergangenheit war der Chef für die Antworten zuständig, also ist er es auch jetzt und in Zukunft).

Also beschloss ich, den Menschen das Fragen abgewöhnen. Das Rezept dazu habe ich schon oft empfohlen: Immer wenn mich jemand fragt, stelle ich eine Gegenfrage, und zwar nicht nur eine, sondern gleich drei – und möglichst ist eine darunter, die ein bisschen Arbeit macht. Statt also auf die Frage »Herr Werner, wie soll das und das gemacht werden?« wie bislang reflexhaft zu reagieren und zu sagen, wo es langgeht, antwortete ich nun: »Haben Sie denn das schon untersucht? Und dies wäre vielleicht auch noch eine Frage. Außerdem habe ich gehört, da gibt es ein Unternehmen sonstwo. Fahren Sie doch mal dahin. Finden Sie heraus, wie die das machen.«

## Die neue Führungslogik: vom Direktor zum Evokator

Die Idee dahinter war zwingend einfach: Immer dann, wenn ich als Vorgesetzter eine Antwort gebe, dann sagt der Mitarbeiter: »Alles klar. Der Herr Werner hat das so gesagt. So muss ich das machen.« Auf diese Weise verblöde ich die Menschen. Das ist wie bei einem Navigationssystem. Wenn Sie immer mit dem Navi fahren, dann kennen Sie sich am Schluss in keiner Stadt mehr aus. Sie wissen nur, dass es jemanden gibt, der Sie »im Kreisel zweite rechts«, »in 100 Metern links« durch die Gegend kommandiert.

Wenn ich hingegen dem Mitarbeiter eine Frage stelle, dann merkt er: »Oho, jetzt muss ich mir darüber Gedanken machen.« Die Frage regt an. Jetzt muss man sich ein eigenes Bild machen, um eine Antwort zu finden.

Die neue Methode war unglaublich erfolgreich. Wer immer mir eine Frage stellte, bekam drei neue Fragen. Die Leute haben sofort begriffen: »Wenn ich zum Herrn Werner gehe, obwohl ich die Lösung schon weiß, dann bohrt er mir mein Problem auf.« Diese Art der instinktiven Rückdelegation hat super funktioniert. Plötzlich hat keiner mehr ohne echtes Anliegen gefragt. Jetzt haben die Leute die Antwort, die sie eigentlich schon selbst kannten, sich zu eigen gemacht und auch verantwortlich getragen.

Deswegen empfehle ich allen Vorgesetzten, jeden Tag dafür zu kämpfen, dass ihre Leute möglichst wenig an sie denken und möglichst viel an die Kunden. Je mehr Mitarbeiter lernen, die Bedürfnisse ihrer Kunden selbstständig zu erkennen, desto unternehmerischer wird ein Unternehmen.

Das war eine wichtige Wendung für dm. Denn dieses Verhalten betraf nicht nur mich, sondern die gesamte Führungslogik unseres wachsenden Filialunternehmens. Wie soll man tausend Filialen führen? Zwanzig Filialen, das kriegt man noch hin. Mit einem schnellen Auto schafft man vielleicht fünfzig Filialen. Mit Handy und Rakete vielleicht sogar 75. Aber irgendwann ist quantitativ das Ende erreicht. Je mehr Filialen, desto dünner wird die Suppe. Am Schluss ist das Unternehmen überhaupt nicht mehr führbar.

Es bestätigte sich in dieser Phase meine eigene persönliche

Erfahrung, dass Hellmuth J. ten Siedhoff mir kein umfangreiches Organisations-Handbuch auf den Tisch geworfen, sondern einfach nur ein paar zentrale Fragen gestellt hatte. Weil ich selbst eine Antwort finden musste, beschäftigte ich mich mit den Begriffen, und so kam ich zu einer anderen Terminologie. Erkennen ist ein Zusammenspiel von Wahrnehmung und Begriff: Die Wahrnehmung kommt von außen, der Begriff kommt aus meiner Lebenserfahrung. Wenn ich die *Wahrnehmung* mit dem *Begriff* zusammenführe, entsteht *Erkennen*. Und so wurde mir klar: Ein Unternehmen dieser Größenordnung muss man mit Begriffen führen.

Wenn einer *Direktor* heißt, dann wird er das Unternehmen per *Direktive* führen und seine Mitarbeiter wie Marionetten *dirigieren*. Mit unserer Unternehmenskultur brauchten wir aber nicht Marionetten, sondern Menschen, die vor Ort selbst entscheiden. Denn nur sie stehen im Außenkontakt mit den Kunden und wissen besser als jeder andere, was im Sinne des Kunden zu tun ist. Kurz: Direktor ist der falsche Begriff.

Führungskräfte von heute und in der Zukunft sind die Menschen, welche die richtigen, die interessanten Fragen stellen, nicht die, welche die guten Antworten geben. Früher ging es um gute Antworten, heute geht es um die interessanten Fragen. Wer hat die in die Zukunft weisenden Fragestellungen, die uns in die Lage versetzen, uns zu orientieren? Wer fragt, der führt. Eine Antwort, noch dazu, wenn sie vom Chef gegeben wird, macht alles klar. Eine Frage hingegen eröffnet Bewusstsein. Dann fängt man an zu suchen. Allein oder in der Gruppe: »Wir haben jetzt die und die Fragen zu lösen. Wie können wir uns dem nähern?« Dann geht man in die Bildgestaltung, dann sucht man Informationen zusammen. Man muss sich auch fragen, ob die Frage überhaupt relevant ist. Ist das wichtig für mich? So kommt Wärme ins Spiel. Wenn jemand nicht heiß auf eine Fragestellung ist, dann hat es gar keinen Sinn, ihn damit zu belasten. Dann soll er lieber schauen, dass er seine anderen Aufgaben gut macht. Im neuen Denken ist der Chef nicht mehr »*Direktor*«, sondern »*Evokator*«, jemand, der etwas *evoziert*, der etwas hervorruft.

Wir müssen aus Betroffenen Beteiligte machen. Das ist das Prinzip der Subsidiarität. Je besser es uns gelingt, aus den Betroffenen Beteiligte zu machen, desto dynamischer und unternehmerischer wird das Unternehmen.

Mit der Zeit tauchte dieser Leitgedanke in allen dm-Publikationen auf: Die Betroffenen können am besten sehen, worauf es ankommt, am besten erkennen, was jetzt notwendig ist. Je mehr Menschen des Unternehmens aus eigener Erkenntnis bestimmen können, was notwendig ist, desto unternehmerischer wird das Unternehmen.

Dieses neue Denken war die Folge der kurzen Begegnung mit einer geringfügig Beschäftigten in der Filiale Pirmasens. Man darf sich jetzt nicht vorstellen, dass ich am Ende der Autofahrt den Durchblick gehabt hätte und am nächsten Tag den Mitarbeitern in einer Betriebsansprache die neue Kultur verklickert hätte. Das Ganze dauerte Jahre und ging Schritt für Schritt, Stufe für Stufe. Wahrscheinlich ist der Weg heute noch nicht abgeschlossen. Aber einer der wesentlichen ersten Schritte für mich und für dm passierte Ende der 1970er Jahre in Pirmasens. Und das war nicht das einzige, was sich änderte.

## Die Schule der Demut

Entwicklung ist ein diskontinuierlicher Prozess, der irreversibel in der Zeit verläuft. Das ist ein Standardsatz aus der modernen Entwicklungspsychologie, der zwei Erkenntnisse zusammenfasst: Erstens lernt ein Mensch nicht stetig, sondern immer schubweise. Das kann dauern, das kann schnell gehen, das kann plötzlich stattfinden. So wie die deutsche Wiedervereinigung. Keiner rechnet damit, plötzlich sind wir mittendrin.

Zweitens kann man einen Entwicklungsschritt nicht rückgängig machen. Wer Laufen, Schwimmen oder Radfahren gelernt hat, kann das sein Leben lang. Das kann man nicht verlernen. Man kann aus der Übung kommen, aber man weiß immer noch, wie es geht.

Eine Lektion, die ich lernte, kam aus der Schule der Demut. Ich kann nicht sagen, wann genau ich den entscheidenden Lernschritt machte. Aber eines Tages war mir wieder etwas Wesentliches klar, das mein unternehmerisches Handeln fortan von Grund auf veränderte.

Die meisten Unternehmer meinen, man könnte Entwicklung steuern, wie man ein Schiff oder ein Auto steuert. Alles unter Kontrolle. Auch ich habe bei dm anfangs geglaubt, ich könne den Wachstumsprozess beherrschen. Ich wollte dafür sorgen, dass in allen Filialen gleichermaßen erfolgreich und deswegen gleichermaßen gearbeitet würde. Doch dafür brauchte es eine gewisse Brutalität, etwa wie bei Prokrustes' Bett, jenem Bett, das sich in der antiken Sagenwelt der Unhold Prokrustes in den Fels gehauen hatte. Jeder Wanderer, der vorbeikam, wurde von dem Riesen gegriffen und in dieses Bett gelegt. War er zu lang, dann wurden ihm die Beine abgehackt. War er zu kurz, dann wurde er gestreckt. In dieser Weise pressen und zwängen viele Unternehmer ihre Mitarbeiter in ein Schema, das eigentlich nicht passt. Auch bei dm hatten wir uns anfangs Formen und Strukturen überlegt, in die sich jeder einfügen sollte, um anschließend alles bis ins Detail zu kontrollieren.

Aber jetzt, in dieser Phase der Reflexion, wo ich alles nochmal hinterfragte, lernte ich, den Absolutheitsanspruch aufzugeben. Wir verabschiedeten uns von der formalen Gleichausrichtung unserer Filialen. Nach dem Motto: Der Kunde sieht doch sowieso nur *einen* Laden. Wir gaben das militärische Denken, die Uniformierung, den Gleichschritt auf – kurz: Wir verließen das Harzburger Modell. Definitiv.

Heute würde ich sagen: So etwas passiert zwangsläufig,

wenn man anfängt, sich mit dem Lebendigen zu beschäftigen. Die Entwicklung von etwas Lebendigem – einer Pflanze, einem Tier, einem Menschen oder einem sozialen Organismus – kann man nur mittelbar beeinflussen, nie unmittelbar. Sonst wäre es, als würde man sein Kind am Halsband führen. Aber dann entwickelt es sich nicht mehr. Wer Entwicklung ermöglichen will, kann immer nur Rahmenbedingungen schaffen, in denen eine Entwicklung möglich wird. Aber wann und wie diese Entwicklung passiert und wohin sie führt, das weiß man nicht. Dieses Risiko muss man (er)tragen.

Die meisten Chefs finden es bequemer, wenn die Mitarbeiter tun, was man ihnen sagt. Wenn man sagt: »Augen links«, dann gehen die Augen nach links. Wenn man sagt: »Augen rechts«, dann gehen die Augen nach rechts. Wenn man sagt: »Die Hände an die Hosennaht«, dann legen sie die Hände an die Hosennaht. In gewisser Weise kann das auch für den Mitarbeiter angenehm sein. Das funktioniert nämlich wunderbar, wenn der liebe Gott mein Chef ist. Dann muss ich mir keine Sorgen machen. Aber wenn ich mit anderen Menschen zu tun habe, die genauso Fehler haben wie man selbst, dann wird es schnell problematisch. Früher oder später kommt man an den Punkt, wo man lernt, dass andere Menschen andere, vielleicht sogar bessere Ideen haben und dass wir miteinander sprechen sollten, um die beste Lösung zu finden.

Es trat einmal eine Personalberaterin, die ich schon lange kannte, mit einer Bitte an mich heran: »Herr Werner, ich weiß, dass Sie niemanden von außen einstellen, aber ich habe da einen Bewerber, der bei Lidl eine gute Karriere gemacht hat und inzwischen in England ist. Der Sohn wird jetzt schulpflichtig. Deswegen will er wieder zurück nach Deutschland. Sein Wunsch ist es, bei dm tätig zu werden. Ein ganz tüchtiger Mann.« Weil ich ihr vertraute, lud ich den Mann zu einem Vorstellungsgespräch ein. Er machte wirklich einen guten Eindruck, also gab ich ihm eine Chance: »Übernehmen Sie erst einmal ein Verkaufsgebiet, und dann sehen wir, wie wir auf die Dauer zusammenkommen.« Natürlich alles sauber geregelt.

Bald darauf hörte ich, er habe gekündigt. Sofort rief ich ihn an und erkundigte mich, was passiert sei. Da entschuldigte er sich: »Herr Werner, mir ist das auch unangenehm, aber ich muss Ihnen ehrlich sagen, wenn ich bei Lidl in den Laden gekommen bin und habe den Leuten etwas gesagt, dann haben die das genau so gemacht. Bei Ihnen muss ich mit dem Filialleiter immer erst diskutieren. Gleichgültig, was ich machen will, immer werde ich zur Rede gestellt, muss mich rechtfertigen, muss es genau erklären, sonst machen die das nicht. Ich bin ganz zerknirscht darüber, aber das halte ich auf Dauer nicht aus.« Er ist dann wieder zu Lidl zurückgekehrt.

## Von hinten nach vorne statt von oben nach unten

An solchen Beispielen erkannte ich, dass Führung durch Vertrauen für die Vorgesetzten manchmal schwieriger ist als für die Mitarbeiter. Das liegt möglicherweise daran, dass Führungskräfte ein falsches Bild vom Unternehmen im Kopf haben. Sie denken nämlich das Unternehmen als Hierarchie. Wenn man einen Manager auffordert, sein Unternehmen aufzuzeichnen, dann kritzeln sie in 95 Prozent der Fälle eine Pyramide aufs Papier. Dabei habe ich so eine Pyramide noch in keinem Unternehmen gesehen. So etwas kann man nicht sehen, sondern nur denken. Denn Hierarchie ist eine Ideologie, genau wie der Homo oeconomicus. Den hat auch noch keiner gesehen.

Ein Unternehmen ist aber keine Hierarchie, sondern ein Prozess. Wenn man die Augen aufmacht, während man das Unternehmen betrachtet, dann sieht man immer irgendwo den Eingang für Lieferanten, Input. Dann sieht man die Mitarbeiter, wie sie fleißig arbeiten. Auf wundersame Weise findet eine Metamorphose dessen statt, was vorn hereingekommen ist; vielleicht gibt es noch eine zweite Fertigungsstufe mit weiteren fleißigen Mitarbeitern und einer weiteren Metamorphose. Irgendwann hinten kommt ein Endprodukt heraus, der Output. Da geht es nicht rauf und runter, sondern da geht es von hinten nach vorn. Das ist ein Prozess, keine Hierarchie.

Das heißt, wir müssen lernen, das Hierarchiebewusstsein in ein Prozessbewusstsein zu verwandeln. Mit Hierarchiebewusstsein wandert der Blick des Mitarbeiters immer von unten nach oben, und er überlegt sich: Was meint der Vorgesetzte? Wie soll ich das machen? Wie kann ich es so machen, dass es dem Vorgesetzten gefällt?

Mit Prozessbewusstsein wandert der Blick von vorne nach hinten und von hinten nach vorne, und der Mitarbeiter überlegt sich: Welche Vorleistung bekomme ich? Und wie kann ich daraus etwas machen, das dem Nächsten in der Kette zum Kunden weiterhilft? Auf diese Weise – in der horizontalen statt vertikalen Perspektive – bekommt der Mitarbeiter ein Kundenbewusstsein. Sein Maßstab ist nicht mehr der Chef, sondern der Kunde: Wie gelingt es mir, das Bedürfnis meines Kunden wahrzunehmen und eine überraschende Antwort darauf zu finden?

Oft sind die Unternehmen so groß geworden, dass der einzelne Mitarbeiter gar keinen Kontakt mehr zum Kunden hat. Denkt er. Aber das stimmt nicht. Denn auch der Kollege ist immer entweder ein Kunde oder ein Lieferant. Wir leben in einer arbeitsteiligen Welt. Wirtschaft heißt füreinander tätig sein. Es gibt immer jemanden, für den ich meine Arbeit tue. Und den muss ich im Blick haben. Es gilt das Motto: »Mein Kollege, mein bester Kunde – meine Kollegin, meine beste Lieferantin.«

In dem Moment aber, in dem man den Mitarbeiter vom Kunden ablenkt, schaut er nach oben zum Vorgesetzten: Das ist der, der mir den Bonus gibt. Das ist der, der dem Beförderungsantrag zustimmt. Das ist der, der mich für eine Beförderung empfiehlt. Das ist der, der mich weiterbringt.

Ein solches Unternehmen scheitert auf die Dauer. Ich bin der festen Überzeugung, dass jede Führung schief geht, die auf Anreizsysteme setzt. Der Schweizer Wirtschaftswissenschaftler Bruno S. Frey hat mit seiner Forschung den ehernen Aberglauben widerlegt, dass Menschen mehr und besser arbeiten, je mehr Geld sie dafür bekommen. Frey fand heraus, dass im Gegenteil monetäre Anreize einen kontraproduktiven Effekt ausüben, wenn dadurch die intrinsische Motivation zur Arbeit verdrängt wird. So haben sich beispielsweise die Managerbezüge der S&P-500-Unternehmen im Verhältnis zum Durchschnittseinkommen der Mitarbeiter in den letzten 40 Jahren enorm gesteigert: Verdiente ein Manager 1970 noch etwa 40-mal so viel wie sein durchschnittlicher Angestellter, so betrug sein Einkommen im Jahr 2010 das 325-fache. Die Unternehmens-»Performance« habe sich in derselben Zeit unwesentlich verändert.

Frey kritisiert Bonuszahlungen aus zweierlei Gründen: Zum einen sei es in einer Wirtschaftswelt, die sich dermaßen schnell verändert wie unsere, kaum möglich, die Determinanten, die zum Erfolg führen, präzise zu benennen – erst recht nicht in die Zukunft gerichtet. Niemand kann mit Sicherheit vorhersagen, welche Maßnahmen morgen wirtschaftlichen Erfolg bescheren. In den Bonusverträgen wird aber genau das vorausgesetzt.

Zum anderen sind die meisten Menschen in der Regel nicht mit den – von oftmals ahnungslosen Vorgesetzten definierten – Kriterien für Bonuszahlungen einverstanden. Sie investieren deswegen – und das ist in unserem Zusammenhang wesentlich – eine Menge Zeit und Energie, um die Kriterien zu ihren Gunsten zu beeinflussen. Oder sie konzentrieren sich derart auf die belohnten Aspekte ihrer Arbeit, dass sie andere, durchaus auch wichtige Aspekte vernachlässigen. Oder noch schlimmer, sie arbeiten nur noch das ab, was im Bonusvertrag vereinbart wurde, sind aber nicht mehr offen dafür, kreative Lösungen für die gestellten Aufgaben zu suchen.

Im Klartext: Bonuszahlungen verhindern Leistung, weil sie den Blick auf die eigentliche Aufgabe vernebeln. Arbeiten Menschen entfremdet vor sich hin und verstehen nicht, wozu sie welchen Beitrag leisten, dann fehlt ihnen die Kraft und Motivation, sich anzustrengen. Wer bei der Arbeit nur auf den Gehaltsscheck am Ende des Monats schielt oder allein auf die Bonuszahlung spekuliert, der wird seine Arbeit nicht gut machen, sondern so schnell wie möglich und gerade gut genug, dass die Scheckübergabe nicht platzt.

Unzählige psychologische Untersuchungen und Tests haben hingegen bewiesen: Menschen, die wissen, warum und wozu ihre Arbeit gebraucht wird, sind zu echter Leistung bereit und in der Lage. Je mehr sie vom Sinn ihrer Arbeit überzeugt sind, desto mehr engagieren sie sich. So kommt es manchmal zu erstaunlichen Höchstleistungen, bei denen Mitarbeiter weit über sich hinaus wachsen – einfach weil ihre Leistung in einer Situation wirklich gebraucht wurde. Die Forschung hat gezeigt, dass Menschen sich weniger Gedanken um ihren Lohn machen als um das Wohlbefinden ihrer unmittelbaren Mitmenschen.

Vereinfacht gesagt: Sinn sticht Geld! Gemeinschaft ist wichtiger als Gehalt. Für mich ist das vollkommen evident: Wirtschaft heißt füreinander tätig sein; das Arbeitsergebnis ist der individuelle Beitrag für diese Gemeinschaftsleistung. Was man den Menschen dafür geben muss, ist Wertschätzung. Geld brauchen sie nicht als Lohn für geleistete Arbeit, sondern um zu leben. Die Arbeit ist dazu da, dass man sich entwickelt, dass man über sich hinaus wächst.

Wir müssen unsere Mitarbeiter deswegen danach auswählen, ob sie die Arbeit, die getan werden muss, auch wirklich tun wollen. Die Menschen müssen sich mit ihrer Arbeit verbinden, um sie gut zu machen. Und sie müssen sich mit der

Arbeit verbinden wollen. Das Geld zahlen wir ihnen, nicht weil sie die Arbeit *erledigt haben*, sondern damit sie die Arbeit *erledigen können*.

## Von der Know-how- zur Know-why-Frage

Ich habe einmal einen Vortrag des Baseler Physikprofessors Max Thürkauf gehört. Es ging darin eigentlich um die Umweltproblematik. Aber in diesem Zusammenhang wies er darauf hin, dass wir in unserer Gesellschaft meist nur die Know-how-Frage behandeln, obgleich doch die Know-why-Frage viel entscheidender sei. Die Know-why-Frage. Warum und wozu machen wir die Dinge? Bei allen Fragen, die eine Führungskraft stellen sollte, ist diese wohl die wichtigste.

Know-why ist wichtiger als Know-how. Alle Besprechungen, alle Gespräche im Unternehmen werden anders, wenn man sich nicht über Know-how unterhält: Wie hoch ist dein Budget? Wieso hast du dein Budget nicht erfüllt? und so weiter. Das ist alles Know-how. Wer nach Know-why fragt, muss sich mit den Zielen auseinandersetzen, dem Sinn des Geschäfts.

Die Technik, das Wie des Tuns erfordert eine gewisse Fingerfertigkeit. Die kann man lernen, die kann man trainieren. Das ist das Geringste, was man verlangen kann. Ob etwas technisch gut ist, erkennen die Menschen auch allein. Eine Führungskraft muss mit niemandem irgendwelche Ergebnisse, Zielzahlen, Terminpläne durchgehen. Das alles können die Menschen selbst sehen, sie sind keine Analphabeten und deswegen in der Lage, Maßnahmenpläne zu lesen. Aber wonach wir uns immer wieder fragen müssen, sind der Sinn und die Zielsetzung: Warum und wozu machen wir die Dinge? Wo ist unser Polarstern, an dem wir uns orientieren?

Der Polarstern ist nicht das Ziel. Darauf fährt man nicht direkt zu. Aber er gibt Orientierung, während man durch die

Untiefen navigiert, durch die Widrigkeiten des Täglichen, durch die raue See des Wettbewerbes. Der Mensch sucht genau genommen nur zwei Dinge: Orientierung und Sinn.

Das, was ich tue, muss Sinn ergeben. Als Mensch möchte ich über mich hinauswachsen. Ich möchte als ein anderer sterben, als der ich geboren bin. Der Mensch ist kein determiniertes Reizreaktionswesen, sondern ein ergebnisoffenes Entwicklungswesen. Und er hat nur dann eine Existenzberechtigung, wenn andere ihn brauchen. Man arbeitet nicht für sich, sondern immer nur für andere. Deswegen sind es diese Fragen, die man als Führungskraft stellen muss: »Warum brauchen mich andere?« – »Wieso ist meine Arbeit wertvoll?« – »Warum ist es für den Kunden wichtig, zu uns zu kommen?«

Es geht um das Qualitative, nicht um das Quantitative. Das Quantitative macht die Spiel- und Handlungsräume enger. Aber das Qualitative eröffnet die Möglichkeiten.

Ich will Ihnen den Irrweg der Geld- und Zahlengläubigkeit an einer konkreten Geschichte erläutern, die uns bei dm passiert ist. Wir hatten irgendwann den Eindruck, dass uns die Telefonkosten weglaufen. Erstaunlicherweise gab es Filialen, die kamen im Monat mit ihren Telefonkosten niemals über 40 Mark, und andere, die brauchten mindestens 250 Mark. Die Spanne schien uns zu groß, und insgeheim hatte wohl der eine oder andere in der Zentrale den Verdacht, dass in manchen Filialen zu viel und zu lange geplaudert wurde. Dem wollten wir einen Riegel vorschieben. Wieder orientierten wir uns an Aldi und entschlossen uns, eine klare Vorgabe über die maximalen Telefonkosten zu machen. Wir setzten für alle Filialen ein Limit bei 160 Mark. Was war das Ergebnis? Diejenigen, die vorher 40 Mark Gebühren hatten, telefonierten plötzlich für 160 Mark; und bei denjenigen, die Telefonkosten von 250 Mark und mehr hatten, veränderte sich nichts.

Das war ein echter Pyrrhussieg, den wir da gefeiert hatten: Es war zwar nun alles ziemlich gleich, aber unterm Strich kostete es mehr. Denn die eingezogene Linie wurde plötzlich zum Maßstab. Es wurde nicht mehr telefoniert, weil es sinnvoll und notwendig war, sondern weil man das Budget dafür hatte. Und diejenigen, die man eigentlich deckeln wollte, rissen die Latte weiterhin, weil es dort nämlich individuell besondere Situationen gab, die offenbar mehr oder längere Telefonate notwendig machten.

Wenn man immer nur aufs Know-how schaut, dann funktionieren zwar die Prozesse scheinbar immer besser – aber man entleert das Unternehmen um den Sinn, den es einmal hatte. Man muss lernen, den Mitarbeitern zu vertrauen. Wenn sie wissen, warum und wozu sie etwas tun – zum Beispiel telefonieren –, dann werden sie das in angemessener Weise tun. Und da gibt es eben sehr unterschiedliche Wege zum Ziel.

In vielen Unternehmen wird immer nur übers Know-how geredet. Auf die Frage »Wo wollen Sie hin?« heißt die Antwort: »In zwei Jahren wollen wir doppelt so groß sein.« Oder: »Wir streben ein Wachstum von zwanzig Prozent an.« Das ist dummes Zeug. Wachstum ist kein Selbstzweck. Wenn man die Dinge gut macht und sinnvoll, also so, dass die Menschen sie brauchen, dann wächst ein Unternehmen notwendigerweise von allein. Die einzige vernünftige Antwort auf die Frage »Wo wollen Sie hin?« lautet: »Ich will es besser machen!« Und dann ist die nächste Frage: »Was können wir hier besser machen?« Dann ist man wie von selbst im qualitativen Bereich. Und schon ist man auf der Suche nach Spitzenleistung.

Wenn ich in einen Laden komme und es ist kein Kunde drin, dann nützt es nichts, den Regalbestand zu kontrollieren, die Kassenbücher zu kontrollieren oder nach den Verkaufszahlen zu fragen. Dass kein Kunde da ist, sieht doch jeder Mitarbeiter selbst. Ich muss ihn fragen, woran es liegen kann, dass tausend Leute auf der Straße sind, aber kein Kunde bei uns. Ich muss fragen: Wie können wir uns nützlich machen?

Wie schaffen wir es, dass die Kunden bei uns einkaufen wollen?

Man muss sich das so vorstellen: Jeder Kunde, der zu uns kommt, muss an mindestens zwei Wettbewerbern vorbei. Der muss genau wissen, warum er bei dm einkauft, obwohl er das gleiche Produkt schon auf dem Drittel des Weges bekommen könnte, obwohl es regnet, obwohl er noch über eine vierspurige Straße muss, obwohl das Kind schon plärrt. Egal, sagt der Kunde, ich will zu dm. Trotz all der Mühen ist er endlich bei uns – und dann ist der Laden noch nicht offen, weil der Schlüsselträger sich verspätet hat. Oder wir haben von acht Produkten nur fünf vorrätig, weil wir nicht rechtzeitig nachbestellt haben. Für den Kunden ist das eine Katastrophe. Deswegen müssen wir dafür sorgen, dass wir durch effiziente Arbeit ohne Verschwendung günstige Preise erwirtschaften, dass wir die Regale auffüllen, dass wir die Öffnungszeiten sicherstellen. Wozu arbeiten wir bei dm? Damit der Kunde zufrieden ist. Deswegen!

Die Kernfrage ist: Wollen wir, dass unser Unternehmen ein erfolgreiches Unternehmen wird, oder wollen wir nur einen sicheren Arbeitsplatz haben?

## Weil der Mensch nicht Mittel ist, sondern Zweck

Ich bin es tausend Mal von Journalisten, von Wissenschaftlern, von anderen Unternehmern gefragt worden: Nein, bei uns hat es nie ein Leistungs-Anreizsystem gegeben! Man könnte jetzt sagen: Schade, dann wäre dm dreimal so groß geworden. Gut, dem könnte ich nichts entgegensetzen. Möglicherweise ist dm unter seinen ökonomischen Möglichkeiten geblieben. Trotzdem würde ich alles immer wieder so machen, und zwar deswegen, weil der Mensch nicht Mittel ist, sondern Zweck.

Wenn ich einen Menschen führe mit dem Ziel, dass er effizienter und produktiver wird, dann wäre der Mensch wieder Mittel. Viele Menschen verwechseln Führung mit Manipulation: Man müsse den anderen dazu bringen, dass er etwas macht, was er eigentlich gar nicht will, aber so, dass er glaubt, er habe es gewollt. Wie zynisch! Wie menschenverachtend!

Nein, uns muss diese kopernikanische Wende im Denken gelingen, dieser Paradigmenwechsel in unserem sozialen Bewusstsein. Schon seit der Französischen Revolution, seit der Erklärung der Menschenrechte wissen wir, dass alle Menschen gleich sind, dass es keine Herren, keine Knechte gibt. Aber dieses Wissen ist noch immer nicht in unser Tun übergegangen. Noch immer behandeln viele Führungskräfte ihre Mitarbeiter wie Leibeigene. Aber: Die Menschheit hat sich weiter entwickelt.

Wirtschaft heißt füreinander tätig sein. Der Mensch ist Zweck. Und deswegen heißt Führung heute eben nicht mehr, dem Mitarbeiter zu zeigen, wo es langgeht. Der moderne Führer beantwortet nicht die Wie-Frage, sondern die Warum- und Wozu-Frage. Wenn die Menschen das Bewusstsein des Wozu haben, wenn sie wissen, worauf es ankommt, dann finden sie schon den für ihre individuelle Situation angemessenen Weg.

Ein Unternehmer ist kein Dompteur. Führen funktioniert nicht, indem man den Menschen Wurstscheibchen vor die Nase hält, so wie man einen Hund zum Springen bringt. Die meisten Menschen meinen, Führen heißt Druck aufbauen. Das ist ein Irrtum. Man darf nicht Druck aufbauen, sondern man muss einen Sog entfachen. Sinn hat eine unglaubliche Sogwirkung.

*Man bewältigt ein Gebirge, und man stolpert über einen Stein.*
Gertrud von Le Fort

# Kapitel 6 **Projektarbeit oder wie man ein Warenwirtschaftssystem intelligent macht**

Obgleich wir tagtäglich einkaufen, machen sich die wenigsten Menschen Gedanken, wie der Handel eigentlich funktioniert. Handel scheint im Prinzip ganz einfach: Man kauft Ware ein, stellt die Ware ins Regal und verkauft sie. Fertig. Doch zwischen Handel und Handel gibt es gewaltige Unterschiede! Wenn zwei das Gleiche machen, ist das noch lange nicht dasselbe. Und obwohl manches scheinbar genauso funktioniert wie vor hundert Jahren, ist schon zwischen dem Handel der 1970er Jahre und dem Handel von heute ein himmelweiter Unterschied.

Wenn mein Vater sehen würde, wie die Menschen heute einkaufen, würde er es nicht fassen können: Da treten junge Menschen im Kaufhaus ans Regal, greifen ein Produkt heraus und fotografieren mit ihren Mobiltelefonen wenige Millimeter große Barcodes. Dann drücken sie auf ein paar Tasten, um binnen Sekunden zu erfahren, ob der angebotene Preis von einem anderen Händler unterboten wird.

Mein Vater bot in seiner Drogerie noch großteils lose Waren an. Er schaufelte Tee in der gewünschten Menge in ein kleines Tütchen, legte das Tütchen auf eine Waage und berechnete den Preis von Hand. Nur für Markenartikel gab es aufgrund der Preisbindung feste Verkaufspreise, so dass der

Kunde hier wie dort dasselbe bezahlen musste. Das machte das Rechnen einfacher, aber um zu wissen, wie viel er am Tag verdient hatte, musste mein Vater noch Abend für Abend die Kasse zählen. Und dann wusste er nur, *wie viel* Geld er eingenommen hatte; aber er wusste nicht, *womit*. Um herauszufinden, ob die Kunden mehr Zahnpasta oder mehr Rasierwasser gekauft hatten, ob sie lieber Duschgel oder lieber Badesalz kauften – dafür musste er entweder mühsam von Hand jeden Einkauf protokollieren und abends die Einträge auswerten, oder er musste regelmäßig durch die Regale gehen und schauen, wo sich der Bestand verringert hatte. Beides war denkbar mühsam. Schon bei mehreren hundert verschiedenen Produkten eine wahre Sisyphos-Aufgabe. Kaum ein Händler brachte die Disziplin auf, diese kleinteilige Protokollierung durchzuführen. Was für ein Aufwand, nur um am Ende zu wissen, dass man beispielsweise 29 Flaschen Rasierwasser und 17 Tuben Zahnpasta verkauft hatte.

Diese Zahlen allein hatten zudem kaum Wert für einen Händler. Erst wenn er sie ins Verhältnis setzte, etwa zum Vorjahr, dann konnte er einen Trend erkennen. Oder wenn er aus Einkaufs- und Verkaufspreis den Gewinn errechnete und mit der umgesetzten Warenmenge multiplizierte, dann konnte er ermitteln, welche Artikel am meisten zum Überleben seines Geschäftes beitrugen. Alles andere war persönliches Erfahrungswissen: Frau Meier bevorzugt diese Ware, Herr Müller jene. Frau Schulz kauft immer die teuren Artikel, Herr Walz dagegen nimmt immer das Billigste. Die Entscheidung, was ein Händler in sein Regal stellte, fällte er aus dem Bauch heraus. Mit welcher Ware er am Ende sein Geld dann wirklich verdiente, sah er noch nicht einmal bei der jährlichen Inventur.

Mit dieser Art von Blindflug wäre heute kein Geschäft mehr möglich. Inzwischen verkauft jede dm-Filiale etwa 12 500 verschiedene Artikel, und der Preiskampf mit der Konkurrenz findet im Centbereich statt. Die Einzelhändler können nur deswegen überleben, weil sie ganz genau wissen, welche Ware sie wann zu welchem Preis verkauft haben – und zwar auf Knopfdruck. So überlegen sich Händler ganz genau – und zwar anhand computergestützter Datenberechnungen –, welche Produkte sie in ihr wöchentlich wechselndes Sonderangebot aufnehmen.

Als wir die ersten dm-Märkte in Deutschland eröffneten, waren solche Überlegungen völlige Zukunftsmusik. Dass man eines Tages minutiös wissen könnte, welche Produkte »Renner« und welche »Penner« sind, war unvorstellbar. Dass es eine gesetzliche Auflage geben wird, die es verbietet, detaillierte Daten über individuelles Konsumverhalten einzelner Kunden auszuwerten, Science-Fiction-Literatur. Dass man in Folge all dieser Datenauswertung heute Warenumschlagszeiten – also die Zeitspanne zwischen Warenlieferung und Verkauf an den Kunden – von weniger als 24 Stunden haben würde, das alles war ferne Utopie. Genauso wie Megastores mit 40 000 verschiedenen Waren auf 5000 Quadratmetern. Beides – die beeindruckende Größe heutiger Geschäfte mit der Überfülle an Waren und das detaillierte Wissen um kleinste Verkaufsmengen – gehört untrennbar zusammen. Oder um es mit den Worten eines der erfolgreichsten Händler der Welt, Samuel Moore Walton, des Gründers von WalMart, zu sagen: »Retail is detail.« Einzelhandel ist Detailarbeit.

Mir war dieses Detailwissen von Anfang an ein großes Bedürfnis. Ich wollte immer genau wissen: Wie viel verkaufen wir denn wirklich? Und in welchem Zeitraum? Denn nur mit diesem Wissen kann man ein intelligentes Warenwirtschaftssystem aufbauen.

Zum Verständnis: Der Erfolg des Einzelhandels beginnt mit der Wahl des richtigen Standortes. Denn standortbedingt spreche ich ein bestimmtes Kundenpotenzial an. Genauso wichtig ist das attraktive Sortiment. Man muss im Angebot haben, was der Kunde braucht. Doch das attraktive Sortiment muss für die Kunden erschwinglich sein, also zu Preisen angeboten werden, die sich der Kunde leisten kann. Super-Standort, Super-Sortiment, Super-Preise – das nützt alles nichts, wenn die Ware nicht verfügbar ist. Der Kunde braucht zehn Artikel, aber nur drei sind da. Das macht die Kundschaft auf Dauer nicht mit. So wird Handel erfolgreich: Das richtige Produkt zum richtigen Preis am richtigen Ort – und das alles zur rechten Zeit.

Im Fachjargon spricht man von intelligenter Warenbewirtschaftung. Erfolg bedeutet, mit dem geringsten Wareneinsatz den höchsten Umschlag zu erzielen. Wenn der Warenumschlag langsam ist, bindet er unnötig Kapital. Man schiebt große Bestände vor sich her, die man erst abverkaufen muss, um wieder liquide zu werden und neue Ware kaufen zu können. Nur wenn der Umschlag schnell ist, kommt er mit einer relativ geringen Kapitalbindung aus, und man kann flexibel auf die Kundennachfrage reagieren. Da die Märkte transparent sind und das dm-Sortiment im Prinzip auch in anderen Geschäften gekauft werden kann, spielt sich der Wettbewerb zwischen den Händlern zum großen Teil im Bereich der Kosten und der Organisation ab. Die Steuerungsfrage und die Verknüpfung der Standorte miteinander sind das eigentliche Know-how des Filialbetriebes.

Durch die atomistische Struktur eines Filialbetriebes wird alles immer unübersichtlicher, je mehr Filialen dazu kommen. Also muss man Instrumente schaffen, die einen das Ganze durchblicken lassen. Ziel ist es, dass im Lager automatisch Ware nachbestellt wird, wenn sie im Laden jemand aus dem Regal nimmt und bezahlt. Der erste Schnittpunkt der Informationskette ist also die Kasse. Sie rückte damit ins Zentrum des kaufmännischen Interesses.

## Scannerkasse und EAN-Code – ein umgekehrtes Henne-Ei-Spiel

Die ersten Scannerkassen tauchten in den 1970er Jahren in den USA auf. IBM hatte 1973 einen Prototyp entwickelt. Vier Jahre später waren die Scannerkassen auf dem deutschen Markt. 1982 gab es ganze 66 Unternehmen mit Scannerkassen in Deutschland, drei Jahre später etwas über 700. Es dauert eben, bis sich im Handel Innovationen durchsetzen. Aldi Süd übrigens setzt die Scannerkassen erst seit dem Jahr 2000, Aldi Nord sogar erst seit 2003 ein.

Dabei machte die Scannerkasse für die Kassiererinnen die Arbeit leichter. Vorher mussten sie alle Preise im Kopf haben (oder im Zweifel in einer Liste nachschlagen) und von Hand in die Kasse eintippen. Dank Scannerkasse vereinfachte und beschleunigte sich der Kassenvorgang.

Doch damit Scannerkassen die Preise automatisch erkennen, müssen die Produkte entsprechend gekennzeichnet sein. Inzwischen sind in Deutschland rund 80 Prozent aller Artikel und sogar 98 Prozent der Lebensmittel mit einem Strichcode gekennzeichnet. Doch es dauerte eine gefühlte Ewigkeit, bis die Unternehmen dazu bereit waren.

Es war die Frage, wer den Anfang machen sollte – quasi ein umgekehrtes Henne-Ei-Spiel. Die Industrie sagte: Wir verschwenden nicht wertvolle Werbefläche auf der Verpackung für eine Handvoll Geschäfte, die mit Scannerkassen arbeitet. Der Handel sagte: Wir investieren nicht in teure Scannerkassen, für eine Handvoll Produkte, die einen Strichcode trägt. Es brauchte ein paar mutige und verrückte Pioniere. Den ersten Strichcode druckte am 1. Juli 1977 die Firma Wichartz aus Wuppertal auf ihre Gewürzmischung.

Mir war das System auf Anhieb plausibel. Bereits ab 1978 beschäftigten wir uns bei dm intensiv mit den sogenannten Point-of-Sale-, kurz: POS-Systemen. Die erste Pilot-Scannerkasse installierten wir 1979, bis zum Jahr 1982 folgten sechs weitere Testinstallationen mit vier verschiedenen Systemen von drei Herstellern.

Es ging um eine gewaltige Investition, denn derlei Technik war damals noch irre teuer. Aber ich war sicher: Das hat Perspektive! Ich erinnere mich, wie ich anfangs durch die gesamte Bundesrepublik gereist bin, um die Vorstände und Geschäftsführer unserer Lieferanten davon zu überzeugen, den Strichcode auf ihre Produkte zu bringen. Erst Mitte der 1980er Jahre wurde die Codierung zum Standard. Zeitweise behalfen wir uns mit einer sogenannten »Instore-Auszeichnung«. Das heißt, wir gaben jedem Produkt eine hauseigene achtstellige Nummer und zeichneten mit einem selbstentwickelten Codierungssystem jedes Teil selbst aus, damit wir es über den Scanner ziehen konnten.

Ende 1982 entschieden wir uns für ein System von IBM. Stolz berichteten wir damals von der Leistungskraft der Kassen, die eine Diskette mit »einer Million Bytes«, kurz 1 MB, fassen konnte. Das würde heutzutage noch nicht einmal für den Kleinstcomputer einer Armbanduhr reichen. Was heute lächerlich klingt, war damals eine Sensation.

Um die Daten auszuwerten, mussten wir auf einem der damals verfügbaren Computer, der vermutlich ein Tausendstel der Rechenleistung heutiger Mobiltelefone hatte, ein eigenes Programm schreiben, damit am Ende so etwas wie ein Gewinn- und Verlustrechnungsbericht herauskam. Auf diese Weise konnten wir automatisiert nachvollziehen, wann wir etwas ein- und wann wir es wieder verkauft hatten. Das war der Grundstock für unsere gesamte Prozesswirtschaft, die im deutschen Handel bald als vorbildlich galt.

## Professionelles Projektmanagement – »Demokratie im Betrieb«

Die Einführung dieser Technik verlief in einer für dm typischen Art und Weise. Es gab noch keine IT- oder, wie man damals sagte, EDV-Abteilung. Es hätte auch keine Experten für dieses Aufgabenfeld gegeben. Also bildeten wir zunächst kleine Projektgruppen, die sich in die jeweiligen Fragestellungen rund um Kassen und Materialwirtschaft einarbeiten mussten. Die Mitarbeiter hatten den Auftrag, gemeinsam eine Lösung zu entwickeln, und mussten sich dafür selbst organisieren. Die ersten Projektgruppen beschäftigten sich ausschließlich mit dm-eigenen IT-Systemen. Erst die Projekte 33–35 hatten nichts mit IT zu tun: »dm 33. Naturkern« drehte sich um die Einführung des Alnatura-Sortiments, »dm 34. Auszubildende« und »dm 35. FL-Ausbildung« beschäftigten sich, wie schon die Namen verraten, mit der Einführung einer systematischen Ausbildung bei dm.

Nicht nur inhaltlich lernten wir dabei stets hinzu. Auch das Prinzip des Projektmanagements professionalisierten wir mit der Zeit: Aufgaben außerhalb der Tagesroutine – egal ob Veränderungen im Marketing oder Veränderungen im Organisationsablauf – werden bis heute in Projektgruppen bearbeitet. Wenn also jemand eine neue Idee hat, dann sucht er sich Verbündete und gründet ein Projekt. Beteiligt sind immer Menschen zweierlei Couleur: die, welche als Betroffene Sach- und Fachkompetenz mitbringen, und die, welche durch die Projektmitarbeit etwas lernen können.

Jedes Projekt hat einen definierten Start- und Endpunkt und durchläuft verschiedene Phasen. Anfangs muss in einem sogenannten Projektpflichtenheft die Aufgabenstellung charakterisiert und beschrieben werden, was die Ziele des Projekts sind, was die Prämissen, was verändert werden soll, was in jedem Fall herauskommen sollte. Im Laufe des Prozesses werden diese Punkte immer weiter konkretisiert. Es gibt Protokolle jedes Projekttreffens. Die Arbeitszeit, die in das Projekt fließt, wird genau erfasst, die mit dem Projekt verbundenen Kosten werden kalkuliert und kontrolliert. In bestimmten Phasen ihrer Arbeit, etwa drei- oder viermal im Laufe der Projektarbeit, tritt die Projektgruppe an die Unternehmensöffentlichkeit. Dafür finden prinzipiell einmal im Monat Projektveranstaltungen statt. Die einzelne Projektgruppe meldet an, wann sie ihre Ergebnisse präsentieren will. Zuhören kann, wer interessiert ist, gezielt eingeladen werden mindestens Vertreter von jedem Ressort und aus den Filialen. Dabei gibt es sogenannte »Review-Punkte«, an denen entschieden wird, ob die entwickelte Lösung tatsächlich umgesetzt und in allen Filialen ausgerollt wird. Bis dahin arbeitet das Projekt vollkommen abgelöst vom dm-Geschäft, sonst gerät das ganze System in Instabilität. Aber wenn der Review-Punkt erreicht ist, wird es ernst.

Die Zahl der Mitarbeiter variiert von Projekt zu Projekt. Einmal sind es vier oder fünf, einmal bis zu zehn Personen, die sich beteiligen, je nach Arbeitsumfang. Wir laden alle Mitarbeiter zur Teilnahme ein. Die Betroffenen, aber bei Bedarf auch Externe, also Lieferanten oder Kooperationspartner. Auf diese Weise lernen wir viel voneinander und entdecken sehr früh, an welchen Schnittstellen es Probleme geben kann.

Die Einführung eines Sortiments für den »Öko-Wasch-, Putz-, Reinigungsschrank« war das Projekt Nr. 81, das Projekt Nr. 191 kümmerte sich um »Bargeldloses Zahlen mit EC-Karte«, und die »Nachhaltigkeitsinitiative 2012« bekam die Projektnummer 536. Das größte Projekt in der dm-Geschichte trug den Titel »dm 286. Errichtung und Inbetriebnahme eines weiteren VZ für den dm-Drogeriemarkt« und beschäftigte sich mit dem 150 Millionen Euro teuren Bau des neuen Logistikzentrums Ende der 1990er Jahre. Dazu später mehr.

An den Scannerprojekten waren Michael Kolodziej und ich

selbst beteiligt, sehr bald auch Erich Harsch. Von Michael Kolodziej ging im Wesentlichen die Initiative aus. Er war geradezu vernarrt in die Vorstellung einer vollautomatischen Disposition und verfolgte über Jahre sehr konsequent dieses Ziel, die Wareneingänge und Abverkäufe präzise zu verfolgen. Dabei hatte er immer das ganze Unternehmen und die Bestände im Blick, so dass anhand bestimmter Algorithmen die Filiale mit geringen Beständen bestückt und doch immer maximal lieferfähig war. Kolodziej ist nur wenige Jahre jünger als ich. Er hatte BWL studiert, dann bei Horten im Ruhrgebiet sehr jung Karriere gemacht und kam bereits 1976 als einer der ersten Bezirksleiter zu dm. Er tauschte damals eine führende Position mit Mahagonischreibtisch, schickem Dienstwagen und einer Kündigungsfrist von einem Jahr gegen einen Job mit einem alten Peugeot und anfangs nicht einmal einem eigenen Büro. Und das nur, weil er Lust hatte zu gestalten. Bei Horten wäre er immer nur ausführendes, kleines Kettenglied gewesen, solange er nicht im Vorstand saß. Bei dm hatte er von Anfang an Spiel- und Gestaltungsraum. Auch reizte ihn, der seine Diplomarbeit zu dem Thema »Demokratie im Betrieb« geschrieben hatte, die dm-Unternehmenskultur, die sich ja damals erst entwickelte. Immer wieder erzählt er gern den Dialog aus seinem Bewerbungsgespräch:

»Was soll ich hier bei Ihnen machen?«

»Alles, was zu tun ist. Wann können Sie anfangen?«

»In zwölf Monaten.«

»Gut, dann kommen Sie in zwölf Monaten, dann habe ich immer noch Verwendung für Sie.«

Die Offenheit in der Stellenbeschreibung und die Gelassenheit, mit der ich bereit war, im Zweifel sogar ein Jahr auf einen Mitarbeiter zu warten, haben ihn sehr beeindruckt. Aber in einem Pionierunternehmen gab es jede Menge zu tun, von dem man vorher nicht wusste, dass es zu tun sein würde. Und außerdem war mir klar, dass ich jemanden wie ihn in einem

Jahr vielleicht noch dringlicher brauchen würde als an diesem Tag. Es wäre dumm gewesen, ihn deshalb abzulehnen. Und am Ende konnte er dann doch schon früher beginnen und avancierte schnell zum wichtigen Manager und Geschäftsführer. Er engagierte sich im Lauf der Jahre in so ziemlich allen Bereichen von dm, in Rechnungsprüfung, Buchhaltung und Finanzen; er hat die EDV mit aufgebaut, viel im Marketing gemacht und später dann die ganze Logistik entwickelt. Seit Dezember 2010 ist er Mitglied des dm-Aufsichtsrates.

## Jungspund trifft Geschäftsführung – partnerschaftlich ans Ziel

Der dritte im Scannerbunde, Erich Harsch, der 1981 aus Österreich nach Karlsruhe kam, war ein blutjunger Mitarbeiter und damals quasi noch grün hinter den Ohren. Er hatte nach dem Abitur vier Semester Jura studiert, aber angesichts der »Paragrafenreiterei« rebelliert und ohne Berufsausbildung bei dm Österreich angeheuert. Er wollte arbeiten, egal was, und suchte noch nach seiner Berufung. Sein Plan war, nach spätestens zwei Jahren und einer gewissen Einarbeitungszeit wieder nach Österreich zurückzukehren. Doch dann verliebte er sich in eine Karlsruherin, und seither lebt er in der Fächerstadt. Bei dm arbeitete er sich zügig in die EDV ein, wurde 1992 Geschäftsführer der dm-IT-Tochtergesellschaft *Filiadata* und zugleich Mitglied der dm-Geschäftsführung. 2004 berief ich ihn zu meinem Stellvertreter. 2008 wurde er zum Vorsitzenden der Geschäftsführung gewählt.

Weil wir 1981 noch nicht wussten, wohin sich der zwanzigjährige Jungspund entwickeln würde, startete er mit einer simplen Arbeit: Es gab damals Beleglesemaschinen, die Formulare selbstständig lesen, erfassen und auf Datenbänder übertragen konnten. Allerdings mussten dafür die Belege mit

Bleistift in Schönschrift ausgefüllt werden, was nicht immer hundertprozentig gelang. Die ersten drei Monate saß Erich Harsch darum neben der Maschine und musste jedes Mal, wenn sie stockte, weil sie eine unleserlich notierte Zahl nicht entziffern konnte, manuell nachjustieren. Die Arbeit war langweilig, aber wichtig. Dadurch kam Erich Harsch erstmals in Kontakt mit der Warenwirtschaft. Denn auf den Belegen hatten die Filialen ihren jeweiligen Wareneingang notiert, also Artikelnummern, Mengenangaben und dergleichen, wobei eben unglaublich viele Fehler passierten. Denn diese Listenschreiberei in Schönschrift war eine eher ungeliebte Aufgabe, die man schnell und ohne großes Aufsehens hinter sich brachte. Erich Harsch hatte also ordentlich zu tun.

Später entstand in diesem Zusammenhang übrigens die Idee, dass man nicht mehr die dm-Mitarbeiter den Wareneingang erfassen ließ, sondern die Zahlen von den Lieferanten erfragte. Denn die notierten ihrerseits, was sie geliefert hatten – und zwar sehr präzise, schließlich stellten sie auf dieser Grundlage ihre Rechnungen. Es war also nur die Frage, wie man diese Rechnungsdaten von den Lieferanten beim Wareneingang elektronisch erfassen und automatisch in unser dm-System transferieren konnte. Daraus erwuchs dann – versteht sich – ein Projekt »dm 16. Zentrale WE-Erfassung«. Das war komplexer, als es vielleicht klingt, denn es gab Hunderte von Sonderfällen. Aber das Ergebnis war beeindruckend: Der vorher fehlerhafte Prozess war am Ende umgedreht, vereinfacht und verbessert.

In der Projektarbeit lernte Erich Harsch in kürzester Zeit das ganze Unternehmen kennen; schließlich ging es immer um das Herz des Handels, das Warenwirtschaftssystem. Außerdem konnte er sehr schnell zeigen, was in ihm steckte: Er wurde nämlich Projektleiter. Das war für einen solchen Jungspund eine echte Herausforderung.

Als Teamleiter musste er dafür sorgen, dass sich alle Beteiligten an die vereinbarten Zeitpläne hielten, dass die Teilmaßnahmen wie geplant umgesetzt wurden und dass die Projektarbeit gescheit dokumentiert wurde. Er plante und moderierte die Arbeitstreffen. Eine verantwortungsvolle Aufgabe also, die auch deswegen nicht ganz einfach war, weil der Berufsanfänger zusammen mit Teammitgliedern aus der Geschäftsführung, inklusive mir, dem Gründer und Inhaber persönlich, also mit erfahrenen und engagierten Managern, am Tisch saß, die wir alle unsere ganz persönlichen Vorstellungen und Überzeugungen hatten.

Erich Harsch war ruhig, zurückhaltend, aber gleichwohl durchsetzungsfähig genug, um uns selbstbewusst in der Sache zu begegnen und diese Feuertaufe souverän zu bestehen. Es war seine erste, aber beileibe nicht die letzte Begegnung mit dieser Art von Zusammenarbeit quer über alle Hierarchiestufen hinweg. Was wir in dieser Pionierzeit erstmals ausprobierten, sollte sich später immer wieder bewähren. Gerade im Bereich IT, wo die Mitarbeiter oftmals in recht kryptische Tiefen abtauchen müssen, ist es wichtig, dass man eine bewusste Zusammenarbeitskultur mit allen anderen Fachabteilungen entwickelt. Denn mit den Jahren wurden alle Prozesse immer mehr von EDV durchdrungen, und da wäre eine Trennung zwischen denen, die denken, und denen, die machen, fatal gewesen. Solche Lösungen muss man zusammen an einem Tisch entwickeln und partnerschaftlich voranbringen.

## »Hier gibt's kein Vertun!«

Bis sich die Scanner- und Strichcodetechnik in Deutschland durchsetzte, dauerte es mehr als zehn Jahre. Vor allem fehlte es an Vertrauen, dass die Maschinen und der Strichcode fehlerfrei arbeiteten. Noch 1989, also 15 Jahre nach der Erfindung der Scannerkassen, erschien im *Spiegel* ein höchst kritischer

Artikel zu den »neuen Computerkassen«. Darin wurde moniert, dass bei Testkäufen Prüfer unterschiedliche Preisangaben auf dem Kassenbon und auf der Auszeichnung am Regal feststellten. Der Fehler beruhte nicht auf einem Defekt der Technik, sondern bestand darin, dass die jeweils aktuellen Sonderangebotspreise nicht rechtzeitig in die zugrunde liegende Datenbank eingearbeitet worden waren. Die EDV- und die Marketing-Abteilung hatten versäumt, die Preise abzustimmen.

Dergleichen passierte bei dm nicht. Denn im Zuge der Projektarbeit erkannten wir solche Fehlerquellen frühzeitig – eben weil von Anfang an alle betroffenen Abteilungen beteiligt waren. Deswegen konnten wir auch auf dem Höhepunkt der medialen Aufregung ob der vermeintlich betrügerischen Kassensysteme frohgemut den Kunden gegenübertreten: Mit plakativen Aufklebern versprachen wir bei unseren Scannerkassen: »Hier gibt's kein Vertun!«. Wer eine falsche Buchung nachweisen konnte, bekam den betreffenden Artikel gratis. Immerhin hatten wir als Pioniere der neuen Technik schon fast ein Jahrzehnt Erfahrung mit den Scannerkassen und wussten, dass wir uns auf das System verlassen konnten.

Was allerdings nicht hieß, dass wir zu diesem Zeitpunkt bereits flächendeckend alle Filialen mit den Computerkassen ausgestattet hatten. Noch lange nicht: Wir begannen gerade erst, die Zahl der Scanninginstallationen auf über die Hälfte des Filialnetzes zu erweitern. Dazu hatten wir 1988 erneut eine Projektgruppe gegründet, und die arbeitete eine präzise Checkliste mit 87 Punkten für die Umrüstung aus.

Bis November 1984 hatten wir das System lediglich in 62 von 300 Filialen in Deutschland und Österreich installiert. Natürlich war IBM schwer daran interessiert, uns auch noch für die übrigen Filialen Kassen zu verkaufen. Aber uns war klar: Das bringt uns zu diesem Zeitpunkt nicht weiter. Wir konnten anhand der ausgewählten Filialen schon sehr deutlich erkennen, wie sich einzelne Warengruppen entwickeln und in welchem Gewinnverhältnis sie stehen. Wir wussten, welches Produkt sich wie gut verkaufte.

Jede weitere Filiale mit der neuen Technologie auszustatten, hätte uns nur erhebliche Zusatzkosten, aber keinen Wissenszuwachs gebracht. Denn das war ja der Ausgangspunkt dieser technischen Investition gewesen: die Verkaufskraft des Sortiments im Detail zu kennen. Die operativen Vorteile, Steigerung der Kassenproduktion und Einsparung von Arbeitszeit, weil das Auszeichnen von Einzelpreisen oder Umzeichnen bei Preisänderungen entfiel, entfalteten ihre Wirkkraft erst, als die Scannerkassen billiger wurden. In der frühen Phase lohnten sich die Kassen aus diesem Gesichtspunkt nicht. Aber sie brachten strategische Vorteile. Man verringerte Inventurdifferenzen, konnte das Sortiment bewusst steuern, Einkaufsanalysen durchführen, Bestände reduzieren und den Warenumschlag beschleunigen. Nicht zuletzt hatte man handfeste Argumente bei den Preisverhandlungen mit den Lieferanten, denn wir wussten jetzt ganz genau, ob sich ein Produkt wirklich so gut verkaufte, wie es uns die Vertreter der Industrie gern versprachen.

Doch Scanning war nur der erste Schritt zu einem hochkomplexen EDV-gestützten Warenwirtschaftssystem. Es war klar, dass wir jetzt andere Innovationschritte gehen mussten. Die Zeiten änderten sich rasant. So richtig nützten uns die zahlreichen Informationen, die wir dank der Scannerkassen über den Warenausgang sammeln konnten, nämlich erst, als wir genauso fundierte Zahlen über den Wareneingang und den Warenbestand hatten. Es gab viel zu tun. Die Projektgruppen packten es an.

Wir galten bald als führender IT-Nutzer im Handel, weswegen uns 1989 das damals noch für das Telefonnetz zuständige Bundespostministerium auch aus dreißig Bewerbern zum Kooperationspartner für ein Forschungsprojekt auswählte.

Für die Nutzung des gerade neu geschaffenen ISDN-Netzes, das damals erst 39 Städte miteinander verband und bis Ende 1993 flächendeckend ausgebaut werden sollte, bekamen wir einen Zuschuss von 500 000 Mark sowie technischen Support. Die Post erhoffte sich von uns Multiplikatorenwirkung; wir suchten nach einem geeigneten Transportvehikel, um die in den Filialen anfallenden Daten schnell und sicher in die Zentrale übertragen zu können. Zeitgleich hatten wir nämlich begonnen, unsere Daten auch den Industrie- und Handelspartnern zur Verfügung zu stellen. Deswegen investierten wir einen zweistelligen Millionenbetrag in erforderliche Hard- und Software und gliederten unsere IT-Abteilung in die hundertprozentige Tochter Filiadata GmbH aus.

Über die Jahre haben wir die elektronische Datenverarbeitung rund um die Lieferkette perfektioniert. 2001 öffneten wir unser »dm-Extranet« für Lieferanten. Damit stellen wir der Industrie Umsatzdaten von bis dahin unbekanntem Ausmaß zur Verfügung: Partner haben Einblick in die Abverkaufsdaten bis hinunter ins Filialniveau. Das dm-Extranet berechnet den Anteil der Artikel eines Herstellers an der Warengruppe, zeigt die Abweichung zum Vorjahr und weist sogar den Beitrag eines Produktes zum Ertrag von dm aus. In dieser Weise haben wir von Anfang an auf technische Unterstützung gesetzt, seien es die Scannerkassen und die E-Mail-Kommunikation in den Anfangsjahren, seien es der systematische Aufbau eines Intranets und die konsequente Einführung von SAP Retail.

Ziel all dieser Aktivitäten war und ist jedoch immer die Befähigung der dm-Angestellten: Es kommt drauf an, dass der Mitarbeiter dem Pferd nicht hinterherläuft, sondern fest im Sattel sitzt.

*Der einzige Mensch, der sich vernünftig benimmt, ist mein Schneider. Er nimmt jedesmal neu Maß, wenn er mich trifft, während alle anderen immer die alten Maßstäbe anlegen in der Meinung, sie passten auch heute noch.*

George Bernard Shaw

## Kapitel 7 **Innovationsfitness oder weshalb mir unzufriedene Mitarbeiter die liebsten sind und ich selbst so gerne klaue**

»Never change a winning team« soll der Trainer Sir Alf Ramsey gesagt haben, der 1966 die englische Fußballnationalmannschaft zum Weltmeistertitel führte. Seither wird kaum ein Satz so oft wiederholt wie dieser. Bedauerlicherweise auch und gern in Unternehmenszusammenhängen. Schade. Denn es ist wohl der innovationsfeindlichste Slogan, den man sich aneignen kann. Man könnte ketzerisch hinzufügen, dass allein die Tatsachen bester Beweis dafür sind, wie unsinnig der Satz ist: Dass Ramseys Team vier Jahre später bei der WM in Mexiko bereits im Viertelfinale ausschied, England nie wieder Weltmeister wurde und es seither auch nie wieder ins Finale einer WM geschafft hat. Aber ich verstehe nicht genug von Fußball und bleibe deswegen lieber bei meinem Fachgebiet Zahnpasta.

Eine wichtige Grunderkenntnis für mich lautet: Das Wesen des Unternehmens ist, dass es sich verändert. Genau an diesem Punkt scheiden sich die Geister zwischen Unternehmer und Manager. Der Manager sagt: »Das haben wir gut gemacht. Und weil wir das so gut gemacht haben, machen wir das auch weiterhin so!« Der Unternehmer dagegen sagt: »Das ist gut gelaufen, Aber so geht es nicht weiter. Wenn wir weitermachen wie bisher, dann wird es böse enden!«

Der erfolgreiche Unternehmer braucht nämlich zwei Dinge: Er braucht eine klare Vision und eine unendliche Liebe zum Detail. Danach können Sie ihn beurteilen. Es gibt Unternehmer, die klare Visionen haben, aber sich nicht um das Detail kümmern. Und es gibt Unternehmer, die sich um die Details kümmern, aber keine klare Vision haben. Beides hat auf die Dauer keinen Erfolg. Die Sache wird erst dann dauerhaft und nachhaltig erfolgreich sein, wenn Sie beides zusammenbringen.

In einem kleinteiligen Geschäft wie dem Einzelhandel gibt es genügend Details zu bearbeiten. Deswegen hatte ich auch niemals Langeweile. Egal wann, wie und zu welcher Situation ich irgendwohin kam, es gab immer und überall etwas, wovon ich sagen konnte: »Halt einmal, das könnte man aber besser machen!«

Fast jeder Mitarbeiter erzählt gern irgendeine Anekdote über mich, in der ich mal wieder in einer vermeintlich unpassenden Situation irgendeine Kleinigkeit bearbeitet habe. So soll mein Blick einmal bei einem Termin, den wir mit einem Bewerber in einer Filiale vereinbart hatten, direkt nach der Begrüßung auf die Fototheke gefallen sein, die nicht optimal aufgebaut worden war. »Könnten Sie mal bitte kurz mit anfassen«, soll ich zu dem Bewerber gesagt haben, um dann mit ihm zusammen in wenigen Minuten die Fototheke umzubauen. Einmal, erzählen andere, hätte ich einen Hundehaufen entfernt, nicht *im*, sondern *vor* dem Laden. Und dann kursiert da noch die Geschichte, wie ich mal eine Filiale betrat, um einen Besen bat und mit dem Stiel einen Scheinwerfer über einem Regal richtig eingestellt habe, damit er nicht den nackten Fußboden, sondern die Ware anstrahlt.

Ich kann mich nicht an alle Geschichten erinnern, die meine

Kollegen über mich erzählen. Aber es stimmt schon, dass sie genauso passiert sein könnten. Und ich will nicht ausschließen, dass ich mit meinem Verhalten den einen oder anderen vor den Kopf gestoßen habe. Vielleicht war der Bewerber nicht nur verdattert, sondern auch gekränkt, dass es erst um die Fototheke ging und dann um ihn. Vielleicht irritiert es manchen, wenn der Chef einen Hundehaufen entfernt oder um einen Besen bittet. Aber es gibt Dinge, die für mich wichtig sind, zum Beispiel, dass der Kunde an der Fototheke bequem stehen, dass er die Ware gut ausgeleuchtet betrachten und sauberen Fußes durchs Leben gehen kann. Wenn ich etwas sehe, was nicht in Ordnung ist und was ich verbessern kann, dann muss ich das gleich erledigen. Sonst ist es in vier Wochen vielleicht immer noch so.

Aber warum erledige ich solche Arbeiten selbst und sage nicht dem Filialleiter, was zu tun ist? Ich erinnere mich an einen Bezirksleiter, der mal eine Filialmitarbeiterin zum Zigarettenholen schickte. Derlei käme mir nie in den Sinn und zwar nicht nur, weil ich schon vor vielen Jahren das Rauchen aufgegeben habe. Sie ahnen, was ich dem Bezirksleiter dazu gesagt habe, als wir nach dem Filialbesuch wieder zusammen im Auto saßen. Solche »Jobaufträge« sind finsteres Mittelalter, als die Adeligen andere Menschen als Leibeigene betrachteten, die ihnen für alles und jedes zur Verfügung standen. Diese Zeiten sind zum Glück vorbei. Das damit verbundene feudalistische Denken zeigt sich leider noch viel zu oft.

Doch auch mancher Chef, der nicht in Gutsherrenmanier Befehle durch die Berufswelt bellt, würde in einer vergleichbaren Situation ganz bewusst nicht selbst Hand anlegen, sondern in die Zentrale zurückfahren und geeignete Maßnahmen überlegen, wie sich solche Fehler beheben lassen – aus der Sorge heraus, dies sei nur die Spitze des Eisbergs. Dann würde in der Vertriebsabteilung eine verbindliche Vorschrift zum Thema »Korrektes Einstellen von Scheinwerfern« oder »Entfernen von Unrat im Umfeld der Filiale« formuliert und dann wöchentlich ein Rundschreiben an alle geschickt werden, das an die Einhaltung dieser Vorschriften erinnert. Das Problem: Auf diese Weise haben entsetzlich viele Menschen entsetzlich viel Arbeit, es werden unerfreuliche Rundschreiben verfasst, verschickt und irgendwo abgeheftet, und dennoch wird es weiterhin Scheinwerfer geben, die statt der Ware den nackten Fußboden anleuchten.

Ich hätte auch die Filialmitarbeiter herbeizitieren und dann mit strenger Stimme auffordern können: »Schauen Sie mal, was ich da sehen muss. Machen Sie das mal richtig!« Nach dem Motto: Sonst lernen die das nie! So wie Lehrer Lämpel, der Klein-Fritzchen mit Tafelkreide und Rohrstock die Jahreszahlen der Weltgeschichte einbläut. Oder wie der Zirkusdirektor Galliani, der mit Zuckerbrot und Peitsche den Bären das Tanzen beibringt. Doch diese Art, Mitarbeiter zu maßregeln, ist mittlerweile überholt. Es ist nicht Aufgabe der Führungskraft, Mitarbeiter mit Druck dazu zu bringen, irgendwelches Wissen wiederzukäuen oder irgendein bestimmtes Verhalten an den Tag zu legen.

## Billige Verkäufer und gedankliche Meisterdiebe

Die Leute sind ja nicht widerspenstig oder blöd; sie müssen nicht erzogen oder bestraft werden. Es gab offenbar andere Dinge, die im Blickfeld der Aufmerksamkeit lagen; etwas, was die Mitarbeiter wichtiger fanden. Dadurch, dass ich mich um etwas kümmere, merken sie: Ah, das ist wichtig! Wenn der Herr Werner das macht, dann muss es wichtig sein.

Schon mein Vater hat gewusst: Licht ist der billigste Verkäufer. Früher hatten wir in den Filialen eine gleichmäßige Ausleuchtung, bis wir erkannt haben, dass ein Raum lebendig wird, wenn er nicht gleichmäßig ausgeleuchtet ist. Jeder Hobbyfotograf weiß, dass ein Motiv durch Licht- und Schattenspiel interessanter wird, man also besser nachmittags fotografiert, wenn die Sonne ein bisschen niedriger steht. Deswegen haben wir uns irgendwann von den Röhren verabschiedet und stattdessen bewegliche Strahler eingesetzt, die man wirkungsvoll auf die Ware ausrichten kann. Das bedeutete für die Filialmitarbeiter eine Umstellung. Früher mussten sie über das Licht nicht nachdenken; jetzt mussten sie nach dem Befüllen der Regale auf die Strahler achten. Sie mussten ihre Gewohnheiten und ihre Wahrnehmung verändern. Darauf kann man hinweisen und es erklären, aber am meisten bewirkt man, indem man die Mitarbeiter die Veränderung erleben lässt und ihnen das neue Verhalten vormacht: Schau einmal, das sieht jetzt viel besser aus! – Ah, tatsächlich. Dahinten war es eben so dunkel, weil die Strahler falsch ausgerichtet waren. Jetzt ist es angenehm hell.

Man muss sein Geschäft inszenieren. Jeder Theaterdirektor weiß, mein Bühnenbild ist wichtig, aber noch wichtiger ist die Beleuchtung. Diesen Blick muss auch der Filialleiter entwickeln. Immer, wenn man etwas verändert, muss man sich fragen, ob das Licht noch stimmt. Es dauert wahnsinnig lange, bis man diese Einsicht im Unternehmen durchgesetzt hat, aber: beharrlich im Bemühen, bescheiden in der Erfolgserwartung …

Verstellte Strahler findet man in jedem Laden. Da wird mal die Birne ausgetauscht, die Lampe geputzt oder das Regal umgeräumt. Und schon ist der Strahler falsch ausgerichtet. Fehler passieren. Jedem. Was nicht heißen soll, dass man sorglos in den Tag hinein leben kann. Es gibt nicht umsonst den schönen Spruch: »Wer sich keine Sorgen macht, hat bald welche.« In Deutschland kommen heute täglich 1,5 Millionen Kunden in die dm-Märkte. Aber das bedeutet noch lange nicht, dass sie auch morgen kommen. Die Gefahr, dass die Kunden nicht mehr wiederkommen, besteht immer. Wenn wir keine Sorge vor

Misserfolgen hätten, wäre das eine Katastrophe. Es wäre der Anfang des Misserfolgs.

Trotzdem gilt: Dinge sind nie perfekt. Es gibt immer etwas, das man besser machen kann. Alles, was wir machen, ist suboptimal. Warum sonst sagt ein großartiger Künstler wie Alberto Giacometti, dessen Biografie ich kürzlich las, er sei eigentlich, obwohl er Hunderte von Meisterwerken geschaffen hat, noch nicht fertig mit seiner Arbeit. Warum sonst sagt ein Sokrates, der die Philosophie unserer Welt so sehr geprägt hat wie kaum ein anderer: Ich weiß, dass ich nichts weiß?

Egal was getan wurde, man kann alles besser machen. Wenn ich also etwas Suboptimales in einer dm-Filiale entdecke, dann haben die Mitarbeiter in der Filiale entweder nicht den Blick für das Problem, oder sie wissen nicht, wie sie es beheben sollen. Dann mache ich es der Einfachheit halber vor. Vielleicht zucken sie nur mit den Achseln und fragen sich, was der Werner da gerade tut. Vielleicht aber lernen sie etwas daraus.

Auch ich habe das meiste von anderen gelernt, sprich: abgeguckt. Unternehmer lernen von Unternehmern. Ich sah etwas in einem anderen Unternehmen und habe daraus eine Konsequenz für mich abgeleitet. Das ist Empirie. Ich bin herumgelaufen, habe hier etwas gesehen, dort etwas gesehen, und plötzlich sah ich etwas, das relevant war. Da war es dann, das Evidenzerlebnis.

Meine Mitarbeiter haben immer gesagt: »Der Werner klaut! Er klaut mit den Augen und mit seinen Fragen.« Ja, ich gestehe, das stimmt! Ich stelle alle Fragen, egal wie dumm oder peinlich sie sind. Ich frage den Leuten Löcher in den Bauch, wenn ich merke, dass ich da eine Quelle anzapfen kann. Und ich klaue mit den Augen. Ich laufe offen durch die Welt und schaue, was ich lernen kann.

In dieser Art und Weise handhabe ich es bis heute: gern und genau zuhören. Sehr wach durch die Welt gehen. Den

Mut haben, Dinge neu und anders zu denken. Erkennen und verstehen. Dann der Transfer auf die eigenen Probleme. Man kann auch gedanklich Meisterdieb werden.

## Lila Säulen wiesen den Fluchtweg

Oft entdeckt man die richtigen Lösungen an Stellen, wo man sie zunächst gar nicht vermutet hätte: So bin ich in den frühen 1980er Jahren auf einen Engländer namens Tony Ansel gestoßen, als wir uns intensiv mit der Frage beschäftigten, wie man einen Laden abverkaufsgerecht gestalten kann. Das ist eine wesentliche Frage: Wie sieht aus Kundensicht der perfekte Laden aus? Aus Lieferantensicht gibt es da eine Menge Wünsche: Die Hersteller wollen ihre Produkte möglichst sichtbar und prominent platziert haben – und zwar alle. Marketingleute verhandeln dann darüber, wie viel Geld die Industrie dem Handel für die optimale Platzierung im Regal bezahlt, und mit viel Aufhebens wird sprachlich zwischen Bückzone (ganz unten), Greifzone (auf Bauchhöhe), Sichtzone (auf Augenhöhe) und Streckzone (ganz oben) unterschieden. Aber das ist blanke Theorie. Wir bei dm haben derlei nie mitgemacht. Wir suchen nach der richtigen Platzierung aus Kundensicht: Große, schwere Produkte stehen eher unten; leichte können auch oben ins Regal. Und kleine müssen leicht zu sehen und zu greifen sein.

Wir gingen der Frage nach dem perfekten Ladendesign damals auch in London nach, wo wir Tony Ansel besucht haben, der sich eigentlich mit computergestützter Topographie, also mit der Kartografie von Landschaften, beschäftigte. Da wird jeder Berg, jeder Fluss, jedes Bauwerk, jeder Busch elektronisch vermessen und auf einer Computerkarte abgebildet. Wir haben ihn in London besucht und befragt, ob man derlei nicht für das Ladendesign nutzen könne. Man konnte! Inzwischen haben wir 30 Jahre Erfahrung in Ladendesign mit dem Computer Aided Design, CAD. Mittlerweile werden alle Geschäfte detailliert ausgemessen und die Ladenpläne bis auf den Zentimeter genau auf einem CAD-Rechner entwickelt.

Wenn man möglichst viele Kunden erreichen will, braucht man viel Ware. Macht man alles richtig, hat man ein Problem: Viele Kunden und viele Waren muss man irgendwo unterbringen. Will man nicht riesige Ladenflächen anmieten, muss man sich etwas einfallen lassen. Vereinfacht gesagt: Ware lässt sich leichter stapeln als Kunden. Man kann oft beobachten, dass die Kaufleute ihre Läden mit Ware vollstellen und sich wundern, dass keine Kunden mehr kommen. Wenn man zuerst an den Kunden denkt, dann schafft man Platz, damit er sich wohl fühlt. Er muss einen Schritt zurücktreten können, wenn er vor dem Regal steht, um die Ware sehen zu können. Gerade in der Selbstbedienung muss man dem Kunden die Gelegenheit geben, zu finden, was er sucht, ohne danach zu fragen. Dazu müssen beispielsweise die Gänge breit sein, aber nicht so breit, dass man sich allein auf weiter Flur fühlt. Das ist eine Kompositionsfrage, gewissermaßen die Kunst des Handels.

Es geht um Originalität. Als Händler schreibt man eben kein Buch, das millionenfach gedruckt wird, und immer steht das Gleiche drin. Nein, der Laden verändert sich ständig. Jeder Kunde, der hereinkommt, verändert die Komposition. Deswegen sieht auch kein dm-Markt aus wie der andere. Trotzdem muss der Kunde in dem Moment, wenn er den Laden betritt, spüren: Das muss ein dm sein, oder zumindest hat da einer dm kopiert. Dafür stellen die Filialmitarbeiter nicht alles Bisherige auf den Kopf, sondern knüpfen an die Raumkonzepte anderer dm-Filialen an und entwickeln die dm-Idee im Rahmen des Vorgegebenen weiter. Diese Form von Originalität muss man im Unternehmen kultivieren.

Zeitweilig experimentierten wir in den Filialen mit einer lila Säule. Dem lag die Idee zugrunde, dass man sich als Kunde unwohl fühlt, wenn man die Orientierung verliert. Das kann in einem 400 m² großen Geschäft schnell passieren. Man geht nach links, man geht nach rechts, man beugt sich hinunter – und plötzlich weiß man nicht mehr, wo der Ausgang ist. Dieses kurze Aufflackern von Beunruhigung wollten wir vermeiden, indem wir dem Kunden zur Orientierung eine lila Säule in die Ladenmitte stellten – etwa wie der Fernsehturm auf dem Alexanderplatz in Berlin. Da weiß jeder Tourist ganz gleich bei welchem Wetter, in welche Richtung er sich bewegen muss. Die lila Säule hat sich auf die Dauer nicht bewährt, allein weil es gar nicht in allen Gebäuden Säulen gibt. Aber bis heute gestalten wir jeden Laden so, dass der Kunde immer überall den Ausgang sehen kann. Das entspannt. Man weiß immer, wo der Fluchtweg ist.

## Jeden Tag das Unternehmen neu erfinden

Jeder lernt auf die gleiche Weise, nämlich indem er etwas erlebt. Nur ist die Frage, was man im Erlebten erkennt. Und was man aus dem Erkannten lernt. Alle sehen das Gleiche. Aber erkennen, worauf es ankommt, können nicht ganz so viele. Daraus lernen tun noch weniger. Und die wenigsten machen das Gelernte zu einer Maxime des eigenen Handelns. Das ist die Staffelung: Erleben, Erkennen, Lernen und daraus ein Lebensparadigma machen. Daran muss jeder für sich selbst arbeiten. Der Unternehmer als Führungskraft kann und muss lediglich die Lernbereitschaft der Mitarbeiter forcieren und ihre Offenheit für Neues fördern.

Mitarbeiter müssen angstfrei sagen können: »Wir sind doch ein aufgeschlossenes Unternehmen, ich habe da eine Idee!« Und dann darf man nicht sagen: »Bleiben Sie fort, das haben wir schon vor dreißig Jahren ausprobiert, das funktioniert nicht!«

Der Unternehmer muss ermutigen: »Wir brauchen immer

wieder einen neuen Ansatz. Jeden Tag müssen wir das Unternehmen neu erfinden, jeden Tag!« Das ist die wesentliche Führungsaufgabe.

Manche halten es für »Detailversessenheit« und fassen sich an den Kopf, wenn sie hören, welche Themen wir da manchmal in der Geschäftsführungsrunde behandelt haben. Man könnte das als Kleinkram der Filialen abtun. Aber: Retail is detail. Es geht um jede Winzigkeit. Und es geht um permanente Veränderung. Die Chance zur Erneuerung.

Die meisten Unternehmen leiden darunter, dass sie meinen, die Führungskraft habe dafür zu sorgen, dass alles so bleibt, wie es ist. Aber das ist Verwaltungsdenken. Der Verwalter hat dafür zu sorgen, dass alles stabil und berechenbar bleibt. Der Unternehmer dagegen hat dafür zu sorgen, dass alles immer wieder aus einem neuen Blickwinkel gesehen wird. Er muss ständig neue Impulse geben, alles hinterfragen und damit immer wieder neue Begründungen evozieren. Erzwingen kann er nichts. Der Geist weht, wann er will. Man kann nicht vorhersagen, wann ein Mitarbeiter welchen Gedanken hat. Aber man kann Rahmenbedingungen schaffen, dass er sich zu denken traut – und dass er in Übung bleibt.

Deswegen gehe ich bei allen Filialbesuchen – und das ist kein Aufwand – auf die Mitarbeiter zu und frage sie, wie es ihnen geht, was sie meinen, was sie beobachten und was ihnen fehlt. Das ist kein oberflächlicher Smalltalk, diese Fragen sind mir ein ernstes Anliegen. Und wenn ein Mitarbeiter etwas anspricht, und sei es auch das kleinste Detail, das nicht er selbst verändern kann, sondern das wir in der Zentrale angehen müssen, dann nehme ich es dorthin mit und mache es zum Thema. Einmal fehlt in einem Laden das Transparent, das man aufhängen wollte, um auf eine Aktion aufmerksam zu machen. Einmal entdecken Mitarbeiter einen Fehler bei irgendeiner Produktauszeichnung.

Jeder Mensch trägt eine Unzufriedenheit mit den herrschenden Umständen mit sich herum. Das können Sie bei anderen besser beobachten als bei sich selbst. Aber Sie werden mir zustimmen: Die Menschen sind ständig mit irgendetwas unzufrieden, nörgeln an diesem und jenem herum. Das nervt, wenn es eine destruktive Unzufriedenheit ist. Aber wenn jemand konstruktiv unzufrieden ist, liegt darin eine ungeheure Chance. Denn konstruktive Unzufriedenheit mit den herrschenden Umständen ist die Voraussetzung für Innovation. Die destruktiv Unzufriedenen gibt es in Hülle und Fülle, aber sie entwickeln keine Idee der Veränderung. Der konstruktiv Unzufriedene hat immer eine Idee. Er geht mit der Frage durch die Welt: Wie kann ich das verbessern? Wie kann ich das weiterentwickeln?

Diese Fähigkeit zur konstruktiven Unzufriedenheit ist etwas zutiefst Menschliches. Ein Tier hat das nicht. Ein Tier hat keinen Drang nach Verbesserung. Ein Tier nimmt alles, wie es ist. Der Mensch aber will sich und die Welt verbessern, er ist unzufrieden mit dem Bestehenden und sucht den Fortschritt zum Besseren. Diese Unzufriedenheit sorgt dafür, dass wir uns entwickeln. Deswegen muss man im Unternehmen diese – wohlgemerkt: konstruktive! – Unzufriedenheit bewusst fördern und kultivieren. Das ist die Voraussetzung für Veränderung. Jeden Tag müssen wir unser Leben auf den Prüfstand stellen und uns fragen: Kann ich heute so weitermachen wie gestern? Ich nenne das Innovationsfitness.

## Entlernen ist wichtiger als Lernen

Vermutlich kennen Sie das aus eigener Erfahrung: Man begrüßt jemanden bei einem Klassentreffen, und der sagt: »Du bist ja immer noch der Alte.« Ein schlechteres Kompliment können wir gar nicht bekommen. Die Aufgabe, die wir im Leben haben, ist, uns zu verändern, ein anderer zu werden.

Veränderung verläuft immer in vier Schritten. Zuerst muss man das Gewordene hinterfragen. Man macht sich klar – nach dem Motto: Zukunft braucht Herkunft –, wie man eigentlich an diesem Punkt angekommen ist. Wo bin ich? Wo stehen wir? Das muss man nüchtern, aber nicht »cool«, also gefühlskalt, sondern mit warmem Herzen analysieren und verstehen. Als nächstes muss man das Gewordene umdenken. Das ist der zweite Schritt, schon schwieriger. Der dritte Schritt ist, das Neue zu kreieren, und der vierte, das Neue dann in das Bestehende zu integrieren. Das ist die Kunst, die soziale Kunst. Es geht darum, den Menschen zuerst die bestehende Situation mit ihren negativen Implikationen zu verdeutlichen, ihnen dann alternative Lösungen zu vermitteln, diese im Denken zu verankern. Die alternative Idee muss umsetzbar sein, und dann kann daraus ein Programm werden, das die Menschen entschlossen anpacken. Erst wenn man die Ideen, wie man seine Ziele anders als bisher erreichen kann, im Bewusstsein verankert hat, kann man die Veränderung einleiten. Sind die Lösungen plausibel, konkret und praktikabel, dann kann man die Veränderung mit dem festen Vorsatz einleiten: Jawohl, das ist das, was ich in Zukunft machen will! Und mit der Zeit und mit etwas Übung sind die neuen Verhaltensweisen erlernt. Das ist im privaten Alltag genauso wie im Unternehmen oder in der großen Politik.

Dabei ist es gar nicht so wichtig, das Neue zu lernen. Das kann nämlich in der Regel jeder sehr schnell. Viel schwieriger ist es, das Alte zu »entlernen« – nämlich alte Gewohnheiten abzulegen, um für das Neue Platz zu machen. Und hier kommt die Führungskraft ins Spiel: Sie muss den Menschen klar machen, dass es nicht immer darum geht, etwas Neues zu lernen, sondern dass es ganz, ganz wichtig ist, das Alte abzulegen!

Das ist eine ganz wesentliche Führungsaufgabe. Die Führungskraft muss den Menschen immer wieder ins Bewusstsein bringen, dass es wichtig und wertvoll ist, sich Altes abzugewöhnen, bevor man etwas Neues beginnt. In vielen Unternehmen wird das gar nicht gesehen. Da wird immer aufgesattelt und aufgesattelt. Der Gordische Knoten wird dadurch immer dicker und größer, das Durcheinander wächst und wächst. Deswegen ist das Gestalten von Veränderungen mit alten, bewährten Mitarbeitern oft ein schwierigeres Unterfangen als mit neuen, unerfahrenen. Die alten haben sehr viel größere Probleme, mit der gewohnten, vielleicht sogar lieb gewordenen Routine zu brechen.

Man muss die richtigen Fragen stellen: »Wozu machst du das? Wieso machst du es auf diese Art?« Das können die Leute manchmal gar nicht erklären. »Das haben wir schon immer so gemacht«, heißt es dann. »Ich habe nie darüber nachgedacht, es anders zu machen.«

An diesem Punkt setzt Bewusstsein ein. Wenn man anfängt, darüber nachzudenken, warum man etwas auf eine bestimmte Art und Weise macht, dann tut man es nicht mehr unbewusst, sondern bewusst. Wobei die unbewusste Tätigkeit aus der Routine heraus durchaus ihren Wert hat. Sogar sehr großen.

Nehmen Sie zum Beispiel das Autofahren: Wenn Sie beim Autofahren *nicht* kurz davor sind einzuschlafen, dann fahren Sie *nicht* sicher Auto! Der sichere Autofahrer fährt mit nachtwandlerischer Sicherheit. Warum? Das Fahren und alles, was dazu gehört, sind ihm in Fleisch und Blut übergegangen. Er fährt so gut, dass er über die Abläufe gar nicht mehr nachdenken muss, die passieren automatisch. Er ist ein Routinier.

In diesem Sinne ist die erste unternehmerische Aufgabe, für Produktivität zu sorgen. Dafür müssen die Prozesse in Fleisch und Blut übergehen, so dass sie sicher, effizient und also auch produktiv werden. Routiniert arbeiten heißt, kostengünstig und fehlerfrei zu arbeiten. Das Motto »Bloß keine Veränderungen!« – »Never change a winning team!« – ist gut für Routinearbeiten. Bis zu einem gewissen Grad braucht man das in jedem Unternehmen. Sobald man nämlich etwas Neues beginnt, geht zunächst furchtbar viel schief. Mitarbeiter eines Start-up-Unternehmens zum Beispiel sind in der Regel hoch motiviert, aber selten effizient. Da wird dies und jenes ausprobiert. Man sucht den richtigen Weg und irrt noch recht lange herum. Wenn in der Industrie eine neue Fertigungsserie angefahren wird, gibt es zuerst enormen Ausschuss. Irgendwann ist die Qualität gut, der Ausschuss fast gleich null.

## Der Rhythmus von Routine und Erneuerung

Diesem unternehmerischen Ziel »hohe Produktivität« steht das andere diametral entgegen. »Innovation«. Es ist die zweite unternehmerische Aufgabe, die Menschen aus der Routine herauszureißen und dadurch Neues zu ermöglichen. »Um Gottes Willen«, bekommt man dann zu hören, »sind Sie wahnsinnig geworden? Wir haben es gerade geschafft! Endlich ist der Ausschuss niedrig, und jetzt zerstören Sie wieder alles?!« Aber wenn der Autofahrer tatsächlich einschläft, dann passiert ein Unglück. Deswegen muss er Pausen machen, sich erneuern und sich regenerieren.

Routine und Erneuerung müssen in einen Rhythmus kommen. Beide Bereiche sind gleich wichtig im Unternehmen. Den richtigen Rhythmus zwischen Kontinuität und Kreativität zu finden, das ist die eigentliche Herausforderung. Führen heißt, einen Rhythmus herstellen zwischen Beibehalten des Bestehenden und Kultivieren der Veränderung. Im Rhythmus von Kreativität und Kontinuität liegt die Kraft für die Prosperität des Unternehmens. Wenn ein Unternehmen zu kreativ wird und dadurch die Stabilität leidet, dann kann es passieren, dass das Unternehmen abhebt und sich nicht mehr wiederfindet. Beim menschlichen Organismus würde man sagen, dass Wucherungen entstehen, Krebs. Dann geraten die Zellen, das

Zellwachstum außer Rand und Band und töten den Organismus. Wenn man hingegen nur Wert auf Konsolidierung legt und alles immerfort beim Alten bleibt, dann verhärten die Strukturen. Sklerose. Herzinfarkt. Auch tödlich.

Lebendig wird die Sache erst durch den richtigen Rhythmus. Rhythmus ist Leben. Leben ist Rhythmus. Im Rhythmus liegt die Kraft! Und das ist Führungsaufgabe, immer dafür zu sorgen, dass die Menschen sicher werden in ihren Routinen und aufgeschlossen werden für das Neue. Neue Denkanstöße sind im Arbeitsprozess nur möglich, wenn die richtige Balance zwischen »Routine schaffen« und »Routine durchbrechen« gehalten wird. Das ist wie beim Rudern: Man muss den Rhythmus finden. Das ist die Herausforderung.

Deswegen muss der Vorgesetzte schauen, wo die Aufgaben des Tagesgeschäftes liegen, damit der Laden läuft – Routine. Und er muss sehen, welches die Aufgaben der Erneuerung sind. Und diese Aufgaben müssen außerhalb der Routine erledigt werden. Sie gehören ins Projektmanagement. Deswegen gibt es bei dm immer diese beiden Pole.

Doch aufgepasst: Führungsaufgabe ist nicht, das Unternehmen mit Innovationen zu versorgen, sondern dafür zu sorgen, dass das Unternehmen Innovationen anzieht und dass die Mitarbeiter den Mut haben, Ideen zu entwickeln und alte Routinen aufzugeben. Letzten Endes geht es darum, permanent an der Innovationsfitness zu arbeiten. Wenn man diesen inneren Hunger nach Veränderung, den alle Mitarbeiter in sich tragen, am Leben erhält und das Magenknurren der konstruktiven Unzufriedenheit nicht mit dumpfen Anweisungen übertönt, dann werden sich im Unternehmen immer Anlässe zur Veränderung finden. Wer jedoch permanent eine urkonservative Einstellung – Never change a winning team – predigt und dann plötzlich meint: Ah, jetzt brauchen wir mal eine Innovation!, der wird keine entdecken. Es gibt nämlich immer einen Grund zu sagen: Ach nein, das Alte ist besser.

Innovationsfitness kann und muss man trainieren. Während Sie das eine routiniert erledigen, können Sie parallel das andere erproben. Deswegen ist es wichtig, dass es in einem Unternehmen fortwährend Veränderungsprozesse gibt. Das ist Regeneration, das Üben an den Veränderungsprozessen. Dabei ist es egal, ob es um ein neues Kassensystem oder eine neue Software geht. Viele Unternehmen fangen an, am bestehenden System herumzudoktern, und dann gibt es ein Riesendurcheinander, weil man versäumt hat, das eine vom anderen bewusst zu trennen.

Darüber gibt es eine Menge Geschichten: Die Vorgesetzten – oder manchmal auch irgendwelche externen Berater – haben eine neue Idee und fangen an, dies und das ein bisschen zu verändern. Dann wird ein Change-Management-Prozess eingeleitet und stückchenweise wird geschraubt und gedreht. Das funktioniert nicht! Man muss sich das klarmachen: Das eine ist der Prozess, der läuft. Das andere ist der Prozess, der noch entwickelt werden muss. Und erst wenn der optimal gestaltet ist, muss und kann er in das bestehende System integriert werden. Veränderung braucht einen harten Schnitt. Alle Versuche, das Rauchen nach und nach aufzugeben, scheitern. Man kann eben nicht nur ein bisschen zum Friseur gehen oder sich den neuen Anzug stückchenweise kaufen. Das Neue kommt ganz oder gar nicht.

Das Gewordene hinterfragen muss das ganze Unternehmen. Es gibt genügend Menschen im Unternehmen, die diese konstruktive Unzufriedenheit haben. Ob einzelne oder viele, sie bringen ihre Kritik und ihre Verbesserungsideen vor. Dann muss es heißen: Bitte nichts ändern, wir müssen dazu eine Projektgruppe ins Leben rufen! So kommt es zur Initialisierung eines Projektes. Und wenn das Projekt bis zur Serienreife durchdacht ist, dann kann man es in den bestehenden Prozess integrieren. Deswegen ist das Projektmanagement bei dm so ausgefeilt wie wohl in wenigen anderen Unternehmen. Es wird nichts by the way verändert. Der Prozess, der gerade läuft, wird nicht gestört. Das Neue wird unabhängig vom Alltagsgeschäft entwickelt, um es dann zum gegebenen Zeitpunkt zu integrieren.

## Das Unternehmen im Boxring

Der Prozess des Hinterfragens schafft das Bewusstsein, damit die Menschen sagen: Ich wäre bereit, das Alte aufzugeben, wenn es etwas Besseres gäbe. Dann macht man erst den Prototypen, probiert ihn in zwei Filialen aus, entwickelt ihn in der dritten und vierten Filiale zur Perfektion, und schließlich etabliert sich das neue Verfahren als Standard im gesamten Unternehmen.

Dass das Entlernen wesentlicher Teil der Innovationsfitness ist, habe ich gerade betont. Aber auch hier sollte man nicht voreilig bewährte Arbeitsweisen aufgeben. Um das Alte schadlos loszulassen, muss ich mir des Neuen gewiss sein. Oder wie der Volksmund sagt: Gieß kein trübes Wasser weg, bevor du frisches Wasser hast. Sonst entstehen im Innovationsübermut plötzlich Probleme, die das Unternehmen ins Schlingern bringen.

Der Moment des Neulernens ist im individuellen Erleben eine Art Krise. Plötzlich der Gedanke: Das Neue funktioniert nicht richtig; das Alte war doch besser. Diese Phase, in der man mit dem neuen Auto über die Kreuzung hoppelt, bis man endlich wieder in Fahrt kommt, diese Phase muss man überwinden. Im Prinzip machen wir tagtäglich genau diese Erfahrung – nämlich beim Gehen. Bei Vorträgen mache ich das gern vor:

Zunächst steht man ganz auf beiden Füßen. Wenn man sich nun bewegen will, dann muss man die Sicherheit aufgeben und einen Schritt nach vorn machen. Man verliert den sicheren Stand. Ein Stoß von der Seite, und man fällt um. Genauso funktioniert Organisationsentwicklung. Man geht immer aus einer sicheren Situation heraus, um einen Schritt nach vorn zu machen. Das fällt vielen Unternehmen sehr schwer. Die bleiben lieber stehen. Sicher ist sicher. Leider kommen sie so auch nicht voran.

Das eigentliche Paradoxon entsteht, wenn man das Ganze weiterdenkt: Denn letzten Endes ist es die Veränderung, die einem die Sicherheit zurückgibt. Man kann das schön vormachen: Es ist wie die Beinarbeit beim Boxen. Der Boxer bewegt sich ständig von einem Fuß auf den anderen, er tänzelt. Sobald er stehen bleibt, haut ihn der andere um. Deswegen muss ein guter Boxer immer in Bewegung sein, denn aus der Bewegung heraus kann er auf jeden Einfluss reagieren, kann einen Schlag abfangen oder kompensieren. Wenn er platt auf beiden Füßen steht, kippt er aus den Pantinen. Genauso ist es im Unternehmen.

Ein Unternehmer steht jeden Tag im Boxring. Management heißt deswegen, den Laden klug in Bewegung zu halten. Man darf ihn nicht auspowern, aber auch nicht erschlaffen lassen. Erfolgreiche Unternehmen müssen die unterschiedlichen Prozesse der Kreativität und Kontinuität permanent koordinieren und in Einklang bringen.

*Erstens kommt es anders, zweitens als man denkt.*
Wilhelm Busch

## Kapitel 8 **Geistesgegenwärtigkeit oder wie man ein wichtiges Ereignis verschläft und fehlerfrei Flöte spielt**

Es wird nicht aus allem, was man tut, ein Erfolg, und hier und dort muss man sich ein wenig durchs Leben schummeln, damit man der Blamage entgeht. So ist das Leben. Im Kern geht es darum, den eigenen Lebensfaden zu finden und aktiv weiterzuentwickeln. In diesem Sinne habe ich permanent an mir gearbeitet. Denn Arbeit ist das Mittel, das Menschsein zu ergreifen – so gut ich konnte, und so weit ich dazu Gelegenheit bekam. Nicht alle Chancen habe ich kommen sehen, nicht alle zeitnah ergriffen. Aber doch habe ich versucht, stets wahrzunehmen, was um mich herum passierte, zu antizipieren, was passieren könnte, und die Gelegenheiten beim Schopfe zu packen.

Der Fall der Mauer war beispielsweise für einen 45-jährigen geschichts- und geografieinteressierten Menschen wie mich ein einschneidendes Erlebnis. Bis dahin hatten meine Generation und auch ich höchstpersönlich in der – scheinbaren – Gewissheit gelebt, dass wir die Wiedervereinigung nicht mehr erleben würden. Als in den Tagesthemen am späten Abend des 9. Novembers 1989 die ersten Meldungen über die Öffnung der Grenzen gesendet wurden, lag ich schon schlafend im Bett. Ich habe das Ereignis schlicht verpennt. Erst am nächsten Morgen hörte ich die Nachrichten und sah die Bilder von den Menschen, die über die Mauer am Brandenburger Tor kletterten.

Hinterher haben einige Schlaumeier behauptet, die Öffnung der Grenzen und später auch die Wiedervereinigung wären logische Folge von diesem und jenem gewesen. Das ist natürlich Quatsch! Wer hätte am frühen Abend jenes 9. Novembers vorausgesagt, dass wenige Stunden später die Mauer fällt? Niemand! Selbst der Tagesthemen-Moderator Hanns Joachim Friedrichs eröffnete seine Sendung noch extrem zurückhaltend: »Guten Abend, meine Damen und Herren. Im Umgang mit Superlativen ist Vorsicht geboten, sie nutzen sich leicht ab. Aber heute Abend darf man einen riskieren: Dieser 9. November ist ein historischer Tag: Die DDR hat mitgeteilt, dass ihre Grenzen ab sofort für jedermann geöffnet sind. Die Tore in der Mauer stehen weit offen.« Die Liveschaltung an den Grenzübergang Invalidenstraße zeigte jedoch noch geschlossene Tore.

Besser kann man nicht verdeutlichen, dass Entwicklungen diskontinuierlich und schubweise verlaufen. Große Ereignisse passieren nicht Schritt für Schritt, sondern sprunghaft, schubweise. Was bis dahin so stabil ausgesehen hatte, offenbarte nun seine tönerne Struktur. Aus einer kurzen, leicht gestammelten Erklärung auf einer Pressekonferenz bildete sich plötzlich eine Eigendynamik mit den heute bekannten Folgen. Es war ein schicksalhafter Glücksmoment: Solch ein geschichtlicher Wendepunkt, ohne dass ein Schuss fällt – wo hat es das schon gegeben.

Es war die erste politische Veränderung in Deutschland, mit der alle umliegenden Staaten einverstanden waren. Auch das war eine neue Erfahrung, die mich als geschichtlich denkenden Menschen sehr berührt hat. Ich bin die nächsten Monate und Jahre fast nur noch durch Ostdeutschland gereist, um dieses nahe und doch so fremde Land kennenzulernen.

Für mich als Unternehmer war diese neue historische Situation eine gewaltige Chance und Herausforderung: Millionen mäßig oder schlecht versorgte Verbraucher und keine wettbewerbsfähige Konkurrenz? Der ganze Handel hat sich über Nacht auf die neuen Bundesländer gestürzt!

Damals waren wir binnen Kurzem in der Lage, 18 Millionen Menschen zusätzlich zu versorgen, ohne dass an anderer Stelle Engpässe entstanden wären. Ein Zeichen unserer Fähigkeit, eine Vielzahl an Gütern und Dienstleistungen hervorzubringen, die weit über das hinausreichen, was wir eigentlich brauchen. Wir lebten damals schon im Überfluss und konnten von einem Tag auf den anderen noch sehr viel mehr produzieren. Wenn ich später auf das Grundeinkommen zu sprechen komme, wird diese Produktivität eine Rolle spielen. Aber damals wusste ich noch nichts von solcherlei Ideen. Politik und Gesellschaft interessierten mich, aber bloß als regelmäßigen Zeitungsleser; ansonsten konzentrierte ich mich auf meine Arbeit als Unternehmer.

Unsere erste ostdeutsche Filiale war in Halle an der Saale, das weiß ich noch wie heute. Wir hatten im Herbst 1990, also kurz nach der Währungsunion, auf einer kleinen Fläche ein Ladenlokal eröffnet. Ich war selbstverständlich persönlich vor Ort und habe von morgens bis abends an der Kasse gestanden, geschaut, reguliert, organisiert, mit den Kunden gesprochen, Ware eingepackt, Einkaufswagen zusammengeschoben – all diese Hilfsdienste erledigt. Da gibt es immer etwas zu tun. Wir machten einen Riesenumsatz. Es war eben – fast wie ganz am Anfang, als wir in Karlsruhe gestartet sind – eine zweite Pionierzeit. Das war eine Sensation für alle.

Und plötzlich hatte es auch Sinn, sich mit Tschechien, mit Slowenien, mit Ungarn zu beschäftigen. Die Welt hatte eine neue Himmelsrichtung bekommen. Früher waren wir nur in

Deutschland und Österreich aktiv gewesen. Ich hatte ganz am Anfang mal zusammen mit einem elsässischen Kollegen eine Filiale in Frankreich eröffnet, die wir aber nach kurzer Zeit wieder schließen mussten. Dabei hatten wir hatten etwas Wichtiges gelernt: Es gibt unterschiedliche Kulturen des Einkaufens. Bis heute gibt es in Frankreich keine Drogeriemärkte, wie wir sie in Deutschland für selbstverständlich halten. Auch in Italien gibt es nichts Vergleichbares. Einzelhandel ist eine Kulturveranstaltung. Als der amerikanische Supermarktriese WalMart nach Deutschland expandieren wollte und die Wertkauf-Kette übernahm, musste er nach wenigen Jahren aufgeben, weil die Deutschen sich nicht mit der amerikanischen Kaufkultur anfreunden konnten.

Nun also blickten wir auf einen Riesenmarkt im Osten, wo Kundinnen und Kunden lebten, die das Drogerie-Discount-Geschäft allerhöchstens aus dem West-Fernsehen kannten. Würden sie sich für unsere Drogeriemärkte begeistern können? Da wir in Österreich großen Erfolg hatten und viele osteuropäische Länder historisch mit dem Kaiserreich Österreich verbunden waren, lag es nahe, diesen Markt von Österreich aus zu erschließen.

dm Österreich hatte sich über die 1980er Jahre hinweg, obgleich rechtlich unabhängig, parallel zu dm Deutschland entwickelt. 1982 hatten wir die Philosophie gemeinsam erarbeitet, zwei Jahre später führte auch dm Österreich als erstes Handelsunternehmen der Branche Scannerkassen ein. 1986 wurden Alnatura-Bioprodukte ins Sortiment aufgenommen. Ende des Jahrzehntes startete dm Österreich jedoch nach und nach eine Reihe ungewöhnlicher Dienstleistungsangebote, die es in Deutschland nicht geben sollte.

Ausgangspunkt für diese Entwicklung war die Kooperation von einem knappen Dutzend österreichischer Unternehmer, die sich Mitte der 1980er Jahre zusammenfanden, um ein »Handelsszenario Österreich 2000« auszumalen. Mein österreichischer dm-Kompagnon Günter Bauer ließ sich davon inspirieren und seine Mitarbeiter analog ein »dm-Szenario 2000« entwerfen. Dabei tauchte die Kernfrage auf: »Wird dm im Jahr 2000 ausschließlich vom Warenverkauf leben oder möglicherweise auch andere Leistungen anbieten?«

Wir in Deutschland teilten die Vision nicht, aber die Kollegen in Österreich waren danach der festen Überzeugung, dass zu dm eine Dienstleistungspalette samt Friseur, Kosmetik und Maniküre gehören müsse. Also eröffnete dm Österreich in einem Markt in Innsbruck testweise eine sogenannte Gesunde Pause: An einer Snacktheke werden knackiger Salat oder eine warme Mahlzeit, Müsli oder Bio-Brötchen mit Aufstrich, frisch gepresste Säfte und andere frisch zubereitete Produkte angeboten, alles an den Jahreszeiten orientiert und möglichst aus biologischem Anbau.

Kurz darauf entstanden die ersten dm-Kosmetikstudios mit drei oder vier Kabinen. Und nochmal zwei Jahre später gab es dann auch den ersten dm-Friseursalon mit sechs bis acht Plätzen. Heute ist dm mit über 200 Salons größter Friseurfilialist in Österreich und mit 110 Studios der größte Kosmetikfilialbetrieb in Österreich. Die Gesunde Pause entwickelte sich weniger dynamisch, aber ebenfalls durchaus erfolgreich. Die Zielgruppe ist sehr speziell, junges, gut verdienendes Publikum mit Appetit auf gesunde, aber schnelle Mahlzeiten. Mittlerweile gibt es die Gesunde Pause an dreißig dm-Standorten. Auch in Deutschland haben wir kurzzeitig mit solchen Dienstleistungsangeboten experimentiert, aber die Kunden haben die Angebote nicht angenommen. Also haben wir diese Strategie nicht weiter verfolgt.

Ab 1993 eröffnete dm Österreich nach gründlicher Vorbereitung erste Filialen in der Tschechischen Republik, Ungarn, Slowenien, der Slowakei und Kroatien. Später folgten dann noch Filialen in Serbien, Bosnien Herzegowina, Rumänien, Bulgarien und Mazedonien. Wir haben angesichts der Länder, in denen wir Filialen eröffneten, manchmal gescherzt: »dm ist die Abkürzung von Donau-Monarchie«. Aber obgleich von Österreich aus inzwischen zehn osteuropäische Länder mit dm-Markten versorgt werden, haben sich die Dienstleistungsangebote allein in Österreich bewährt.

## Ausflüge in fremde Gewässer

In Unternehmensbroschüren werden in der Regel Erfolgsgeschichten erzählt, die von genialer Hand vorausschauend angestrebt wurden. Die Wirklichkeit schaut anders aus. Genauso wie selbst ein erfahrener Reiter unzählige Male vom Pferd fällt, gibt es auch unzählige Missgriffe in der Entwicklung eines insgesamt erfolgreichen Unternehmens.

So habe ich durchaus mal den einen oder anderen Ausflug in fremde Gewässer gemacht und bin dabei lediglich um eine Erfahrung reicher geworden. Als Unternehmer bekommt man ständig verlockend klingende Angebote, wie und wo man noch viel mehr Geld verdienen könnte als mit dem, was man ohnehin tut. Das ist ein bisschen wie beim Fischer und seiner Frau. Sobald Sie irgendwo auf einer Liste der Erfolgreichen stehen, kommen andere und sagen: Du könntest noch mehr Erfolg haben, wenn du dein Geld da und da anlegst. Da bekommst du nämlich 20% Zinsen, nicht 1,5% wie hier bei diesem drögen Zahnpastageschäft. Da gibt es Menschen, die nichts anderes tun, als ständig irgendwem zu erklären, dass sie woanders noch viel mehr verdienen können.

Zum Beispiel gab es in den 1980er Jahren Berater, die meinten, ein Investment in eine Lodenfabrik würde sich lohnen. Ich war ein großer Liebhaber dieses Materials, das ökologisch unbedenklich und doch genauso widerstandsfähig ist wie viele moderne synthetische Stoffe. Also investierte ich Gewinne, die wir in Österreich generiert hatten, in eine Tiroler

Lodenfabrik. Ein paar Jahre später gab es eine internationale Lodenkrise, und das Geld war verloren.

Ähnlich ging es mir mit einer Beteiligung an einem Optikfachmarkt. Über Freunde war die Idee an mich herangetragen worden, dass im Brillenmarkt einiges in Bewegung sei und man mit Optiksupermärkten dem Kunden sehr erfolgreich günstige Angebote machen könne. Der heutige Marktführer Fielmann befand sich damals schon im steilen Aufstieg, und meine Mitgesellschafter meinten, es besser zu können. Ich hatte großes Vertrauen, aber nach relativ kurzer Zeit ging der Idee die Luft aus, und ich habe meine Anteile an die Gesellschafter zurückverkauft. Auf diese Weise habe ich immerhin eindrücklich gelernt, dass man sein Geld am besten dort anlegt, wo man sich auskennt. Schuster, bleib bei deinen Leisten.

Schon vorher meinte ich, einen bislang nicht realisierten Baustein aus meinem ursprünglichen Businessplan doch noch umsetzen zu müssen: Mein Konzept war 1973 im Rahmen meiner damaligen Tätigkeit bei Idro entstanden. Nukleus war dabei die Drogerie Roth, und die bestand aus verschiedenen Geschäftsfeldern. Darunter gab es auch eine durchaus erfolgreiche Kunst-, Mal- und Bastelabteilung. Ich hatte mir damals schon überlegt, wie man diese Abteilung in einem Franchiseverfahren behutsam weiterentwickeln könnte. Nachdem ich bei Idro auf taube Ohren gestoßen war, hatte ich zunächst sehr geschwankt, welche der beiden Geschäftsideen – Drogeriemarkt oder Kunstmarkt – ich realisieren solle. Doch dann war mir angesichts des Wegfalls der Preisbindung klar: Das Drogeriegeschäft muss man gleich machen. Wenn, dann jetzt. Also habe ich mit dm begonnen und die Kunstmarktidee zugunsten der dm-Gründung aufgegeben.

Nun waren etwa zehn Jahre vergangen, und dm war gut aufgestellt. Es fand sich ein engagierter Geschäftsführer, der Lust und Kraft hatte, das zweite Konzept zu realisieren, also gründeten wir »idee kreativ«. 1980 eröffneten wir in Mönchengladbach die erste idee-Filiale, nach und nach folgten kontinuierlich immer mehr Standorte in ganz Deutschland. Doch so richtig kam das Geschäft nicht in Gang. Ich selbst konnte nur vereinzelt Aufgaben übernehmen, ansonsten war ich viel zu sehr bei dm eingebunden. So musste ich darauf vertrauen, dass die Partner das Geschäft zum Laufen brachten. Nachdem die Läden aber ein paar Jahre vor sich hingedümpelt hatten, erklärte ich dem Geschäftsführer schließlich, er müsse sich einen anderen Gesellschafter suchen. Inzwischen ist *idee kreativ* in der Hand eines engagierten Familienunternehmers und seither führender Einzelhändler im Kreativbereich.

Es ist also nicht so, dass meine Unternehmensbiografie nur von Erfolgen gekrönt ist. Es gab auch viel Engagement jenseits von dm, das ich wieder aufgegeben habe. Aber ich wollte mich einfach auf verschiedene Weise betätigen. Und dieser Betätigungsdrang führt einen dann zu Erfahrungen, die man machen muss, um zu wissen, dass das der falsche Weg ist.

Rückblickend steckte in diesen unternehmerischen Nebenengagements auch eine große Portion Übermut und Selbstüberschätzung: Aus dem Erfolg heraus dachte ich wohl, ich könne alles oder jedenfalls mehr, als ich konnte. Gottseidank habe ich das ziemlich bald durchschaut und wurde dadurch für weitere Anwandlungen dieser Art immun.

### »Das bist du! An die Arbeit!«

Journalisten lieben die Frage nach Pleiten, Pech und Pannen, aber leider muss ich die Medienvertreter enttäuschen. Es gibt keine spektakulären Niederlagen zu berichten. Möglicherweise gibt es viele Manager, die sich fragen: Wem habe ich nicht gefallen? Wo habe ich einen Rüffel bekommen? Wo bin ich rausgeflogen? Aber es steckt nicht im Naturell eines Unternehmers, sich damit länger als nötig zu beschäftigen. Als

Unternehmer geht es immer um das Potenzielle, um das Ermöglichen, nicht darum, aufzuzeigen, was falsch läuft. Was falsch läuft, weiß jeder selbst. Wenn etwas misslingt, dann steckt man das weg – als Erfahrung, als Lehrgeld, als Irrtum. Insofern sind die Fragen nach Niederlagen und Fehlern im Grunde für mich nicht relevant. Ich begebe mich auch nicht auf Fehlersuche. Das wäre rückwärtsgewandt. Stattdessen bin ich bewusst zukunftsgewandt auf Lösungssuche.

Die Menschen fragen mich oft, ob ich heute alles noch einmal genauso machen würde. Hoffentlich nicht, antworte ich dann. Kluge Leute machen immer neue Fehler, nur dumme Leute immer die gleichen. Alles, was wir machen, ist suboptimal. Sobald ich eine Aufgabe abschließe, weiß ich schon, wie ich sie beim nächsten Mal besser machen kann.

Fehler sind unvermeidlich, ja, sogar notwendig. Fehler sind konstruktiv, sie korrigieren mich und weisen mir den richtigen Weg. Das ist im Prinzip wie das Anecken, jedes Mal, wenn ich irgendwo anecke, lenkt mich das zurück in die richtige Bahn. Wenn man die Welt mit der Idee von Reinkarnation und Karma betrachtet und einmal über den Tellerrand seines gegenwärtigen Lebens hinaus schaut, dann besteht das Leben aus lauter Aufgaben. Wenn Sie den Tod nicht mehr als Ende sehen und die Geburt nicht als Anfang, sondern als Wandlung eines Aggregatzustandes, dann fühlen Sie sich vom Leben nicht länger ungerecht behandelt, sondern schätzen, was Ihnen widerfährt. Dann verbirgt sich in allem Sinn, auch wenn er sich Ihnen vielleicht nicht auf Anhieb erschließt. Aber mit der Zeit entfaltet sich eine Dankbarkeit dafür, dass alles, was passiert, Folgen in der Zukunft hat. Dann stellt sich ein vergangenes Ereignis in einem anderen Zusammenhang als neue Aufgabe dar. Und jede Aufgabe, die man hat, ob sympathisch oder nicht, ob sie gefällt oder nicht, ist Teil des eigenen Lebens: »Das bist du! An die Arbeit!« Solches Denken erleichtert das Leben sehr. Im Umgang mit Fehlern und Niederlagen kann man vom Sport eine Menge lernen. Wenn man dieses Mal verliert, heißt das nur, dass es im Moment nicht reicht, dass man noch fleißig trainieren muss. Aber vielleicht rudert man jemandem, der im vergangenen Jahr noch schneller war, in diesem Jahr davon. In der Jugend kommt hinzu, dass man mit dem Alter kräftiger wird. Daraus kann man auch als Erwachsener Kraft ziehen. Was dieses Mal nicht klappt, klappt vielleicht beim nächsten Mal. Trainieren, üben, sich anstrengen. Beharrlich im Bemühen.

Etwa beim Rudern. Wollen Sie zum Beispiel eine Strecke von 2000 Metern rudern und schauen vom Start bis zum Ziel, überfällt Sie der Gedanke: Das schaffe ich nie! Wenn Sie sich dann überwunden haben, ist das ein grenzüberschreitendes Erlebnis. Je öfter man das mit zunehmendem Alter erlebt, desto sicherer weiß man: Du bist doch noch immer über die Runden gekommen, schaffst es auch diesmal.

An dieser Stelle verbindet sich die Leistungssporterfahrung aus der Jugend mit der unternehmerischen Disposition. Es gibt keine ausweglosen Situationen. Irgendwo geht es weiter, irgendwie findest du einen Weg. Jemand, der nicht unternehmerisch disponiert ist, der gibt auf.

Vermutlich hat mich genau diese sportliche und unternehmerische Grundhaltung vor großen Krisen bewahrt. Wir hatten bei dm immer eine kontinuierliche Entwicklung ohne wesentliche Rückschläge – und zwar deswegen, weil wir so sensibel für Veränderung waren. Bei einem sensiblen Autofahrer merken die Passagiere gar nicht, dass es durch Kurven und Gefahren geht. Erst wenn der Fahrer zwischendurch nachlässt, sich nicht auf die Fahrt konzentriert, dann kommt es zur Vollbremsung, und das ist dann entsetzlich aufregend. Das sind die Geschichten, die in der Zeitung stehen. Die Geschichte von dm verlief im Wesentlichen wenig aufregend. Wir waren eben alle immer wach. Und wenn der eine träumte, passte der andere auf. Es geht um eine gesunde Geistesgegenwärtigkeit.

Ich schaue auf die Gegenwart, aufs Hier und Jetzt. Deswegen habe ich auch keine großen Antworten auf die immer wieder gern gestellte Frage: Welche Szenarien haben Sie für die Zukunft? Darauf kommt es gar nicht an. Wir müssen uns fragen: Wie lernfähig ist unsere Organisation? Wie gut können wir uns auf das Neue einstellen, wenn etwas Neues passiert? Die Zukunft kommt meistens überraschend. Nicht nur die große internationale Zukunft, Beispiel Wiedervereinigung, auch die kleine unternehmerische und die private Zukunft.

Deswegen lautet die richtige Frage nicht: »Haben wir die richtigen Szenarien?«, sondern: »Sind wir so aufgestellt, dass wir auf alles angemessen reagieren können?« Das ist Führung. Wenn man die Zukunft meistern will, dann kommt es nicht darauf an, dass man zutreffende Szenarien entwickelt, sondern dass man eine Fitness entwickelt für die Veränderungen des Lebens.

Wir machen bei dm am liebsten Mietverträge mit zehn Jahren Laufzeit plus drei mal fünf Verlängerungsoptionen, also mit bis zu 25 Jahren Laufzeit. Und zwar von Anfang an. Andere Handelsunternehmer schauen mich dann mit großen Augen an: »Um Gottes willen, wie können Sie einen solchen Mietvertrag unterschreiben?« Dabei ist die Antwort doch klar. Nein, wir wissen auch nicht, was im Jahr 20, 21, 22 passieren wird. Aber wir wissen, dass wir so aufgestellt sind, dass wir uns zutrauen, auch im Jahr 20, 21, 22 angemessen auf die dann entstehende Situation, die heute keiner kennt, reagieren zu können. Das ist das Selbstbewusstsein eines Unternehmens, wenn es sich in Innovationsfitness übt. Wir schließen einen Mietvertrag auf 25 Jahre ab, weil wir auch im 25. Jahr noch in der Lage sein werden, mit dem Mietvertrag, mit dem Obligo, etwas Vernünftiges zu machen. Da wird uns etwas einfallen. Das war das Schönste nach der Wende: Wenn damals jemand wissen wollte, wie dm in fünf Jahren aussehen wird, konnte ich antworten: Wer so fragt, liest keine Zeitung!

Der Mensch strebt nach Sicherheit. Stellen Sie sich einmal vor, wir hätten 1988 gesagt: In drei Jahren werden wir Läden in Leipzig, Dresden und Rostock haben! Dann hätte jeder gesagt, die spinnen. Oder andersherum: Stellen Sie sich vor, wir hätten im Sommer 1989 einen festen Plan für die nächsten zwei Jahre gemacht. Der wäre zum Jahresende Makulatur gewesen – oder wir hätten an der Realität vorbei gearbeitet. Es gab ja tatsächlich Unternehmen, die nach zwei Jahren immer noch nicht in den neuen Ländern angekommen waren. Ostdeutschland stand nicht in deren Strategiepapieren, gab es also nicht.

## Umsatz ist der Applaus der Kunden

Genauso wie Pleiten, Pech und Pannen lieben die Medien auch Extreme und Eindeutigkeiten. »Mit welcher Entscheidung haben Sie am meisten für Ihre Karriere getan?«, fragte mich einmal ein Journalist. Das ist eine komplizierte Frage, auch wenn sie so scheinbar leichtfüßig daherkommt.

Manche Unternehmer geben solche Aussagen zu Protokoll wie »Nur weil ich x gemacht habe, ist mir y gelungen.« Aber so klar und eindeutig ist es eben im Leben nicht. Oftmals erreichen wir Ziele, die wir gar nicht angestrebt haben. Kolumbus bricht nach Indien auf und entdeckt Amerika. Oder wir stellen fest, dass der Weg spannender ist als das Ziel. Auf dem Weg nach Paris gehen wir über Peine und Pattensen und stellen in Paderborn fest, dass man dort auch sehr gut leben kann. Und in keiner Situation meines Lebens habe ich bemerkt, dass ich gerade einen Meilenstein passiert habe. Immer habe ich erst in der Rückschau erkannt, dass ich in diesem oder jenem Zeitraum wohl an einer Kreuzung gewesen bin. Aber hätte ich wirklich jemals einen anderen Weg einschlagen können?

In der Gegenwart gibt es doch meist nur einen einzigen Weg, den das Individuum gehen kann.

Mit welcher Entscheidung also habe ich am meisten für meine Karriere getan?

Dazu muss man zuerst einmal wissen: Was ist denn überhaupt Karriere? Die meisten Menschen halten den beruflichen Aufstieg in der Unternehmenshierarchie für Karriere. So gesehen, habe ich an dem Tag, als ich dm gründete, das Ende meiner Karriere erreicht; denn seither habe ich keinerlei Aufstieg mehr vollzogen. Ich bin immer der geblieben, der ich damals war – und doch habe ich mich stets weiterentwickelt. Insofern habe ich dann doch »Karriere gemacht«.

Im eigentlichen Wortsinn ist nämlich Karriere, angelehnt an das lateinische Wort »carrus«, Wagen, nichts anderes als eine Fahrstraße. Der Lebensweg. Und für seinen Lebensweg tut man dann am meisten, wenn man sich nicht davon abbringen lässt. Auch sollte man sich stets darum bemühen, die auf dem Lebensweg liegenden Aufgaben exzellent zu erfüllen. Wenn ich das eine tue, während ich eigentlich das andere tun will (zum Beispiel in einer Hierarchie aufsteigen), wird die Arbeit vermutlich nicht besonders gut gelingen. Nur wenn ich mich auf die Aufgabe konzentriere, mich mit ihr wirklich verbinden kann und mein Bestes gebe, wird auch das Ergebnis gut sein können.

Bei allem, was ich tue, lautet doch die einzig relevante Frage: Hat, was ich mache, Sinn? Nicht: Werde ich dafür bezahlt? Oder werde ich dafür befördert?

Insofern war die wichtigste Entscheidung für meinen Lebensweg, dass ich immer nur Aufgaben ergriffen habe, mit denen ich mich identifizieren konnte, bei denen ich mich authentisch erlebte. Viele Menschen spalten sich auf. Sie versuchen, zwei Wege gleichzeitig zu gehen. Auf dem einen tun sie Dinge, die sie tun müssen; auf dem anderen tun sie Dinge, die sie tun wollen. Sie unterscheiden zwischen Arbeitszeit und

Freizeit. Arbeit ist Zwang, Freizeit ist Freiheit. In der Arbeitszeit unterliege ich Weisungen Dritter, in der Freizeit kann ich frei entscheiden, was ich tun will. Diese Selbstbestimmtheit in der Arbeit wiederzuentdecken, das schafft ein großes Stück Freiheit.

Als ich irgendwann das Thema »Grundeinkommen« entdeckte, begriff ich, was wir Menschen antun, wenn wir ihnen ein Grundeinkommen verweigern, obgleich wir es ihnen geben könnten. Ich selbst hatte – und dafür bin ich zutiefst dankbar – immer das Selbstvertrauen, dass es mir gelingen würde, meine Arbeit stets so gut zu machen, dass meine Mitmenschen mich dafür bezahlen. Denn nichts anderes bedeutet es ja, wenn die Kunden nicht irgendwo, sondern bei dm ihre Ware kaufen. Der Umsatz ist der Applaus der Kunden. Und auch die Mitarbeiter kommen zu dm, weil sie dm offenbar für ein Unternehmen halten, in dem und für das es sich zu engagieren lohnt.

## Eine wichtige Lektion: Vier Wochen Mutter

Da wir in der Familie die klassische Rollenaufteilung lebten, meine Frau Beatrice mit sieben Kindern ordentlich zu tun hatte, nahm ich mir keine Zeit für extravagante Hobbys raus. dm brauchte viel Zeit und Kraft. Aber jenseits davon war meine Frau dankbar über jede Unterstützung, die ihr auch einmal einen Freiraum verschaffte. So wurde es für mich eine besondere Selbsterfahrung, als ich einmal vier Wochen mit den Kinder allein war. Viele Männer denken, Hausarbeit und Kinderbetreuung wären locker nebenbei erledigt. Aber damals habe ich sehr schnell gelernt, dass Kinder einen nie loslassen. Wenn ich im Büro bin, kann ich problemlos sagen: Ich möchte jetzt eine Stunde nicht gestört werden. Dann werde ich eine Stunde nicht gestört. Wenn ich morgens ins Büro komme, liegt der Bleistift noch genauso auf dem Schreibtisch, wie ich ihn abends liegen gelassen habe. Aber mit Kindern ist das anders. Cornelia und Christoph, die beiden ältesten, waren damals schon aus dem Haus. Blieben die fünf kleineren Kinder: Bettina war 12, Michaela 7, Johanna 5, Sonja 3 und Matthias, der Kleinste, hat noch in die Windeln gemacht.

Die Lektion, die ich dank der vorübergehenden Abwesenheit meiner Frau gelernt habe, heißt: Als Mutter musst du pausenlos präsent sein. Irgendetwas ist immer. Wenn das eine Kind zufrieden ist, dann hat das andere ein Problem. Man kann sich auf nichts vorbereiten; alles passiert, wie es passiert. Man kann keine Arbeit liegen lassen oder auf morgen verschieben. Es gibt keinen Plan, den man abarbeitet und bei dem man sich am Ende auf die Schulter klopft, wenn alles geklappt hat. Denn es klappt nichts. Nie ist etwas fertig. Muttersein hört nie auf. Ich hatte mir einen großen Stapel Bücher bereitgelegt, die ich alle in Ruhe lesen wollte. Das war ein großer Irrtum. Meine Frau kam zurück, und die Bücher waren noch nicht einmal aufgeschlagen, geschweige denn gelesen. In diesen vier Wochen habe ich sehr großen Respekt vor der Arbeit aller Mütter bekommen.

Seither verstehe ich auch, wenn Mütter wieder zurück in den Beruf wollen. Sie bekommen die Kontrolle über ihr Leben zurück, und sie arbeiten in der Gemeinschaft. Zu Hause bin ich immer auf mich selbst zurückgeworfen. Die Kinder führen einem ständig vor Augen, wie unvollkommen man eigentlich ist. In der Gemeinschaft habe ich die Möglichkeit, über mich hinauszuwachsen, und bekomme unvergleichlich viel Anerkennung für meine Arbeit. Logisch, dass viele Mütter wieder die Berufstätigkeit suchen.

Später bin ich in den Faschingsferien immer mit den Kindern zum Skilaufen ins Berner Oberland gefahren. Diese eine Woche hatte meine Frau dann für sich allein. Für die Kinder und mich war das ein wunderbares Abenteuer. Die Kinder durften ihre Freunde mitnehmen, so dass wir manchmal als große Horde unterwegs waren. Morgens sind wir früh gestartet, um den ganzen Tag Ski zu fahren – egal ob blaue, rote oder schwarze Pisten. Das war der spaßige Teil. Das Drumherum war eher spartanisch. Aufräumen und Putzen fällt mir nicht schwer, aber zum Koch tauge ich nicht. Also mussten die Kinder sich mit belegten Brötchen und einfacher Kost begnügen und wussten hinterher die gute Küche ihrer Mutter umso mehr zu schätzen.

Die Gartenarbeit rund ums Haus betrieb ich bemüht, aber ohne spezifische Ambitionen. Und ich freute mich auch an der gemeinsamen Hausmusik, die wir in unserer Familie mit großer Liebe pflegten. Aber wenn andere Leute gelegentlich ihre Hobbys aufzählten, winkte ich immer schnell ab. Auch beim neusten Klatsch aus der bunten Medienwelt konnte ich nicht mitreden. Um fernzusehen, hatte ich nie genug Zeit. Gelegentlich schalte ich mal im Hotel den Fernseher ein und staune, was einem da alles geboten wird. Aber es ist nichts darunter, was in meinem Leben eine Rolle gespielt hätte.

Bei mir haben sich Beruf und Freizeit immer verwoben. Einmal habe ich mit meinen beiden großen Kindern eine Radtour die Mosel entlang gemacht. Da war es für mich gar keine Frage, dass wir unterwegs auch die dm-Filialen in Trier und in Koblenz besucht haben. So konnte ich das Angenehme mit dem Nützlichen verbinden. In Koblenz hatte eines unserer Räder einen Platten. Da sind wir dann kurzerhand ebenfalls in die nächstgelegene dm-Filiale gestapft und haben dort den Fahrradschlauch geflickt. So schnell wird aus einer dm-Filiale eine Fahrradwerkstatt!

Als Christoph noch klein war, habe ich ihn immer in den Kindergarten gefahren und auch wieder abgeholt. In der Pilotphase der Scannerkassen hatte ich von Karlsruhe aus die Filialleitung in Ettlingen übernommen, wo wir eine der Testinstallationen laufen ließen. Auf dem Heimweg sind Christoph und ich dort regelmäßig vorbeigegangen, um die Geldkassette abzuholen und zur Bank zu bringen. Sie können sich vermutlich gar nicht vorstellen, wie schön man mit so einer Geldkassette Musik machen und damit einen kleinen Jungen beglücken kann!

Eines Tages war mir entgangen, dass der Kindergarten schon Ferien hatte, und so stand ich morgens unerwartet vor verschlossenen Türen. Was sollte ich tun? Ich nahm den Buben einfach mit ins Büro in der Carl-Metz-Straße. Es dauerte nicht lange, bis sich der Kleine entsetzlich langweilte. Da fiel mir ein, dass die Maschinenfabrik Carl Metz im Nachbargebäude unserer Zentrale Feuerwehrgeräte herstellte. Das musste doch was für einen kleinen Jungen sein! Kurzentschlossen ging ich mit Christoph an der Hand nach nebenan, und tatsächlich durfte ich mit ihm eine Werksbesichtigung machen. Keine Ahnung, wer mehr Spaß an der Sache hatte. Denn Metz baute damals die größten Löschfahrzeuge der Welt, unter anderem für den Frankfurter Flughafen, der Rettungskorb hing am Ende einer hydraulischen 53 Meter langen Leiter. Während Klein-Christoph staunend unten stand, kletterte ich die Leiter bis ganz nach oben.

## Biographiearbeit mit der Querflöte

In dieser Weise waren Beruf und Hobby für mich immer verwoben. Deswegen habe ich die Begriffe Arbeitszeit und Freizeit schlicht aus meinem Wortschatz gestrichen und durch das Wort Lebenszeit ersetzt. Wer sein Hobby zum Beruf macht, muss nie wieder arbeiten gehen. Egal ob Arbeits- oder Freizeit – man ist doch immer Mensch, und immer derselbe. Alles andere ist doch sehr zweifelhaft: Warum sollte jemand den Bundestag wählen, Auto fahren, Kinder erziehen und alles andere tun, wie er will; aber wenn er seinen Job macht, muss er seine Persönlichkeit und seine Meinung an der Garderobe abgeben und ist nur noch Befehlsempfänger. Das ist schizophren. Und diese Spaltung will ich weder für mich noch für irgendeinen anderen Menschen auf der Welt.

Warum arbeiten wir? Darüber denken die meisten Menschen viel zu wenig nach. Dabei verbringen sie den Großteil ihres Lebens mit Arbeit. Manche klagen: Ich lebe doch nicht, um zu arbeiten! Aber warum denn dann? Bei der Beschäftigung mit solchen Fragen hat mir wieder die Anthroposophie viele wesentliche Anregungen gegeben. Über Hellmuth J. ten Siethoff entdeckte ich die anthroposophische Biographiearbeit, deren maßgeblicher Wegbereiter der bereits erwähnte Psychologe und Organisationsentwickler Bernard Lievegoed war. Er hatte festgestellt, dass das biographische Gespräch ein Bestandteil jeglicher Therapie ist.

In seinem heilpädagogischen Institut, Netherlands Pedagogical Institute – NPI, entwickelte Lievegoed deswegen die Biographiearbeit systematisch weiter. Im Kern geht es dabei – im eigentlichen Wortsinne – um die »Entwicklung« einer Person, die sich im Suchen, Finden und Überwinden von Widerständen vollzieht. Wir stoßen innerhalb unseres Lebens auf einen Widerstand oder akzeptieren eine bestehende Situation nicht, weil wir darin keine Zukunftsperspektive erkennen. Aus der konstruktiven Unzufriedenheit heraus verändert sich der Widerstand in eine Entwicklungschance. Was gerade noch ein Problem war, entpuppt sich plötzlich als »Entwicklungshelfer«. Man verliert die Angst vor der ungewissen Zukunft, die scheinbare Leere verwandelt sich in einen offenen Raum, den wir mutig und entschlossen betreten können, um unseren individuellen Lebensweg weiterzugehen. Als »werdender«, sich entwickelnder Mensch müssen wir uns immer wieder in Frage stellen, das Alte zugunsten des Neuen auflösen.

Es braucht Zeit und Ruhe, um sich selbst zu reflektieren und sich des eigenen Wegs, der eigenen Karriere bewusst zu werden. Vor allem aus Krisenzeiten an Wendepunkten des Lebens können wir gestärkt hervorgehen, wenn wir uns ihnen bewusst stellen. Indem wir unseren Lebenslauf betrachten, können wir uns unseren Entwicklungsweg bewusst machen, die Themen und Motive des eigenen Lebens entdecken und den Blick für die Einbettung des eigenen Lebens in einen größeren Zusammenhang trainieren.

Biographiearbeit bedeutet, den persönlichen Entwicklungsweg bewusst zu gestalten und sich in Selbsterziehung zu üben. Dazu muss man sich auch mit dem eigenen Charakter beschäftigen. Ich bin ein sehr impulsiver, willensstarker Mensch, der seine Entscheidungen sehr konsequent umsetzt. In der Pionierphase des Unternehmens war das von großem Vorteil. Doch im Laufe der Jahre musste ich lernen, mich stärker zurückzuhalten, damit ich die anderen Menschen nicht überwalze. So habe ich permanent auch an mir selbst gearbeitet.

Als mich im August 2011 der Kabarettist Tobias Bücklein in seine Konstanzer Bühnenshow einlud, bat er mich, wie alle anderen Bühnengäste etwas Musikalisches zu präsentieren. Als kleiner Bub hatte ich Blockflöte gelernt. Als 36-jähriger Unternehmer fasste ich eines Tages den Vorsatz, dass ich als willensgetriebener Mensch mit klaren Vorstellungen daran arbeiten müsse, mein Herz zu öffnen. Deswegen wollte ich durch das Musikalische bewusst meine Gefühlsseite kultivieren. Das Blockflötenspiel schien mir wenig attraktiv. Auf der Suche nach einem geeigneten Instrument erinnerte ich mich daran, dass, wenn ich damals zum Unterricht ging, vor mir immer gerade jemand aus dem Querflötenunterricht kam. Das hatte mir gut gefallen. Also besorgte ich mir eine Querflöte, nahm Unterricht und übte konsequent, wenngleich das für meine Familie sicherlich kein großer Ohrenschmaus war. Später musizierte ich oft auch zusammen mit meiner Frau, die ebenfalls Querflöte spielt. So haben wir beispielsweise öfter unser Töchterchen Bettina im Duett in den Schlaf geflötet. Das war sehr süß. »Ihr sollt die Querflöte spielen, sonst kann ich nicht schlafen.«

Auch bei unseren familiären Hausmusikabenden spiele ich gelegentlich Querflöte, aber für einen Auftritt vor größerem Publikum fühlte ich mich keineswegs sicher. Ich suchte ein Stück von Händel, das ich schon mal halbwegs sicher spielen konnte, und begann zu üben. Doch die Zeit raste, und der Termin für den Gastauftritt im Kabarett kam immer näher, ohne dass ich das Stück sicher beherrschte. Meine Frau mahnte mich, und ich quälte mich. Doch es half nichts. Die Töne klangen gequetscht und schrecklich. Da kam Beatrice auf die wunderbare Idee, ich könne doch so gut pfeifen und das würde ich ohne Unterlass üben, weil ich, ganz gleich wo ich gerade wäre, immer gern ein Liedchen auf den Lippen hätte. Im Prinzip könnte ich ganze Beethoven-Sinfonien pfeifen. Die Idee gefiel mir, schließlich drohte mir eine ziemliche Blamage, sollte ich mit der Querflöte auftreten. Also griff ich das Notenblatt und übte fortan das Pfeifen.

Es kam der Tag des Auftritts. Bevor sich Tobias Bücklein ans Klavier setzte, auf dem er seine Gäste begleitet, forderte er mich auf, die Flöte auszupacken. »Oh«, sagte ich, »die habe ich ganz vergessen.« Ich hatte ihn bewusst nicht vorgewarnt, sonst wäre er womöglich auf die Idee gekommen, mich zur Querflöte zu verdonnern. So aber musste Bücklein improvisieren: »Hm, wie können wir es dann machen?« Und hoffte vielleicht, dass sich irgendwo hinter den Kulissen auf die Schnelle eine Querflöte finden ließe. Da sagte ich schnell, als wäre es mir gerade in den Sinn gekommen: »Ich könnte es pfeifen!« Und genauso machten wir es, ich war gerettet, und die Sache wurde ein wunderbarer kleiner Erfolg, den man jetzt sogar noch bei Youtube findet.

*Wenn »Mitarbeiter führen« bedeutet, die Leistung anderer zu ermöglichen, dann zielt das immer auf unternehmerisches, selbstverantwortliches Handeln.*

Reinhard K. Sprenger

# Kapitel 9 **Dialogische Führung oder wie ich endlich sehen lernte und aufhörte, den Mitarbeitern Anweisungen zu geben**

Die Lernschritte, die dm im Laufe der Jahrzehnte vollzog, verliefen in keinster Weise kontinuierlich, sondern sprunghaft. In der Regel wurde uns erst im Nachhinein klar, dass wir gerade wieder etwas Wesentliches gelernt oder geändert hatten. Insofern fanden wir die Begriffe für die Entwicklung von dm immer erst in der Rückschau. In der Reflexion unserer Unternehmenskultur zusammen mit Hellmuth J. ten Siethoff stießen wir erstmals auf die »drei Phasen dynamischer Organisationsentwicklung«, wie sie Bernard Lievegood in seinem Institut NPI entwickelt hatte. Demnach startet ein Unternehmen mit der *Pionierphase*, kommt dann in die *Differenzierungsphase* und mündet schließlich in die *Integrationsphase*.

In der Pionierphase steht und fällt alles mit dem Unternehmer, der als Hansdampf in allen Gassen unterwegs ist und das Chaos durch Charisma in Zaum hält. Ganz sicher waren die 1970er Jahre bei dm in dieser Weise von mir geprägt gewesen. Erst mit dem Wachstum begann ich, Aufgaben und Verantwortung abzugeben, es bildeten sich spezielle Abteilungen mit Fachleuten, die besser Bescheid wussten als ich. Da waren wir im Laufe der 1980er Jahre angelangt. Wir steckten mitten in der Differenzierungsphase mit all ihren Ambivalenzen. Denn einerseits war es natürlich richtig, Fachabteilungen zu schaffen, die eigene Kompetenzen herausbildeten. Andererseits lief man dadurch Gefahr, dass die gerade erst geschaffenen Strukturen in Windeseile erstarren. Man bringt alles in Ordnung, und schon steckt man im Gefängnis der formalen Arbeitsteilung. Die Mitarbeiter sind nur noch für dies zuständig, nicht aber für jenes. Sie tragen Scheuklappen, die ihren Blick auf ihr spezifisches Arbeitsfeld verengen, rechts und links bleibt die Arbeit unbeachtet und unerledigt. Zahlreiche Unternehmen kommen über diese Phase nicht hinaus. Der visionäre Gründer ist überfordert, fühlt sich in den großen Strukturen nicht mehr wohl, kann das Ganze nicht mehr überblicken. Die Mitarbeiter verharren in ihren Positionen, statt Kooperation gibt es Konkurrenz. Am Abteilungsdenken zerbricht die Gemeinschaft. Meist heißt die Lösung: umstrukturieren. Man bricht die »alten« Strukturen auf und schafft neue. Dummerweise bleibt das Prinzip das gleiche: alter Wein in neuen Schläuchen. Weiterhin denkt und handelt jede Abteilung für sich, es findet sich kein neuer Unternehmenszusammenhalt. Das Schiff gerät ins Schlingern.

Auch dm steckte in dieser Dynamik. Das Wachstum war gewollt und geplant. Als ich 1973 startete, machte ich nicht einen Laden auf, sondern den ersten. Anfangs hatte ich alles noch selbst in der Hand, kümmerte mich um jedes Detail. Aber als zu dem ersten der zweite und nach und nach weitere Filialen hinzukamen, fragten wir uns schnell, wie man ein solches Unternehmen führt. Das taten wir nach der Eröffnung des zweiten Ladens genauso wie nach der Eröffnung des zwanzigsten. Als wir etwa dreißig oder vielleicht vierzig Filialen hatten, Ende der 1970er Jahre, war klar, dass wir die Führungsfrage nicht mehr allein beantworten können, sondern deutlich professioneller werden mussten. So kam dann Hellmuth J. ten Siethoff ins Spiel. Auch die Marketingprofis, mit den wir zusammenarbeiteten, haben uns immer wieder wesentliche Fragen gestellt, die uns zur Reflexion zwangen: Wie funktioniert denn euer Geschäft? Warum macht ihr dies, warum das? Wie sollen wir das an die Kundschaft kommunizieren und wie an die Mitarbeiter?

Insofern war die Reflexion unseres Tuns, unserer Organisation und unserer Führungskultur von Anfang an ein wesentlicher Teil unserer Entwicklung. Im Nachhinein erzählt sich so etwas in wenigen Sätzen, aber im realen Leben war diese Entwicklung ein mühsamer, kleinteiliger Prozess. Genauso wie man zwischen der Einschulung und dem Schulabschluss auch viele Jahre Tag für Tag und Unterrichtsstunde für Unterrichtsstunde absolvieren muss.

Zum Beispiel machten wir Anfang der 1980er Jahre, als wir die ersten Führungsseminare durchführten, mit den Mitarbeitern kleine Übungen, mit denen die Spannungen, die sich da zwischenzeitlich zwischen den Kollegen und Vorgesetzten aufgebaut hatten, thematisiert werden sollten. So bekamen die Seminarteilnehmer irgendwann einmal die Aufgabe, das Verhältnis zwischen den Bezirks- und den Filialleitern spielerisch darzustellen. Die Arbeitsgruppe rund um den jungen, selbstbewussten Erich Harsch ließ dafür den Raum abdunkeln, aus den Lautsprechern erschallte der Westernklassiker *Spiel mir das Lied vom Tod*. Dann betrat der Bezirksleiter Johnny Kontroletti im Ledermantel und mit Knüppel in der Hand die Bühne, während vor ihm auf dem Boden der Filialleiter auf Knien herumrutschte. Das war unmissverständlicher, szenischer Protest gegen die offenbar gar nicht rosigen Verhältnisse.

In der Tat hatten wir immense Probleme. Nicht als Ganzes. Dem Unternehmen dm ging es wirtschaftlich immer gut. Aber die einzelnen Mitarbeiter hatten streckenweise große Probleme. Der Bezirksleiter galt als »Zampano«, der alles allein entschied. Der traf sich mit seinen Mitarbeitern nicht, um mit ihnen Dinge zu besprechen und gemeinsam zu entscheiden, sondern um ihnen mitzuteilen, welche Entscheidungen er getroffen hatte. Jeder Bezirksleiter hatte etwa sieben Filialen zu betreuen. Mit zunehmendem Wachstum brauchten wir immer mehr Bezirksleiter. Selbst regionale Sitzungen, in denen sich die Bezirksleiter in kleineren Fragen abstimmen sollten, bestanden bald aus 15 oder mehr Personen. Immer fehlte einer. Immer war irgendeiner krank oder im Urlaub. Immer gab es jemanden, der irgendwelches Wissen aus einer anderen Region in die Runde trug, das alles durcheinander brachte. Also führten wir eine weitere Hierarchiestufe ein, den Gebietsverkaufsleiter.

Und je größer wir wurden, desto komplexer wurde die Situation. Und dann konnte es vorkommen, dass der Filialleiter heute von seinem Bezirksleiter die Anweisung A bekam, morgen aber die Zentrale die Anweisung B gab und am dritten Tag der Gebietsverkaufsleiter Anweisung C übermittelte. Als wir 350 Filialen hatten, war klar, dass es für die Geschäftsleitung nicht mehr zu schaffen war, jede Filiale mehr als einmal im Jahr zu besuchen. Die Frage, die sich schier aufdrängte, war: Wie bewältigen wir weiteres Wachstum, ohne dass wir eine Hierarchiepyramide bis zum Himmel aufbauen?

Dazu kamen noch weitere Differenzierungen. So schufen wir für das anspruchsvolle Thema Kosmetik eine zentrale Abteilung Kosmetikberatung, also Mitarbeiterinnen, die durch die Filialen tingelten, um vor Ort mit Rat und Hilfe zur Seite zu stehen. Aber auch die entwickelten sich schnell von Beraterinnen zu Kontrolleurinnen. Es war wie bei Goethes Zauberlehrling: »Die ich rief, die Geister,/Werd' ich nun nicht los.« Alles wurde immer komplizierter und verzweigter, und jede Lösung schien die Lage noch schwieriger zu machen. Die ständige Expansion zwang uns, die Organisationsfrage sehr bewusst zu stellen.

Wir hatten uns ja schon die ganzen letzten zehn Jahre mit

Führungsfragen beschäftigt. Wir hatten 1982 die Unternehmensphilosophie in Zell am See formuliert. Wir hatten unser Menschenbild hinterfragt und uns über die Gesetzmäßigkeiten eines sozialen Organismus' Gedanken gemacht. Aber im Kern waren wir immer noch der Meinung, dass ein Unternehmen vor allem etwas hierarchisch Strukturiertes ist: Oben wird gedacht, unten wird gemacht. So haben wir uns eben auch nur in der Zentrale über Führungsfragen Gedanken gemacht, haben unsere Ideen immer mehr perfektioniert und dann versucht, diese brillanten Erkenntnisse in allen Filialen gleichermaßen umzusetzen. Wir wollten, dass alles gleich läuft, möglichst gleichgeschaltet und zentralistisch gesteuert. Wir haben gewissermaßen in der Führungsarbeit mit Hellmuth J. ten Siethoff gedanklich aufgerüstet, damit es noch besser gelingt, dass eine Filiale wie die andere aussieht. Das war eine unglaubliche Diskrepanz zwischen dem, was wir dachten, und dem, was wir taten. Denn dieser Wunsch nach Kontrolle und Einheitlichkeit setzte ja Befehl und Gehorsam voraus. Eigeninitiative hingegen ist ein Risiko, da ist eben nichts sicher und gleichgeschaltet.

## Die Illusion der Gleichheit

Wir lebten in der Illusion, dass im Unternehmen alle gleich sein könnten. Wir hatten vergessen, dass wir schon von der physischen Struktur her gar nicht von gleichen Voraussetzungen sprechen konnten, weil wir eben nicht lauter gleiche Filialen hatten: Grundrisse, Länge, Breite, Verkaufsfläche – alles verschieden. Wir hatten keine gleichen Filialen, aber eine Gleichheitsmanie. Genauso unterschiedlich wie die Filialen waren die Mitarbeiter und natürlich auch die Kunden. Auch die Umsätze waren sehr verschieden; genauso wie die Wettbewerbsverhältnisse. Man meint, man verkaufe überall das

Gleiche, die gleichen Artikel zu den gleichen Preisen mit der gleichen Werbung und alle haben die gleichen Einkommen und so weiter. Aber wir lebten in einer Illusion. Die Wirklichkeit war ganz anders.

Einerseits hatten wir die Vorstellung, in allen Filialbetrieben könne alles 1:1 laufen, alles sei total identisch, bloße Reproduktion des Immergleichen. Andererseits hatten wir in unseren Führungsrunden das Ideal herausgearbeitet, das Unternehmen so zu gestalten, dass jeder im Sinne des Ganzen intelligent handeln kann. Es war ein Spagat, den wir da hinlegen mussten, der uns fast zerriss.

Ab 1987 spürten wir, dass es nicht mehr ganz so rasant weiterging wie in der Vergangenheit, dass das Unternehmen stagnierte. Wir konnten das an der Umsatzentwicklung genauso ablesen wie an der Flächenentwicklung. Wir machten damals mehr Filialen zu, als wir eröffneten.

Wir verhielten uns wie die Gelehrten bei Galileo Galilei, die sich weigerten, durch sein Teleskop zu schauen, als er ihnen die Monde zeigen wollte, die um ferne Planeten kreisen. Die Monde waren der Beweis, dass nicht die Erde im Mittelpunkt aller Planeten stehe. Aber die Gelehrten hatten so viele Jahre studiert und meinten alles zu wissen, was man wissen könne. Die Wirklichkeit, die ihnen Galilei präsentierte, entsprach nicht ihrer Vorstellung von Wirklichkeit, also räsonierten sie darüber, wie Galileis Fehler zustande käme, statt einfach die Augen zu öffnen und die Fakten zu erkennen.

Je mehr wir uns dazu entschließen konnten, hinzusehen und die Wirklichkeit wahrzunehmen, desto weniger konnten wir uns der Tatsache verschließen, dass all unsere Gleichheitsvorstellungen bloß Illusion waren.

Es kam uns in dieser Zeit zugute, dass wir im Zuge unserer Beschäftigung mit Führung auch zahlreiche Wahrnehmungsübungen gemacht haben. Später, in der zweiten Hälfte der 1990er Jahre, haben wir auch das professionalisiert und sind mit Professor Michael Bockemühl, einem Kunsthistoriker, einmal im Jahr ein paar Tage auf Reisen gegangen. Wir waren in London, in Amsterdam, in Weimar und an vielen anderen kulturell bedeutenden Orten.

Besonders in Erinnerung geblieben ist mir die Reise nach Florenz, wo wir uns eingehend mit Michelangelos Werken beschäftigt haben. Wir standen in der Galleria dell' Accademia vor dem David, und Bockemühl erklärte: »Der typische Mona-Lisa-Tourist schaut acht Sekunden auf die Mona Lisa. Sie haben jetzt die Aufgabe, den David dreißig Minuten zu betrachten. Es darf nicht geredet werden.«

Sie ahnen, wie lange dreißig Minuten werden, wenn man dabei nur auf ein einziges Kunstwerk blicken darf. Irgendwann hörte man den ersten Fuß klopfen. Nach einer gefühlten Ewigkeit, also vielleicht nach zehn Minuten, wurde es Professor Bockemühl zu bunt: »Ich habe zwar gesagt, Sie dürfen nicht reden, aber ich habe nicht gesagt, Sie dürfen sich nicht bewegen.«

Also haben alle eifrig begonnen, um die Skulptur herumzulaufen, und siehe da: Plötzlich gab es erste Entdeckungen, und die halbe Stunde verging wie im Flug. Später haben wir an dieser Erfahrung den Unterschied herausgearbeitet, was es bedeutet, einen festen Standpunkt einzunehmen und etwas gemeinschaftlich von allen Seiten zu betrachten.

## Sehen lernen

So ähnlich erging es uns in dieser Situation Ende der 1980er Jahre, Anfang der 1990er Jahre. Wir lernten sehen. Bis dahin hatten wir immer den idealtypischen Drogeriemarkt vor Augen gehabt. Davon gab es sogar Pläne. Aber in Wirklichkeit gab es ihn eben nicht. Nicht ein einziges Mal. Irgendetwas war immer anders.

Und dann haben wir begonnen, diesen Absolutheitsanspruch zu hinterfragen. Warum soll es eigentlich überall gleich sein? Der Kunde sieht doch sowieso nur eine Filiale! Kein Kunde verhält sich so wie die Geschäftsführung; kaum einer schaut sich mehr als eine Filiale an. Und selbst wenn, dann schaut er auf die Ware, nicht auf die Regale. Er kauft in seiner Filiale ein und fertig. Dem ist es völlig schnurz, was in Konstanz los ist, wenn er in Stuttgart einkauft.

Und wenn sich ein Kunde bei mir über die Filiale in Konstanz beschwert, dann hilft dem der Hinweis nichts, er solle doch bitte in Stuttgart oder Trier einkaufen. Da sei alles super … – Das Drogeriegeschäft ist ein lokales Geschäft. So muss man das auch denken!

Mit der Wahrnehmung kam die Evidenz: So kann es nicht weitergehen! Die Idee der Veränderung war quasi überreif; sie wartete nur auf den Moment, an dem sie vom Baum fallen konnte.

Eines der Schlüsselerlebnisse, aus denen ich lernen durfte, passierte in der Filiale in Ettlingen. Wir verkauften damals Parfüm und Kosmetik aus dem grauen Markt, das heißt, wir bezogen die Ware nicht über die üblichen Handelswege, weil die Hersteller ihre hochwertigen Parfüms und klassische Kosmetik nur an Depositäre lieferten. Als Drogerie-Discounter wollten wir auch solche Produkte verkaufen, aber zu günstigeren Preisen, weswegen die Hersteller uns einfach nicht belieferten. Deswegen beschafften wir uns eine Zeit lang die Ware durch Re-Import, kauften sie im Ausland zu günstigen Preisen und importierten sie nach Deutschland, um sie hier wieder zu verkaufen. Das ist legal, aber man macht sich damit bei den Herstellern nicht sonderlich beliebt. Das ist bis heute so geblieben, aber wir haben den Handel über den grauen Markt bald wieder eingestellt. Es hat keinen Sinn, mit Lieferanten zusammenzuarbeiten, die einen nicht beliefern wollen. Das ist wie in allen Bereichen des Lebens: Wenn der Partner nicht will, dann sollte man irgendwann die Finger davon lassen.

Damals hatten wir auf diese Weise also ein kleines, feines und überaus attraktives Edelsortiment, welches wir durch eine Theke verstellten, damit der Kunde die Ware ausnahmsweise nicht selbst aus dem Regal nehmen konnte. Bei einem Besuch in der Ettlinger Filiale stand ich mit einer Kollegin vor dieser Theke und lehnte mich im Gespräch leicht dagegen. Da merkte ich, dass sie meinem Gewicht nachgab und allmählich in Richtung Regal rutschte. »Das ist ja prima«, sagte ich scherzend zur Filialleiterin, »wenn man sich lange genug anlehnt, kann man irgendwann doch ins Regal greifen.«

Sie fand das gar nicht lustig: »Ja, das ist auch schon häufiger vorgekommen.« Offenbar hatte der eine oder andere Kunde sich da in ungesetzlicher Weise selbstbedient. Verwundert entgegnete ich deswegen: »Aber warum haben Sie die Theke dann nicht festgemacht?«

Da schaut mich die Filialleiterin traurig an: »Was soll ich denn machen? Das habe ich schon vor vier Wochen dem Bezirksleiter gesagt, aber der ist noch nicht dazu gekommen.«

In diesem Moment ist bei mir der Groschen gefallen: Die Filialleiterin erkennt das Problem. Trotzdem wird das Problem nicht gelöst, weil es irgendwo in der Hierarchie hängen bleibt. Dabei wäre es kein Problem gewesen, die Theke wieder zu befestigen – auch für die Filialleiterin selbst ein Kinderspiel. Bei sich zu Hause in der Wohnung hätte sie vermutlich binnen Minuten den Werkzeugkasten aus dem Keller geholt und die Schrauben festgezogen. Aber hier im Laden glaubte sie, diese Art von Arbeit nicht einfach tun zu dürfen, da es Aufgabe des Bezirksleiters ist, dies zu veranlassen. Das musste sich ändern!

Mit einem Schlag war mir glasklar: Wir müssen dafür sorgen, dass die Filialleiterin als die Verantwortliche die Filiale führt – egal was zu tun ist. Die Filialleiterin muss selbst die Verantwortung tragen und spüren, dass es auf sie ankommt. Und das heißt: Wir müssen unsere ganze Organisation anders aufziehen.

Dieser kurze Moment an der rutschenden Theke war der Anfang für eine kleine Revolution bei dm, wenngleich wir uns in den letzten Jahren schon stetig in genau diese Richtung bewegt hatten. Das war keine wirkliche Strategie, sondern die logische Folge all dessen, was wir in den Jahren zuvor gedacht und getan hatten. Der Apfel war gereift und fiel jetzt vom Baum. Aber nun veränderte sich das ganze System. Wir bauten die Organisation um und gaben unserer Führungskultur eine neue Richtung. Wir begannen etwas, das wir bald »Dialogische Führung« nannten.

Das Führungsmodell, wie es in der überwiegenden Zahl der Betriebe praktiziert wird, funktionierte nach diesem Eisenhowerschen Prinzip, das sinngemäß meint: Führen heißt, den anderen dazu zu bringen, dass er tut, was ich will, und meint, er hätte es selbst gewollt.

Bei Licht betrachtet ist das pure Manipulation. Demnach ist derjenige erfolgreich, dem es am besten gelingt, andere Menschen zu manipulieren. So kann man natürlich auch leben. Die Frage ist, ob man solches Leben vor anderen und vor sich selbst rechtfertigen will und kann. Ich rede manchmal bei Vorträgen vom Jüngsten Gericht. Da gibt es dann oft Zwischenrufe, das gäbe es gar nicht. Mag sein. Aber ich würde vorsichtigerweise davon ausgehen.

Die neue Führungskultur haben wir gemeinsam mit den beiden Wissenschaftlern Karl-Martin Dietz und Thomas Kracht vom Friedrich-von-Hardenberg-Institut für Kulturwissenschaften in Heidelberg entwickelt. Den Namen »Dialogische Führung« haben die beiden Berater erst im Jahr 2002 dafür gefunden, als sie ein Buch darüber schrieben. Der Entwicklungsprozess startete im Hardenberg-Institut genauso wie bei dm schon etwa zwanzig Jahre vorher.

Ziel war es, eine Führungskultur zu etablieren, in der Mitarbeiter aus eigener Einsicht und in eigener Verantwortung handeln. Ein solches Verhalten setzen Sie nur mit der Warum-Frage in Gang. Der Farbumschlag, dass eine andere Tingierung stattfindet, passiert in dem Moment, wo man die Frage »Warum machen wir das?« stellt. Dann entzündet sich Bewusstsein: »Ich mache das, weil ich weiß, warum ich das mache.« Dann ist der Gedanke nicht mehr außerhalb von mir, dann ist er in mir. Das Denken wird internalisiert, erst in der Organisation und dann in jedem Einzelnen. Wenn sich in einem Menschen Bewusstsein bildet und er erlebt, dass er etwas aus eigener Einsicht macht, dann ist sein Handeln authentisch.

Das griechische Wort »Logos«, das in dem Wort Dialog enthalten ist, bedeutet gleichermaßen »Wort« und »Sinn«. Die Kombination »Dia Logos« bedeutet wortwörtlich übersetzt also »durch das Wort«, aber auch »durch den Sinn«.

Dialogische Führung heißt also nicht nur, dass die Menschen miteinander reden, sondern auch, dass sie im Gespräch Sinn vermitteln. Das klingt vielleicht banal. Denn natürlich redet man miteinander, um sich irgendetwas Sinnvolles mitzuteilen. Aber sehr oft tun wir das eben gerade nicht.

## Führung zur Selbstführung

In vielen Unternehmen finden Gespräche statt, die keineswegs darauf zielen, den Sinn zu vermitteln. Auch bei dm haben wir sehr lange – Stichwort Harzburger Modell – die Aufgaben angewiesen. »Dienstanweisung« und »Erfolgskontrolle« waren zentrale und sehr genau definierte Vokabeln im Harzburger Modell. Also haben auch wir unsere Mitarbeiter angewiesen, Dinge zu tun, und später überprüft, ob diese Maßnahmen Erfolg hatten. Sinn? Kam nicht vor.

Dabei ist das sehr einfach: Irgendwann haben wir den Mitarbeitern keine schlichten Anweisungen mehr gegeben, sondern wir haben ihnen erklärt, warum etwas zu tun ist. Wir haben das Prinzip erläutert, warum ein neuer Artikel gelistet wird oder warum sich das Sortiment verändert. Im ersten Schritt haben wir also nur geringfügig unser Sprachverhalten verändert, aber diese Nuance hat unser Bewusstsein verändert. In Situationen, in denen wir bislang gesagt haben, das und das ist so und so zu erledigen, haben wir fortan die Gründe dafür erklärt. Das kann man sich leicht angewöhnen. Und es ist verblüffend, wie sich dieses neue Bewusstsein quasi von selbst durchsetzt. Das liegt daran, dass es dem menschlichen Wesen entspricht. Wir wollen das zugrundeliegende Prinzip verstehen. Dann können wir das Prinzip in der örtlichen Gegebenheit konkret und variabel umsetzen.

Und das war erst der Anfang. Dialogische Führung ist kein Programm, bei dem man einen Schalter umlegt und fortan alles anders ist. Anders als bei der Implementierung einer neuen Software kann man nicht einfach ein neues Betriebssystem aufspielen und fortan läuft alles anders, schneller, besser. Das Ganze war ein langsamer Prozess, der sich über Jahre vollzog. Jeder Mitarbeiter war daran beteiligt und war aufgefordert, sich und sein Verhalten immer wieder zu hinterfragen. Das findet kein Ende, sondern muss jeden Tag aufs Neue geübt werden.

Wir entwickelten eine Art des Umgangs miteinander, die die Selbstbestimmung des Einzelnen förderte. Manche Leute meinen, wir praktizieren bei dm eine Art von antiautoritärer Führung oder nutzen fälschlicherweise Bezeichnungen wie »kooperative Führung«. Es geht um deutlich mehr. Hintergrund der dialogischen Führung ist die Idee des ethischen Individualismus, wie ihn Rudolf Steiner in seinem Buch »Die Philosophie der Freiheit« beschrieben hat. Die Frage war, wie die freie, sich selbst im Ganzen orientierende Persönlichkeit wirksam werden kann. »Führung zur Selbstführung« ist die einzig legitime Aufgabe der Führung. »Führung« wird zur »Selbstführung«.

Konkret beschlossen wir zum Beispiel irgendwann: Wir geben keine *Anweisungen* mehr! Wir geben *Empfehlungen*, und wir treffen *Vereinbarungen*.

Was ist der Unterschied? Nun, *Empfehlungen* funktionieren wie ein Kuchenrezept. Entweder macht man es so, wie es im Rezept steht, oder man versucht, es besser zu machen, indem man ein Ei mehr hineingibt oder noch ein Gewürz dazu. Das Rezept ist das Grundmuster. Was man draus macht, ist das individuelle Werk.

Eine *Vereinbarung* ist etwas, was man auf Augenhöhe offen und klar ausverhandelt. Man stellt sich gemeinsam die Frage: Wie kommen wir am besten ans Ziel? Und dann vereinbart man das Vorgehen. Dialogische Führung haben wir das genannt. Entscheidend ist die gemeinsame Augenhöhe, also nicht mehr das Vorgesetzten-Mitarbeiter-Verhältnis von oben nach unten, sondern das direkte Gegenüber. Der eine hat diese Verantwortung, der andere hat jene Verantwortung. Der Gebietsverantwortliche hat die Verantwortung für ein ganzes Gebiet, der Filialleiter die Verantwortung für eine Filiale. Jeder muss seiner Verantwortung gerecht werden. Das ist die Ausgangssituation. Was können wir jetzt machen, damit beide das Vorgehen verantworten können? So kommt man zu einer klaren Vereinbarung.

Bestimmte Sprüche, die man früher auch bei uns im Unternehmen hören konnte – »Du hast jetzt das zu machen, weil ich das will, und wenn du das nicht machst, dann kannst du dir bei mir ein Austrittsrevers holen!« – solche Sprüche gibt es bei dm nicht mehr.

Dialogische Führung macht das Denken in Hierarchien unmöglich. Hierarchien haben immer die Tendenz, dass der Mensch – angeregt allein durch die Begrifflichkeit der Hierarchie – von unten nach oben oder von oben nach unten schaut. Nach dem Motto: Alles Gute kommt von oben. Aber im Unternehmen kommt alles Gute von jenen, mit denen ich zusammenarbeite, das kann von hinten sein, vom Lieferanten, oder von vorn, vom Kunden. Wir müssen also die Blickrichtung ändern: Wir sehen von hinten nach vorn oder von vorn nach hinten. Und das ist ein Prozessdenken.

Hierarchisch gedacht wird gemacht, was der Chef gesagt hat. Wenn der Chef eine Idee hat, dann wird die Organisation benutzt, um sicherzustellen, dass genau diese Idee realisiert wird. Dafür braucht man Dienstanweisungen und Erfolgskontrolle.

Dialogisch gedacht wird gemacht, was der Nächste braucht. Prozesse laufen miteinander und füreinander. Wenn meine Blickrichtung horizontal verläuft, dann ist derjenige mein Maßstab, für den ich tätig bin. Wenn ich für den Kunden tätig bin, bin ich umso erfolgreicher, je besser ich die Bedürfnisse des Kunden erkenne. Wenn ich für den Lieferanten tätig bin, dann bin ich umso erfolgreicher, je besser ich erkenne, worauf es dem Lieferanten ankommt. In der Gestaltung meines Teams bin ich umso erfolgreicher, je mehr ich die unterschiedlichen Bedürfnisse der Mitarbeiter in einer Filiale zum Ausgleich bringe. Je besser ich die Bedürfnisse der anderen verstehe, desto erfolgreicher bin ich.

## Jeder Mensch ist ein Lebens-Unternehmer

Ein Unternehmer ist nicht erfolgreich, wenn er reich ist. Das Raffke-Bild, das viele Menschen vom Unternehmer haben, ist falsch. Jeder einzelne Mensch ist sein Lebens-Unternehmer.

Millionen zu scheffeln, ist nicht Bedürfnis des Menschen. Die Menschen haben bestimmte materiell zu erfüllende Bedürfnisse, Existenzminima, auch darüber Hinausgehendes. Und das steht ihnen zu, unabhängig von dem, was sie hervorbringen. Doch arbeiten tun wir nicht für Geld, sondern für andere. Wenn es gelingt, Arbeit und Einkommen gedanklich zu trennen – und ich weiß, dass das für die meisten Menschen noch eine schier unlösbare Aufgabe ist –, dann wird deutlich, was der Künstler Joseph Beuys schon vor längerer Zeit erkannt hat: Ein Mensch will sein Produkt zeigen. Einer gibt sich dem anderen zu erkennen. So sind sie als schöpferische Wesen Träger des Weltzusammenhanges. Das steht jenseits der Einkommensfrage.

Gerade Führung geschieht ja nicht im Kopf, sondern in der Seele oder im Herzen. Organisation ist eine Empfindungssache. Man fragt ja nicht: Finden Sie die Organisation richtig? Man fragt: Fühlen Sie sich wohl? Wie haben Sie sich eingelebt? Das kommt nicht aus dem Denken, sondern aus dem Erleben und Empfinden. Wenn sich die Menschen in dem Unternehmen wohlfühlen, dann können sie sich auch einbringen.

Ein Unternehmen zu gestalten, ist eine sozial-künstlerische Herausforderung. Eine Führungskraft muss die Gefühle der Menschen respektieren und wertschätzen, aber auch mit ihnen umgehen und sie anregen, sich in neue Richtungen zu bewegen.

Deswegen ist die dm-Führungskultur auch nicht auf dem Reißbrett entstanden, sondern wird Schritt für Schritt von allen Mitarbeitern gemeinsam entwickelt – immer aus dem Erleben heraus.

Wirtschaft ist immer ein Miteinander, und wenn das nicht so wäre, ginge es uns nicht so gut. Jeder Unternehmer vertraut seinen Mitarbeitern, sonst könnte er gar nicht wagen, was ein Unternehmer wagen muss. Was wir brauchen, sind gesellschaftliche Verhältnisse, in die sich die Menschen einbringen und in denen sie sich ausdrücken wollen. Der Unternehmer ist dann erfolgreich, wenn er dem einzelnen Menschen Entwicklungschancen bietet.

Stellen Sie sich einmal vor, Sie hätten nur noch mit Menschen zu tun, die arbeiten, weil sie wollen – und nicht, weil sie müssen. Wenn wir uns als Arbeitsgemeinschaft darüber definieren, dass wir dem Einzelnen Entwicklungsmöglichkeiten geben, dann ist es notwendig zu fragen: Was ist für den Einzelnen sinnstiftend? Wo kommt er her, wo will er hin? Solche Fragen muss sich jeder Unternehmer stellen. Denn er muss seine Kunden – und dazu gehören sowohl Mitarbeiter und Lieferanten als auch Menschen, die bei ihm einkaufen – verstehen.

Bei Licht betrachtet hat ein Unternehmen nämlich drei Sorten von Kunden, deren Bedürfnisse es decken muss: Die Kunden, die die Leistung generieren, also die Mitarbeiter und Kollegen; die Kunden, die helfen, überhaupt irgendetwas zu machen, nämlich die Lieferanten; und die Kunden, die hereinkommen, einkaufen und bezahlen. Sie alle sind der Maßstab des unternehmerischen Denkens. Der Mitarbeiter muss sagen: »Bei dm zu arbeiten, das ist sinnvoll. Dafür gebe ich meine Lebenszeit.« Der Lieferant muss sagen: »Es gibt zwar Unternehmen, die mehr Ware abnehmen. Aber wenn ich dm beliefere, dann habe ich eine Pilotfunktion. Das ist mein wichtigster Kunde. Da trage ich Sorge für ein richtig gutes Sortiment.« Und die zahlende Kundin muss sagen: »Jetzt habe ich ein so schönes Stellenangebot in einer anderen Stadt, aber dort gibt es keinen dm-Markt.« Der bewusste Kunde will heute nicht nur die richtige Ware zum richtigen Preis am richtigen Ort, sondern obendrein will er mit seinem Einkauf ein Unternehmen unterstützen, mit dessen Zielen er sich identifizieren kann. Das ist die vierte Dimension des Einzelhandels: sich bewusst für die Gemeinschaft zu engagieren. Der Kunde nimmt das zunehmend wahr.

Die Menschen der heutigen Zeit suchen nicht mehr den Anführer, der alles besser weiß und besser kann. Der Mensch sucht den Sinn und wird dadurch sein eigener Führer. Er will seine Biographie schreiben und deswegen sucht er nach einer Aufgabe, die seinem Leben Sinn gibt. Als Unternehmer muss ich es fertig bringen, dass der Mensch am Unternehmen so interessiert ist, dass er sich genau dort einbringen und dadurch ausdrücken will. Deswegen ergreift er die Initiative und verbindet sich mit dem Unternehmen, als Mitarbeiter, als Lieferant oder als zahlender Kunde. Das entsteht aber nur, wenn wir dem Menschen die Freiheit und das Recht und die Möglichkeit geben, sich selbst zu führen.

Je mehr Menschen im Unternehmen aus eigener Erkenntnis wissen, was zu tun ist, desto unternehmerischer wird das Unternehmen. Dann wird jeder zum Unternehmer. Dem Unternehmer muss man nicht sagen, was er zu machen hat, sonst wäre er kein Unternehmer, sondern Angestellter. Ein Unternehmer weiß aus eigener Erkenntnis, worauf es ankommt. Wenn es gelingt, ein Unternehmen zu schaffen, in dem möglichst viel unternehmerische Initiative entfaltet wird, weil sich darin jeder einbringen und ausdrücken kann, dann ist das Unternehmen eine gemeinschaftliche Aufgabe, der sich alle mit großem Engagement widmen werden.

In seinem Buch »Radikal führen« hat der Psychologe und Personalberater Reinhard K. Sprenger diesen Gedanken auf den Punkt gebracht. Genau wie ich ist er von Steiners »Philosophie der Freiheit« geprägt und stellt deswegen dieselben Fragen:

> »Wäre es nicht anzustreben, dass die Menschen selbst wissen, was zu tun ist? Wäre es nicht wunderbar, wenn Ihre Mitarbeiter sich über das Schicksal des Unternehmens Gedanken machten und nicht allein über ihren eigenen Job oder die nächste Beförderung? Wenn sie Abläufe verbesserten auch jenseits der Stellenbeschreibung? [...] Und wenn

ja – was könnten Sie dafür tun? Dazu müssten Sie zunächst Ihr Menschenbild hinterfragen. Wie schauen Sie den Mitarbeiter an? Ist er ein Mittel zu Ihrem Zweck – oder ist er (auch) Selbstzweck? Sprechen Sie zwar vom ›Mit-Unternehmer‹, pflegen jedoch weiterhin innerlich das Bild vom ›Untergebenen‹? Ist er ein zu erziehendes Kind – oder ist er ein Erwachsener, dem Sie auch Erwachsensein zumuten müssen? Ist er ein Mensch, dem Sie zunächst einmal vertrauen – oder begegnen Sie ihm von vorneherein mit Misstrauen?«

Wenn wir das neue Denken wagen, dann ist Führung ein »agogischer« Vorgang – mit dem einzig legitimen Ziel, dass der Geführte sich selbst führt. Nur aus diesem Denkstrom ist Führung heute noch zu legitimieren, dann, wenn sie die Selbstführung zum Ziel hat.

## Mit den Händen in den Hosentaschen

Wenn eine Führungskraft möchte, dass der Mitarbeiter dorthin gelangt, dann muss er ihn eben auch ein Stück alleinlassen, damit er sich selbst führen kann. Man muss als Vorgesetzter lernen, mit den Händen in den Hosentaschen dazustehen, auch wenn man von vorneherein weiß, dass die Sache mit großer Sicherheit schief geht. Aber wenn ich einem Mitarbeiter sage: Halt, das darfst du nicht machen!, dann sagt er später zu recht: Wenn ich es hätte machen können, wie ich wollte, wäre es besser geworden!

Niemand lässt sich gern sagen, wie etwas geht. Man will und muss seine Erfahrungen selbst machen. Als Führungskraft muss ich deswegen zwischen Lernchance und Schadensrisiko abwägen: Was ist größer: der Lernfortschritt, den der Mitarbeiter macht, oder der Schaden, der möglicherweise für das Unternehmen entsteht?

Der Vorgesetzte muss deswegen erkennen, ob etwas reversibel ist oder nicht. Ist es reversibel, kann er den Mitarbeiter laufen und lernen lassen. Ist es irreversibel und gefährlich, muss er eingreifen. Aber Vorgesetzte, die meinen, permanent eingreifen zu müssen, zeigen eigentlich bloß, wie angstgetrieben ihr Denken ist. Die meisten Situationen sind reversibel. Es gibt fast in jeder Situation eine Lösung. Ich erinnere mich, dass ein Mitarbeiter bei dm einmal viel zu viel Parfüm eingekauft hat. Da herrschte eine große Aufregung. Aber als wir dann wieder zur Ruhe kamen und darüber nachdachten, war der Fehler kein großes Problem. Mit viel Ware kann man etwas machen, wenn man Ideen hat: Wir starteten einen großen Weihnachtsverkauf, und dann war die Sache bald wieder vergessen.

Wer keine Fehler zulässt, unterbindet jede Lernkultur, jede Innovation, jeden Fortschritt. Denn null Fehler heißt, nur das zu machen, was man schon kann. Eine Lernorganisation setzt aber voraus, dass möglichst viele Menschen durch ihre Arbeit lernen können. Lernen können heißt, Fehler machen dürfen.

Dass der Einzelne initiativ wird, ist Aufgabe der Führungskraft. Jeder einzelne Mitarbeiter muss die Gewissheit in sich tragen: Es kommt auf mich an. Ich bin nicht nur einer, der ausführt, was andere sich ausgedacht haben. Genau wie jeder andere muss auch ich sehen, dass ich für meinen Bereich immer wieder einen neuen, originellen Zugang finde. Das belebt die Sache. Dann wird das Unternehmen ein lebendiger Organismus. Aber wenn alle glauben, sie müssten immer das Gleiche machen, sie wären ein Rad im Getriebe, sie wären Maschinen – dann wäre das Unternehmen schal und langweilig und tot.

Das sind scheinbar nur kleine Nuancen, die aber einen großen Unterschied ausmachen. Man muss sich doch nur mal zwei identische Filialen nebeneinander vorstellen:

In der einen machen alle Mitarbeiter genau das, was vorgegeben wird. Das wird Tag für Tag eine immer dümmere Veranstaltung. Dümmer und dümmer. Die Menschen geben das Denken auf. Das Fühlen. Und irgendwann auch jedes Wollen. Stumpfsinn pur.

Und daneben steht die identische Filiale mit Mitarbeitern, die selbstbewusst sagen: Wir sind dazu da, dem Laden jeden Tag einen neuen Kick zu verleihen. Das lebt, das brodelt, das vibriert. Da passiert etwas. Die denken nach, die spüren und fühlen. Das sind Menschen, die den Laden und sich entwickeln wollen.

In welchem Laden wollten Sie lieber arbeiten? Welcher Laden wird der erfolgreichere sein?

Deswegen muss man sich als Führungskraft immer wieder fragen, wie man die Menschen anregen kann, wie man die Initiative wecken kann. Man muss einen Rahmen schaffen, der die Menschen anregt, der sie reizt, sich einzubringen, sich zu entwickeln. Das ist das Sozial-Künstlerische am Unternehmersein. »Hilfe zur Selbsthilfe« könnte man das auch plakativ nennen.

## Motivation und Sabotage, die Rache des kleinen Mannes

An dieser Stelle fällt gern das Schlagwort »Motivation«. Doch Vorsicht, da gerät man schnell auf den Holzweg. Wenn man nämlich meint, der Chef müsse die Mitarbeiter materiell motivieren, dann hat man schon die falsche Richtung eingeschlagen. Als der schon zitierte Reinhard K. Sprenger 1991 seinen Bestseller »Mythos Motivation« veröffentlichte, dachte ich, nun wäre alles gesagt. Sprenger entlarvte die gängigen Motivationspraktiken als wenig subtile, aber vor allem wenig erfolgreiche Manipulationsversuche. Unterm Strich erlebt der Mitarbeiter jede Art von »Karotte vor der Nase« nur als misstrauische Unterstellung: Ohne Zuckerchen, ohne Belohnung sei er nicht leistungsbereit. Doch wie man in den Wald hineinruft, so schallt es heraus. Mitarbeiter, von denen man meint, sie mit Psychotricks manipulieren zu müssen, beginnen das Unternehmen auszutricksen. Statt im Sinne des Unternehmens denken sie fortan genauso, wie das Unternehmen es ihnen unterstellt: egoistisch.

Sprengers Buch wurde ein Bestseller und liegt inzwischen in der 19. Auflage vor. An Aktualität hat es leider nichts verloren. Immer noch glauben die Manager tausendfach, man könne und müsse Mitarbeiter motivieren.

Leistungsprämien, Stock Options, betriebliche Altersvorsorge – mit all diesen Motivations-Lassos fängt man Knechte, die nur nach oben schauen und fragen: »War's recht, Chef?« Unsere Mitarbeiter sollen aber nicht auf Hierarchien schauen, sondern auf die Prozesse; sie sollen sich fragen, welche Folgen ihr Handeln hat, ob es dem Kunden dient, ob es uns im Wettbewerb weiterbringt. Mitarbeiter mit unternehmerischer Disposition fragen nicht: »War's recht?«, sondern: »Wie geht's weiter?«

Ebenso wurden Sprengers weitere Bücher, in denen er sehr anschaulich und nachdrücklich erklärt, dass es auch im Sinne des Unternehmens sehr viel effektiver ist, auf die Eigenverantwortung und Leistungsbereitschaft der Mitarbeiter zu vertrauen, gekauft, gelesen – und leider in den seltensten Fällen umgesetzt.

Was wir Führungskräfte uns bei dm vor nunmehr dreißig Jahren vorgenommen haben, zielt genau in diese Richtung: Wir vertrauen darauf, dass sich die Menschen selbst motivieren können. In allen Abteilungen, aber insbesondere in den Filialen. Wir sind dafür verantwortlich, dass sie das tun können. Dazu muss man ihnen den Freiraum geben, und dazu muss man auch deutlich machen, dass sie nicht das letzte Glied in der Kette sind, sondern das erste. Das ist die Umstülpung alles Bisherigen.

Dafür müssen sich viele Menschen von ihren vertrauten Denkgewohnheiten lösen. Sie müssen ihr Menschenbild ändern. Und das ist eine verdammt schwere Übung.

Denn immer noch kursieren in unserer Gesellschaft Vorstellungen, die an Zynismus kaum zu übertreffen sind. Werner Kroeber-Riel, inzwischen verstorbener renommierter Marketing-Professor, lehrte an der Universität Saarbrücken »Konsumentenpsychologie«. Eine seiner Forschungserkenntnisse ist, dass der Durchschnittsverbraucher weitgehend automatisch und ohne nachzudenken auf dargebotene Reize reagiert. Dagegen sei »der unabhängig und frei entscheidende Bürger eine Fiktion, ein bloßes Denkmodell«. Der Saarbrücker Forscher gab den Ratschlag, dass der Konsument die Manipulationsabsicht der Reklame möglichst nicht durchschauen dürfe. Der Verbraucher klammere sich nämlich hartnäckig an den Glauben, allzeit souverän entscheiden zu können.

Das Nachrichtenmagazin *Spiegel* fasste die Forschungsergebnisse in einer Mischung aus Faszination und Abscheu zusammen: »Wird diese ›Freiheitsillusion‹ (Kroeber-Riel) durch allzu aggressive Werbemethoden gefährdet, so regt sich bei den potentiellen Kunden ein innerer Widerstand, ›Reaktanz‹ genannt: Sie merken die Absicht und sind verstimmt.«

Wer wird bestreiten wollen, dass wir im letzten halben Jahrhundert dermaßen mit Werbung bombardiert wurden, dass wir uns der Manipulation kaum entziehen konnten? Zwar betonte der unsägliche Professor zu Lebzeiten, »Werbung sei eine zweckmäßige und legitime Form der Machtausübung«. Aber ist der Widerstand gegen die vermeintlich sanfte Gewalt der Propaganda wirklich nur »Reaktanz« und lächerliches »Bedürfnis nach Selbstachtung«, wie der Wissenschaftler behauptet? Klammert sich der Mensch hartnäckig an den Fehlglauben, er könne souverän entscheiden?

Das Menschenbild, das wir in der Unternehmenskultur von dm leben, ist ein vollkommen anderes. Bedauerlicherweise dürfen Zyniker wie Werner Kroeber-Riel als Wissenschaftler an deutschen Universitäten tausenden Studierenden ihr Menschenbild vermitteln – prüfungsrelevant. Da wirkt es geradezu scheinheilig, wenn es im »Gesetz gegen unlauteren Wettbewerb« heißt, Werbung dürfe nicht irreführend sein oder die Entscheidungsfreiheit der Kunden in menschenverachtender Weise beeinträchtigen. Das der Werbung oftmals zugrunde liegende Menschenbild ist menschenverachtend und versucht, durch gezielte Manipulation den Kunden in die Irre zu führen.

Wer sich schlecht behandelt fühlt, fängt an zu sabotieren. Eine Geschichte aus der Biographie von Günther Grass hat mich in diesem Zusammenhang sehr beeindruckt. Da beschrieb er, wie er als Jugendlicher bei der SS war und den Soldaten immer in großen Kannen den Kaffee ins Offizierkasino bringen musste. Wenn die ihn schlecht behandelt haben, hat er einfach in die Kanne uriniert. Das hat ihm ein gewisses Gleichwertigkeitsgefühl gegeben, nach dem Motto: Ihr könnt es mir zeigen, aber ich kann es euch auch zeigen. Da der Kaffee ohnehin nicht schmeckte, ist die pikante Würzung den SS-Männern wohl auch gar nicht aufgefallen. Das nennt man »Rache des kleinen Mannes«.

Vergleichbares passiert ständig in Unternehmen. Da mögen die Chefs mit großer Direktorenattitüde und Absolutheitsanspruch durch die Gänge stolzieren. Die Mitarbeiter ballen die Fäuste in den Taschen und warten auf den Moment, wo sie ihnen die vielen kleinen oder großen Demütigungen heimzahlen können.

## Die Arroganz der zwei Menschenbilder

Wer zynisch und verachtend mit seinen Kunden umspringt, behandelt in gleicher Weise seine Mitarbeiter. Und auch hier wird an deutschen Universitäten eine Betriebspsychologie gelehrt, der viel zu oft ein negatives Menschenbild zugrunde liegt. Der Mensch sei egoistisch, faul, nur durch Geld zu motivieren und unfähig, sich selbst zu kontrollieren. Kein Wunder, dass es in zahlreichen Betrieben geheime Kameras gibt, um die Mitarbeiter zu überwachen.

Niemand von uns will so behandelt werden. Warum findet man es dann in Ordnung, wenn andere so behandelt werden? Oder schlimmer noch: Warum behandelt man dann andere so? Dass derlei möglich ist, liegt daran, dass wir zwei Menschenbilder in uns tragen: eines von uns selbst und eines von den anderen. Kleiner Test?

Vermutlich stimmen Sie mir zu:

Sie denken viel nach, fällen überwiegend vernünftige Entscheidungen, leben weitestgehend maßvoll und bescheiden; nur gelegentlich gönnen Sie sich angemessenen Luxus. Sie behandeln Ihre Mitmenschen fair und respektvoll, nehmen Rücksicht auf Schwächere und erledigen die Ihnen aufgetragenen Aufgaben zuverlässig und verantwortungsbewusst.

Vermutlich stimmen Sie mir auch jetzt zu:

Die meisten Menschen erledigen ihre Arbeit nur nachlässig und halbherzig, befassen sich nur oberflächlich mit diesem oder jenem und handeln überwiegend unüberlegt. Die große Mehrheit der Menschen wirft noch gebrauchsfähige Dinge ohne Not weg, lebt auch sonst im Überfluss und findet oftmals kein rechtes Maß. Die meisten Menschen nehmen keine Rücksicht oder ziehen sogar andere bewusst über den Tisch.

Es ist wie bei diesem oft zitierten Statistikbeispiel: 90 Prozent der Autofahrer halten 90 Prozent der Autofahrer für schlechte Autofahrer. Sich selbst zählen sie allerdings zu der kleinen, 10 Prozent starken Minderheit überdurchschnittlich guter Autofahrer.

Genauso haben viele zwei Menschenbilder: ein humanistisches von uns selbst und ein materialistisches von unseren Mitmenschen. Entsprechend verhalten sie sich. Wenn man selbst zu den wenigen guten und vernünftigen Menschen gehört, muss man die anderen unvernünftigen und dummen Mitmenschen erziehen, maßregeln und zu ihrem (und unserem) Glück zwingen. Da nur die wenigsten so schlau sind wie wir selbst, erkennen sie nicht, wie dumm sie sind, sondern halten sich für schlau. Um Streit zu vermeiden, sagen wir nicht laut, dass wir die anderen für dumm halten, behandeln sie aber so.

Es ist dies vielleicht die schwierigste Übung für uns Menschen, nicht in dieser Weise insgeheim arrogant zu sein und den Mitmenschen wirklich mit Respekt und Achtung zu begegnen. Wenn es uns gelingt, dann hat das enorme Konsequenzen: Wir müssten akzeptieren, dass die anderen Menschen genauso Individuen sind wie wir selbst, dass ihre Ansichten und Meinungen genau dieselbe Berechtigung haben, dass ihre Leistungen genauso wertzuschätzen sind und dass ihre Bedürfnisse gleichermaßen zu befriedigen sind. Gleichheit ist zwar seit der Französischen Revolution eine Kernidee unserer Gesellschaft, aber im konkreten Alltag fällt es uns auch über 200 Jahre nach der Erklärung der Menschenrechte noch schwer, diese Gleichheit wirklich zu leben. Gerade Führungskräfte halten sich gern mal für überlegen, für etwas Besseres und behandeln den Mitarbeiter nicht als ebenbürtig.

Um ein weiteres Mal Sprenger zu zitieren: Die wahre Funktion von Führungskräften »ist weniger das Unterrichten, vielmehr das Aufrichten. Hellhörig für Berufungen zu werden. Andere ermutigen, ihr Potenzial zu verwirklichen. Ihnen zuzurufen: ›Geh deinen Weg!‹«

Stattdessen wird in den Unternehmen Arroganz gelebt und belohnt. Da werden Führungskräfte herausgebildet, die meinen, sie wären wichtiger als alle anderen. Dabei muss man diese Arroganz nur einmal zu Ende denken. Wenn man ein Unternehmen hierarchisch denkt, dann unterscheidet man zwischen denen, auf die es besonders ankommt, und denen, auf die es nicht so ankommt. Dabei kommt es auf jeden an! Unsere auf Effizienz und Produktivität getrimmten Zusammenarbeitsverhältnisse sind doch längst so, dass man auf keinen einzelnen Arbeitsschritt verzichten kann. Alle Mitarbeiter stehen in einem komplexen arbeitsteiligen Zusammenhang, wenn ich zum Beispiel an einen Filialbetrieb wie dm denke.

Natürlich ist es wichtig, dass richtig disponiert wird. Aber wenn der Lkw nicht beladen wird, dann nützt alles nichts. Und wenn er in den Straßengraben fährt, ist die Ware auch nicht da. Man kann es nicht oft genug sagen: Jeder einzelne Arbeitsschritt ist wichtig. Jeder einzelne Mitarbeiter ist wichtig.

Leider wird es wohl noch einige uringesäuerte Kaffeestündchen brauchen, bis sich diese Weisheit herumgesprochen hat und dieser Bewusstseinswandel wirklich vollzogen ist.

*Der eine fragt: Was kommt danach? Der andere fragt nur: Ist es recht? Und also unterscheidet sich der Freie von dem Knecht.*
Theodor Storm

## Kapitel 10 **Filialen an die Macht oder wie ein Zeitungsartikel eine Pyramide endgültig ins Wanken bringt**

»Am Wochenende stand etwas Interessantes in der *FAZ*.« Mit diesen Worten legte im Winter 1989 Marco Mescoli, der Leiter der Abteilung Finanzen, einen Zeitungsartikel auf den Konferenztisch der Geschäftsführungsrunde. Wir hatten nun schon lange über die Frage nachgedacht, wie sich Gemeinschaft bildet und welche Rahmenbedingungen dafür sorgen, Mitarbeiter zu Mitunternehmern zu machen. Unsere prinzipielle Organisationsstruktur hatten wir dabei aber bislang nicht hinterfragt. Das sollte sich nun ändern.

Marco Mescoli war einer der wenigen in der Geschäftsführung, der kein dm-Eigengewächs war. Er hatte sich auf eine Anzeige bei dm beworben, als wir nach einem Experten für unser immer anspruchsvolleres Finanzwesen suchten. Bis dahin hatte sich Michael Kolodziej sukzessive in die Fragestellungen dieser Position eingearbeitet und dabei auch die ersten gedanklichen Ansätze für ein Kostenrechnungsmodell entwickelt, das später als Wertbildungsrechnung bei dm Geschichte schrieb. Wir spürten aber, dass es uns gut täte, jemanden ins Team zu holen, der fundierte Kompetenz und Erfahrung im Finanzwesen mitbrachte.

Marco Mescoli kam von einer Wirtschaftsprüfungsgesellschaft, die heute als »Ernst&Young« bekannt ist. Insofern brachte er weitreichende berufliche Erfahrung aus verschiedensten Branchen mit und schien uns der geeignete Mann. Kolodziej konzentrierte sich fortan auf die Logistik, wo es genügend Aufgaben zu bewältigen gab, und räumte den Platz für Mescoli, der somit den Finanz- und Mitarbeiterbereich mit der kompletten Lohn- und Gehaltsabrechnung übernahm.

Mescoli zeigte sich vom ersten Tag sehr selbstbewusst und hinterfragte manches, was wir bislang für selbstverständlich gehalten hatten. Nachdem er sich bereits im Vorfeld sehr gründlich mit unserer Sichtweise der Unternehmenskultur und Unternehmensführung beschäftigt hatte, schaute er erwartungsvoll auf seinen Anstellungsvertrag. Zwei Tage später stand er bei mir auf der Matte: »Das ist alles schön und gut, was Sie mir erzählt haben; aber der Anstellungsvertrag ist derselbe wie in jedem anderen Laden! Da kann man nichts von dem erkennen, was Sie sich hier gedanklich erarbeitet haben.«

Ich schluckte. So deutlich hatte das bislang noch niemand ausgesprochen, wahrscheinlich weil fast alle Mitarbeiter Eigengewächse waren und niemand mehr seinen Arbeitsvertrag im Detail hinterfragt hatte. Ich spürte, dass er recht hatte. Also antwortete ich: »Wenn Ihnen da solch deutliche Diskrepanzen aufgefallen sind, gehen Sie bitte zu unserem Rechtsanwalt und überlegen Sie einmal gemeinsam, wie man das verbessern kann.«

Nun schluckte Mescoli, weil er offenbar nicht gewohnt war, dass seine Kritik so schnell als konstruktive Unzufriedenheit verstanden und ihm das Feld überlassen wurde, die Dinge zum Besseren zu verändern. Aber er nahm die Herausforderung an. Am Ende wurde zwar nicht der Anstellungsvertrag geändert. Dem standen arbeitsrechtliche Regelungen entgegen, von denen wir bei dm nicht ohne Weiteres abweichen durften. Aber die Kritik war der Beginn einer schriftlich fixierten Geschäftsordnung. Darin hielten wir verbindlich fest, dass Grundlage unseres Handelns immer das Kollegiale sein müsse. Mescolis Aufbegehren hatte gefruchtet.

Jetzt also legte der Leiter des Finanzbereichs in Form eines Zeitungsartikels wieder eine neue Idee auf den Tisch. Es ging um nichts weniger als die komplette dm-Organisationsstruktur. Ich war gespannt und, als ich den Text gelesen hatte, sofort wie elektrisiert. Das war genau das, was wir brauchten!

Der Artikel berichtete, wie und warum die Deutsche Bank einen neuen Organisationsansatz gewählt hatte. In Fachkreisen sprach man von einer Matrix-Organisation; wir nannten dasselbe später »Regionalisierung«.

Was hatte die Deutsche Bank gemacht? Bislang hatten die Bankvorstände klar definierte Zuständigkeiten, klassische Zentralressorts. Einkauf, Vertrieb, Logistik, Finanzen, Personal. Fertig. Nun aber hatte jeder Vorstand zusätzlich eine Regionalzuständigkeit. Der eine betreute Europa, der andere Asien und den Nahen Osten. Der dritte war für Nordamerika zuständig. Und so weiter. Dafür wurde das Vertriebsressort aufgegeben. Und das war die Sensation. Denn nun musste jeder Vorstand zwei Brillen aufsetzen, eine fachspezifische und eine regionalspezifische. Die Regionalbrille zwang ihn, permanent zu hinterfragen, ob seine Fachbeiträge in der Praxis wirklich funktionieren. Während sich früher der Leiter Vertrieb und die anderen Vorstandskollegen permanent den Schwarzen Peter zuschoben, wenn irgendetwas nicht klappte, musste nun jeder Vorstand zumindest in der eigenen Region selbst verantworten, was er sich im Fachressort ausgedacht hatte.

Auf den ersten Blick schien es anmaßend, die Deutsche Bank zum Vorbild zu machen. Sie war ungleich größer als dm und hatte ein Vielfaches an Niederlassungen rund um den Globus. Aber bei Licht betrachtet war auch die Deutsche Bank nichts als ein Filialunternehmen. Und wenn dieses Prinzip der

Regionalisierung bei solch einem Riesen funktionierte, warum sollten wir das mit 350 Filialen nicht auch bewältigen?

Es gab einen Haufen Gegenargumente. Am schwersten wog die Tatsache, dass niemand vor uns im klassischen Handel eine solche Organisationsform jemals auch nur ansatzweise ausprobiert hatte. Wir würden komplett neue Wege beschreiten. Dass wir dabei ausgerechnet den Bereich Vertrieb auflösen sollten, schien manchem wie glatter Selbstmord. Der Vertrieb gilt als Herzstück des Handels. Der war unverzichtbar.

Trotz aller Bedenken gelang es, meine Mitgeschäftsführer davon zu überzeugen, dass man sich wenigstens testweise einmal gedanklich mit der Idee beschäftigen könne. Immerhin hatten wir doch schon oft allein durch gemeinsames Nachdenken originelle Lösungen gefunden, die zum Erfolg von dm beigetragen hatten. Also könne es doch auch dieses Mal nicht schaden.

Fortan haben wir uns im Rahmen unserer üblichen Geschäftsleitungskonferenzen (GLK) im dreiwöchentlichen Rhythmus getroffen. Und dabei kam so ziemlich alles ins Rollen, was bis dahin festzementiert gewesen war.

## Ein Unternehmen – nicht Maschinen, sondern Menschen

Wie die meisten Menschen dachten auch wir unbewusst, dass ein Unternehmen funktionieren müsse wie ein Uhrwerk. Doch je länger wir darüber nachdachten, desto mehr begriffen wir den Irrtum. Ein Unternehmen ist kein Uhrwerk, sondern ein sozialer Organismus. Ein Unternehmen besteht nicht aus Schrauben und Maschinen, sondern aus Menschen. Was bedeutet das?

Den Organismusbegriff kann man sich am eigenen Körper bewusst machen: Wenn keine Zellen abgebaut werden, können keine neuen Zellen entstehen. Wenn aber keine neuen

Zellen entstehen, dann habe ich ein enormes Alterungsproblem, dann altert der Organismus. Also müssen immerzu alte Zellen abgebaut werden und neue hinzukommen.

Organische Führung ist immer ein Wechselspiel zwischen Wachsen und Schrumpfen. Und genauso wenig wie ein Baum von oben nach unten wächst und gedeiht, tut es ein Unternehmen: Es wächst und wirkt von innen nach außen.

Das Eigentliche entsteht immer an der Peripherie, nämlich dort, wo unsere Leistung mit der Leistung des Kunden in Berührung kommt. Dort, in der Filiale, ist der eigentliche Quellpunkt für alles, was wir tun.

Das Unternehmen ist nicht länger eine Pyramide, sondern eine Prozessorganisation. Innerhalb der Prozesse muss man sich vor allem um die Schnittpunkte kümmern, also die Orte, wo der, der die Leistung generiert, und der, der die Leistung in Anspruch nimmt, aufeinander treffen. An diesen Punkten muss man genau analysieren, was geschieht: Warum nimmt jemand die Leistung in Anspruch? Das ist die Begründung allen Tuns. Das gibt dem Handeln einen Sinn. Und zugleich muss die Antwort die Frage beantworten: Wie können wir die Leistung so erbringen, dass der andere sie nicht nur heute in Anspruch nimmt, sondern auch in Zukunft, also dass es eine nachhaltige Leistungsgenerierung ist? Dieses Denken war eine Revolution für uns. Der Leitspruch hieß: »Oben ist selten vorn, aber vorn ist das eigentliche Geschehen.«

Der Chef meint immer, dass die anderen ihm helfen. Dabei ist es umgekehrt, der Chef muss den Mitarbeitern helfen. So wird man zum anerkannten Führer, nicht wegen der meisten Sterne auf der Schulter.

Statt einer festgezurrten hierarchischen Führerschaft, die auf Status basiert, entsteht eine »wandernde Führerschaft«, die auf Fähigkeiten beruht: Nur wer so viel Bewusstsein für die sozialen Prozesse ausgebildet hat, dass er die anderen für seine Ziele begeistern kann und dass es ihm gelingt, abweichende Initiativen auf seine Ziele hin zu koordinieren – der wird in der jeweiligen Situation zum Führer.

Auch in diesem Punkt inspirierte uns Bernard Lievegoed, der den Begriff der wandernden Führerschaft anhand der Flugzeugbesatzung der Royal Air Force erklärte: Wenn die Besatzung am Boden in Alarmbereitschaft gerufen wird, dann ist in diesem Moment derjenige der Chef, der die meisten Sterne hat. Wenn die Besatzung kurze Zeit später im Flugzeug ist und sich fertigmacht für den Start, dann ist der Bordmechaniker der situative Chef, weil er alle Technik prüfen und freischalten muss. Wenn sich die Maschine nach dem Start auf Kurs befindet, dann ist der Navigator der Chef. Im Zielgebiet ist der Bombenschütze der Chef. Wenn das Flugzeug abgeschossen wird und sich die Soldaten mit ihren Fallschirmen irgendwo im Wald wiederfinden, dann ist der situative Chef vielleicht der Gefreite, der in seiner Jugend Pfadfinder war und am besten weiß, wie man sich in unwegsamem Gelände zurechtfindet. Führung übernimmt immer der, der für die gegebene Situation die besten Fähigkeiten hat und die Initiative ergreift.

Überträgt man dieses Denken auf Unternehmen, wird schnell deutlich, dass die Menschen sich heutzutage schon längst nicht mehr vom Status leiten lassen, sondern ganz genau wissen, wo im Unternehmen die Personen sitzen, die zu ihrem Problem etwas zu sagen haben. Das nennt man dann im akademischen Kontext die »informelle Organisation«. Die formale Organisation steht im Organigramm. Die informelle Organisation wird gelebt.

## Leiter werden abgeschafft

Wir begannen das neue Organisationsdenken in der Geschäftsführung. Bislang hatten alle Geschäftsführer – genau wie die Vorstände bei der Deutschen Bank – ihre jeweiligen Fachressorts zu verantworten, also Einkauf, Finanzen, Logistik und so weiter. Die Betreuung der Filialen lag in der Zuständigkeit des Vertriebs. So war und ist das bis heute in der gesamten Handelswelt gang und gäbe: Der zentrale Vertrieb trägt die Verantwortung dafür, dass die Filialen gescheit bewirtschaftet werden. Meist entscheidet auch der Vertrieb darüber, welche Filiale eröffnet und welche geschlossen wird. In den ersten 15 Jahren seiner Existenz hatte auch dm sich in diesem Punkt keinen Deut von den Wettbewerbern unterschieden.

Das sollte sich nun ändern. Wir gaben die pyramidenförmige formale Organisation auf und erhoben stattdessen die Prinzipien der informellen Organisation zum Leitbild. Das Motto hieß: Filialen an die Macht!

Im ersten Schritt lösten wir den Vertrieb auf. Der vielleicht heikelste Punkt war, dass die zwei Vertriebsleiter Nord und Süd ihre Jobs verloren. Aber wir mussten sie nicht entlassen, weil wir diese beiden Vertriebsexperten sehr gut als Bezirksleiter einsetzen konnten. Dass sie das nicht als Degradierung, sondern als reizvolle neue Herausforderung erlebten, lag daran, dass diese Veränderung nicht die einzige war.

Denn im nächsten Schritt gaben wir den Bezirksleitern statt bisher fünf nunmehr 20 oder 25 Filialen in die Obhut. Die Zwischenstufe in der Hierarchie, die Gebietsleiter, schafften wir ganz ab. Das klingt nach brutalen Einschnitten, weil wir einfach eine Hierarchiestufe herausschnitten, die Zahl der Bezirksleiter reduzierten und die Aufgaben der Bezirksleiter aufs vier- oder fünffache Volumen vergrößerten.

Parallel änderten wir die Bezeichnungen. Es gab keine »Leiter« mehr, sondern nur noch »Verantwortliche« – und nicht mehr für einen Bezirk, sondern gleich für ein ganzes Gebiet. Was vielleicht wie blöde Begriffsklauberei wirkt, brachte sprachlich zum Ausdruck, dass sich bei dieser Reorganisation nicht nur die Hierarchien, sondern vor allem die Arbeitsinhalte vollkommen veränderten. Und das war das Entscheidende.

Von einem Leiter erwartet man, dass er alles im Griff hat. Er muss alles im Blick haben, alles wird an ihn herangetragen. Verantwortung tragen heißt, man ist für das Ganze verantwortlich, aber nicht für alles. Das war ein Umschwung im Denken. Den Begriff »Leiter« haben wir bei dm nur noch in der Filiale, also den »Filialleiter«, weil das ein kleiner überschaubarer Bereich ist.

Wer nur oberflächlich auf diese Veränderungen blickte, musste genervt abwinken. Diesen Satz bekam ich in jener Zeit hundertfach zu hören: »Ich arbeite jetzt schon jeden Tag 12 Stunden. Und nun soll ich noch zusätzliche Aufgaben übernehmen? Da komme ich überhaupt nicht mehr heim!«

Es dauerte immer ein Weilchen, bis die Menschen bereit waren, zuzuhören und zu erkennen, dass wir eben nicht nur Quantitäten änderten, sondern auch und vor allem Qualitäten. Meine Standardantwort: »Wer heute 12 Stunden für etwas braucht, kann das vielleicht auch in sechs erledigen und hat dann sechs Stunden für etwas anderes.« Aber wie schafften wir es, dass die Menschen weniger Zeit für ihre Arbeit brauchten?

## »Wer soll es machen, wenn nicht ich?«

Das, was uns durch diesen gewaltigen Veränderungsprozess leitete, war diese Grundüberzeugung: Kernaufgabe der Führungskräfte war es, Verhältnisse zu generieren, in denen die Verantwortung dort wahrgenommen wird, wo sie auch erkannt wird. Deswegen war klar: Wenn wir wollen, dass die Filialleiter eigenständiger werden, dann müssen wir sie von der zu engen Betreuung durch die Bezirksleiter befreien. Denn wenn die Betreuung so eng ist, dann kann Eigenverantwortung gar nicht entstehen.

Die Tatsache, dass der neue Gebietsverantwortliche nun

gleich 20 – 25 Filialen versorgen musste, sollte deswegen von vorneherein den Übereifer der Vorgesetzten verunmöglichen. Fünf oder sieben Filialen kann man vielleicht noch in einem halbwegs akzeptablen Rhythmus aufsuchen und bevormunden. 20 – 25 Filialen sind hoffnungslos zu viele. Das Thema Verantwortung bekam eine neue Bedeutung. Der Gebietsverantwortliche konnte gar nicht mehr anders, er *musste* dem Filialleiter jetzt Freiräume lassen. Entscheidungen, die er vorher niemals jemand anderem überlassen hätte, lagen jetzt plötzlich nicht mehr in seiner Verantwortung, sondern in der des Filialleiters. Das reichte bis in das Heiligtum der Mitarbeiterauswahl hinein. Früher hat der Bezirksleiter die Mitarbeiter ausgesucht und eingestellt. Nun entschieden die Filialleiter selbst, mit wem sie in ihrer Filiale arbeiten wollten – und der Gebietsverantwortliche musste den Filialleiter lediglich für die Bewerbungsgespräche fit machen.

Umgekehrt hieß das aber auch, dass der Filialleiter sich nicht zurücklehnen und warten konnte, bis der Chef übermorgen wiederkommt und alle Fragen beantwortet, sondern er musste erkennen: »Wenn ich das Problem nicht löse, dann löst es keiner.«

Natürlich wurde damals sehr geunkt. Ich erinnere mich an eine Diskussion in der Geschäftsleitung, als die Parole »Filialen an die Macht« erstmals ausgerufen wurde. Ich bat die Kollegen, bis zur nächsten Sitzung einmal darüber nachzudenken, wie vielen Filialleitern aus ihrer eigenen Region sie diesen Schritt wirklich zutrauen würden. Drei Wochen später kam dann die eigentlich niederschmetternde Prognose: Pro Region waren es ungefähr 8 – 11 Filialleiter, die nach Ansicht der Geschäftsführer das Potenzial hätten, sich und ihre Filiale selbst zu führen. So mancher hätte an dieser Stelle sofort die Segel gestrichen. Wenn nur so wenige Filialleiter den Herausforderungen des unternehmerischen Handelns gewachsen waren, dann hätte man zuerst neue Filialleiter engagieren müssen. Aber dann haben wir unsere Wahrnehmung kritisch hinterfragt. Woher nahmen wir dieses Urteil? Und schließlich haben wir uns einen Ruck gegeben. Es gab keine Alternative. Wir mussten (und wir wollten) es ausprobieren.

Am Ende war es genau andersherum: Nur einige wenige Filialleiter haben die Herausforderungen nicht bewältigt und übernahmen andere Aufgaben. Alle anderen wuchsen über sich – und vor allem über unsere negativen Vorurteile – hinaus.

Die Umstellung war für die meisten eine harte Zeit. Viele hatten zunächst große Angst vor der neuen Rolle und Verantwortung. Plötzlich sollten sie selbst entscheiden, was getan werden muss. Aber sehr schnell erlebten sie die Veränderung als Befreiung, schon allein weil das lästige Hin und Her der Anweisungen von verschiedenen Führungskräften wegfiel. Sie konnten schneller und ohne lange Rücksprache zu halten reagieren, wenn ihnen ein Problem auf- und eine Lösung einfiel. Aber auch hier haben nur einige wenige das Handtuch geworfen. Für viele war die größte Herausforderung, sich selbst zu organisieren, das eigene Leben mehr in die Hand zu nehmen. Vorher hatten sie bei einem Problem mit einem Mitarbeiter sofort den Bezirksleiter angerufen. Jetzt mussten sie selbst in die Auseinandersetzung gehen und sich dabei auch selbst hinterfragen.

Aber auch für die bisherigen Bezirks- und die Gebietsverkaufsleiter hieß die Veränderung, langjährig vertrautes und lieb gewonnenes Denken und Handeln umzustellen. Das ist nicht allen leicht gefallen. Manche haben das Unternehmen lieber verlassen. Ein Teil der bisherigen Bezirksleiter übernahm Aufgaben in der Revision. Aber die meisten Bezirksleiter haben sich gern auf das Experiment eingelassen und es nicht bereut. Als Gebietsverantwortliche haben sie oftmals mehr Verantwortung und Gestaltungspielraum als mancher Geschäftsführer in einem Konzern.

Statt um Macht und Herrschaft geht es in diesem Miteinander-Füreinander-Leisten nunmehr um Selbstbeherrschung und Selbstführung. Im Dialog werden Warum und Wozu geklärt, genauso wie das Wohin und Wofür.

Glücklicherweise arbeiten bei dm sehr viele Frauen. Das kam uns in dieser Situation zugute. Frauen sind viel eher bereit, Verantwortung zu übernehmen, während Männer in der Regel erst fragen, wer denn eigentlich dafür zuständig sei. Eine Frau sieht die Arbeit und ergreift sie. Der Unterschied ist mir zuerst bei meinen Kindern aufgefallen, aber dann habe ich ihn hunderte Male im Unternehmen wiederentdeckt. Die Kehrseite der Medaille: Frauen neigen deswegen gelegentlich auch dazu, ihre Kompetenzen zu überschreiten. Denn die Einstellung »Das muss doch gemacht werden. Wer soll es machen, wenn nicht ich?« verhindert eben manchmal auch, dass ein anderer initiativ werden kann. Geduld ist deswegen auch eine wichtige Tugend der Führungskraft.

## Subsidiarität statt Handbuch

Der Umbau und die Verflachung der Hierarchie waren ein wesentlicher Schritt für den weiteren Erfolg von dm. Ab sofort wurden die Dinge dort entschieden, wo sie entschieden werden müssen – akademisch ausgedrückt: Subsidiaritätsprinzip. Wir wollten, dass die Organisation für den Menschen da ist und nicht der Mensch für die Organisation. Das hatte noch weitere Folgen.

Wir schrieben keine Handbücher, weil doch jedes Kind weiß, dass Handbücher nicht gelesen werden. Deswegen haben wir bei uns den Spruch gepflegt: »Organisation ist, wenn es trotzdem klappt!« Wenn die Menschen willens sind, suchen sie immer nach dem besten Weg. Jemand, der die Geschirrspülmaschine ausräumen muss, der kommt früher oder später dahinter, wie er sie so einräumen muss, dass er sie später schneller ausräumen kann.

»Das Ziel der Organisation ist, dass möglichst viele im Sinne des Ganzen intelligent handeln.« Das war der Leitgedanke. Dabei steht dann am Anfang allen Handelns die Sinnvermittlung. Wenn einer im Unternehmen tätig ist, dem der ganze Laden ohnehin total gleichgültig ist, dann wird der auch mit noch so viel Druck und Anreizsystemen keine Leistung bringen. Wer will, findet Wege; wer nicht will, findet Ausreden.

Wer interessiert daran ist, dass der Laden gut läuft, weil er in ihm einen Sinn sieht, der wird sich mitverantwortlich fühlen und engagiert mitwirken. Die entscheidende Frage lautet: Wollen die Menschen, dass unser Unternehmen ein erfolgreiches Unternehmen wird, oder wollen sie das nur, damit sie einen sicheren Arbeitsplatz haben?

Für uns als Gemeinschaft ergibt sich daraus die Frage, wie wir kultivieren können, dass möglichst alle Beteiligten in dieser Gemeinschaft einen Sinn sehen. Denn nur der Sinn löst einen Sog aus, so dass die Mitarbeiterin trotz Unwohlsein am Morgen sagt: »Ich darf die Kollegen nicht enttäuschen. Ich muss kommen. Ich werde gebraucht.« Und auch bei den Kunden muss es einen Unterschied machen, ob der Laden geöffnet oder geschlossen hat: »Wie? Der dm hat zu, das ist ja eine Katastrophe!« Wenn der Kunde kein Mangelerlebnis hat, wenn es irgendwo keinen dm gibt, dann werden wir nicht gebraucht. Bei Facebook kann man oft lesen, dass jemand klagt, in seiner Region gäbe es keinen dm, da müsse unbedingt einer eröffnen. Es soll sogar schon mal irgendwo eine Bürgerinitiative gegeben haben, die einen dm-Markt gefordert hat. Selbst wenn das nur ein Gerücht ist – die Vorstellung, dass es so etwas geben könnte, gefällt mir gut. Und sie macht deutlich, dass die Entscheidung, wie und wo wir unser Geschäft betreiben, nicht die Geschäftsführung oder irgendeine zentrale Abteilung, sondern in Wahrheit schlicht der Kunde fällt.

Es war dieser einfache Gedanke, der uns plötzlich die Frage stellen ließ, wozu überhaupt wir bei dm eine »Zentrale« brauchen. Was genau tut eine Zentrale? Und ist sie überhaupt zentral?

Es dauerte nicht lange, da kam der Begriff »Zentrale« bei dm auf den Index. Genauso wie wir den »Bezirks*leiter*« und den »Gebietsverkaufs*leiter*« abgeschafft hatten, schafften wir auch die Zentrale ab. Sicher, das Gebäude in der Carl-Metz-Straße blieb bestehen. Aber es wehte darin ein neuer Geist. Und dafür brauchten wir neue, treffende Begriffe.

Die Rede war fortan von »rückwärtigen Dienstleistungen«. Ich gebe zu, das war etwas sperriger, aber das traf den Nagel auf den Kopf. Denn es änderte zunächst die Blickrichtung: vorne die Filiale, hinten rückwärtige Dienstleistung. Das »Oben-unten-Denken« war damit passé. Vorne, hinten hieß die Alternative: Vorne ist da, wo der Kunde ist; und hinten werden Dienstleistungen erbracht, die vorne gebraucht werden. Die rückwärtigen Dienste müssen ständig überlegen, was sie tun können, um die Filialen noch mehr darin zu unterstützen, sich ganz auf den Kunden zu konzentrieren.

## Diese Veränderung war eine Revolution: Sie musste gelingen

Diese Reorganisation war ein langwieriger Prozess. Jeder einzelne Mitarbeiter musste dafür gewonnen und begeistert werden. Den gedanklichen Auslöser hatte der Zeitungsartikel geliefert, der aufgrund unserer langjährigen Denkarbeit zu Führungsfragen auf fruchtbaren Boden gefallen war. Es dauerte eine Weile, bis wir in der Geschäftsleitungskonferenz einig darüber waren, dass dies der richtige Weg sein würde. Dann mussten wir nach und nach den Gedanken ins Unternehmen tragen.

Denn es steckte auch ein Risiko in dem Unterfangen. Schließlich hatte dm fast zwei Jahrzehnte lang so funktioniert, dass die Filialen regelmäßig besucht worden sind. Was passiert an dem Morgen, an dem zum ersten Mal niemand kommt? Mancher entwickelte da geradezu Horrorvorstellungen. Wir durften nicht zu überstürzt vorgehen. Was, wenn es unerwartete Schwierigkeiten gibt? Bekanntlich sind es immer die guten Mitarbeiter, die ein Unternehmen in Krisenzeiten als erste verlassen, weil ihnen schneller auffällt, wenn irgendetwas im Argen liegt, und weil es ihnen leicht fällt, andernorts einen neuen Job zu finden. Gerade die brauchten wir aber in solch einer fundamentalen Umstellung. Wir haben deswegen alle Sorgen und Überlegungen mehr als einmal durchgekaut. Und alle beteiligt, die sich beteiligen wollten. Diese Veränderung sollte eine Revolution werden; sie musste gelingen.

Irgendwann hatten wir den Eindruck, der Ansatz hätte im Unternehmen genügend Bekanntheit und Akzeptanz. Es wurde Zeit, dem Plan Taten folgen zu lassen. Wir beschlossen, alle Bezirksleiter, alle Gebietsverkaufsleiter und die gesamte Geschäftsleitung zusammenzurufen und in einer konzertierten Aktion alle Details zu besprechen, letzte Fragen und Wünsche aufzugreifen und dann die Umsetzung miteinander zu verabreden. Das ist in die Firmengeschichte unter dem Schlagwort »Bingen« eingegangen, weil wir diese Veranstaltung, auf der wir die Regionalisierung bei dm implementierten, in Bingen gemacht haben. Das verlief überwiegend positiv, aber ich erinnere mich auch an zwei Gebietsleiter, die stante pede sagten: »Nein, das machen wir nicht mit. Wir gehen woandershin.«

Ansonsten war die dreitägige Mitarbeiterversammlung ein Erfolg, und wir gaben den Startschuss zur sorgfältig vorbereiteten Veränderung. Wenige Wochen später war formal jeder auf seinem neuen Posten. Aber der damit verbundene mentale Wandel war nicht so schnell vollzogen. Immer wieder gerieten zum Beispiel die Mitarbeiter der »Rückwärtigen Dienste« in den alten Habitus der »Zentrale«. Doch es entwickelte sich schnell ein Mechanismus der sozialen Kontrolle, dass wir uns wechselseitig darauf aufmerksam machten, wenn sich Einzelne im Ton gegenüber den Filialleitern zu vergreifen drohten. Auf diese Weise gelang es, dieses sonst so typische Gefälle zwischen Zentrale und Filiale immer weiter abzubauen.

Auch die Filialleiter mussten viel dazulernen, um den neuen Aufgaben gewachsen zu sein. Einerseits waren sie glücklich, dass sie in ihrer Arbeit wertgeschätzt wurden, und wie erlöst von der Knute der Reglementierung. Andererseits gab es auch Ängste und Vorbehalte. Auch hier kam es zu »Rückfällen« in alte Verhaltensmuster, und es brauchte viel gemeinsame Reflexion, um das gewohnte Obrigkeitsdenken und Verhalten aufzugeben und die neue Selbstständigkeit wirklich zu leben.

Rückblickend betrachtet dauerte es sicher fünf Jahre, bis das neue Denken glaubhaft erlebbar war. Und ich kenne keinen dm-Mitarbeiter, der diesen Veränderungsschritt jemals bereut hätte. Im Gegenteil: Es besteht große Einigkeit, dass wir damals den Grundstein für den Erfolg der nächsten zwei Jahrzehnte gelegt haben.

*Was wir brauchen, sind ein paar verrückte Leute; seht euch an, wohin uns die Normalen gebracht haben.*

George Bernard Shaw

# KAPITEL 11 Radikale Kundenorientierung oder warum Menschen Sonderangebote doof finden und manches besser auf 5 als auf 9 endet

Am Morgen des zweiten Tages eines Kongresses sitze ich noch etwas verschlafen im Bus und schaue aus dem Fenster auf die bunt glitzernde Stadt. Da setzen sich zwei junge Männer in die Sitzreihe hinter mir. Offenbar kommen sie auch aus der Handelsbranche und fahren zum selben Kongress. Sie unterhalten sich so laut, dass ich gar nicht anders kann, als das Gespräch mitzuhören. Sie sprechen über Marktforschung.

»Man hat jetzt herausgefunden, dass Sonderangebote bei den Kunden gar nicht so beliebt sind«, erzählt der eine. »Die meisten wünschen sich Dauerpreise.«

»Das leuchtet mir auf Anhieb ein«, sagt der andere. »Ich hasse Sonderangebote. Immer, wenn ich was brauche, ist es gerade nicht im Angebot. Also kaufe ich meine Sachen mit dem Gefühl, zu viel Geld bezahlt zu haben. Und wenn etwas im Angebot ist, brauche ich es meist eigentlich nicht. Aber dann kaufe ich es trotzdem, weil es so billig ist, und ärgere mich hinterher, dass ich schon wieder Geld für etwas ausgegeben habe, das ich gar nicht brauche.«

»Das sagt meine Frau auch immer«, bestätigt der erste seufzend. »Wenn es nach mir ginge, würde ich Sonderangebote abschaffen. Aber unser Management versteht das nicht. Das bekomme ich nicht durch.«

Diese kleine Situation im Herbst 1992 während irgendeines Kongresses in Berlin wurde zum Auslöser für die nächste Revolution bei dm. Schon die Abschaffung des Vertriebs drei Jahre zuvor hatte als Sakrileg im Handelswesen gegolten. Aber die Idee, mit der ich wenige Tage nach der Busfahrt meine Geschäftsführungskollegen in Karlsruhe begrüßte, stieß auf ungläubige Blicke: »Keine Sonderangebote mehr! Wir führen jetzt Dauerpreise ein!« Ich hätte genauso vorschlagen können, wir sollten eine Filiale auf dem Mond eröffnen – vielleicht wäre das Entsetzen sogar kleiner gewesen. Ich erlebte dasselbe wie der Mann aus dem Bus, dessen Management die Idee nicht verstehen wollte. »Herr Werner, sind Sie wahnsinnig geworden?«, war die erste und einzige Reaktion.

Man muss dazu wissen, dass es im Handel so gut wie keine Möglichkeiten gibt, sich vom Wettbewerber zu unterscheiden. Denn die Produkte sind fast überall dieselben. Ob sich der Kunde im Geschäft für dieses oder jenes Shampoo entscheidet, dafür kann die Industrie durch Produktwerbung wesentliche Impulse geben. Aber ob der Kunde diese Entscheidung in diesem oder jenem Laden fällt, das hängt allein am Preis. Deswegen hatten wir von Anfang an bei dm auf günstige Preise gesetzt – das war ja das wesentliche Merkmal des Discounterprinzips. Anfangs waren wir auf Dauer billig, schon allein, weil das einfach wenig Arbeit macht. Aber mit der Zeit passieren Dinge, die einen von diesem Weg abbringen. Da hat man versehentlich zu viel Ware geordert, die man loswerden muss. Schon macht man eine Aktion mit Sonderangebot. Ganz unbewusst gerät man dann in einen Sonderangebotsstrudel. Man macht einmal im Monat ein Sonderangebot, dann alle 14 Tage. Man beginnt das zu kultivieren. Man will mehr Umsatz machen, also macht man alle acht Tage Sonderangebote. Immer gibt es irgendwelche Restposten; immer kommt überraschend ganz viel Ware in die Filiale. Da hat ein Spediteur etwas zu spät oder an die falsche Adresse geliefert; man hat sich verschätzt und eine zu große Menge bestellt. So entstehen Rushhour-Notsituationen, und das Sonderangebot ist ein wunderbares Hilfskonstrukt, um aus der Not eine Geldquelle zu machen. Und so geht es allen Händlern.

Deswegen gehört die Kunst, Sonderangebote zu entwickeln, im Einzelhandel zu den höchst gepriesenen Fertigkeiten. Und jetzt wollte ich ausgerechnet dieses Kernelement des Handels abschaffen?

## Sonderangebote sind vom Händler, nicht vom Kunden aus gedacht

Die Kollegen in der Geschäftsführung starrten mich entsetzt an: »Das genau war doch immer der Erfolg von dm, eine kluge Sonderpreispolitik! Das können wir doch nicht abschaffen?!« Ich stand da als einsamer Rufer in der Wüste. Keiner konnte sich vorstellen, wie unser Geschäft ohne Sonderangebote jemals funktionieren sollte. Für mich war das alles dermaßen evident, dass ich gar nicht mehr zurückkonnte.

Ich wusste mit aller Klarheit und in vollem Bewusstsein, dass Sonderangebotspolitik der völlig falsche Weg war. Sonderangebote sind vom Händler aus gedacht, aber nicht vom Kunden aus. Der Kunde soll doch die Ware dann kaufen, wenn er sie braucht, und nicht, wenn sie bei uns billig ist. Das war die Grundidee. Und wenn man die erst einmal hat, kann man nicht weitermachen wie bisher. Das fällt Menschen, die nicht im Handel arbeiten, naturgemäß leichter, weil sie als Kunden sofort erkennen, dass Sonderangebote nicht für sie gemacht werden. Für die meisten Menschen ist Einkaufen lästig. Ihnen fällt immer erst dann ein, dass sie Waschmittel brauchen, wenn das alte Paket leer ist. Aber dann gibt es kein Sonderangebot. Und wenn der Kunde eine Woche später in den Laden kommt, entdeckt er das Sonderangebot und denkt: »Mensch, hätte ich es doch eine Woche später gekauft, jetzt ist es nämlich zwei Euro billiger!«

»Nein«, heißt es dann immer, »eine Bekannte von mir, die sucht alle Anzeigen nach den günstigsten Angeboten durch und kauft dann ganz gezielt ein.« Diese Bekannte habe ich auch. Das ist eine Schnäppchenjägerin, wie sie im Buche steht. Aber wie viele Schnäppchenjäger gibt es? Und wie viele Kunden gibt es, die gern in einen Laden gehen, von dem sie wissen: »Hier ist es immer günstig, egal wann ich komme. Ich muss mich nicht vergewissern, ob gerade Waschmittel, Haarshampoo oder Sonnenschutz im Angebot ist.« Und dann muss man sich entscheiden, ob man sein Geschäft auf die Sonderangebotsjäger oder auf die preisbewussten Stammkunden konzentrieren will.

Was mir so glasklar schien, war für meine Kollegen weltfremd und absurd. Ich spürte, mit Argumenten würde ich hier nicht weit kommen. Ich musste den Beweis antreten. Das aber war in dieser Situation nicht so einfach. Denn um den Kunden zu verdeutlichen, dass man bei dm dauerhaft günstig einkauft und dass es deswegen keine Sonderangebote mehr gibt, konnte man nicht einfach mal ein bisschen ausprobieren. Das musste man tun und zwar mit allen Konsequenzen. In dieser Situation war es nun von großem Vorteil, dass ich als Eigentümerunternehmer die Entscheidung auch gegen internen Widerstand fällen konnte.

Im Grunde genommen ging es darum, nach bewährter Methode die Betroffenen zu Beteiligten machen. Nur waren die Betroffen in diesem Falle nicht die Mitarbeiter in der Zentrale oder in den Filialen, sondern die Kunden selbst. Um die zu beteiligen, gab es zwei Möglichkeiten: Man konnte sie theoretisch befragen; und man konnte sie in der Praxis entscheiden lassen. Die Theorie hatte die Marktforschung erledigt und herausgefunden, dass Sonderangebote – theoretisch – überwiegend unbeliebt sind. Aber dieses Ergebnis musste man auch glauben. Es gab Kollegen, die schüttelten angesichts der Forschungsergebnisse nur den Kopf: »Mag sein, dass die Leute *behaupten*, sie würden keine Sonderangebote *mögen*. Aber sie *kaufen* sie!« Also blieb nur der Praxistest.

Deswegen stellte ich nicht mehr zur Diskussion, ob wir Dauerpreise einführen würden, sondern nur noch wann und wie. Mir toste ein Sturm der Entrüstung entgegen. Es wurden die schrecklichsten Szenarien entwickelt, was wir verlieren würden, wenn wir alle Preise grundsätzlich reduzierten. Aber ich blieb stur: »Nein, nein, wir gewinnen Marge dadurch.« Das Evidenzerlebnis war zu stark. Das haben die meisten zunächst nicht verstanden.

## Wer will, findet Wege; wer nicht will, findet Gründe

Im gleichen Zug kippten wir ein weiteres ehernes Gesetz des Handels. Der Zufall wollte es, dass zu jener Zeit die Banken Schwierigkeiten hatten, genügend Kupfergeld zu besorgen. Im Einzelhandel sind Ein- und Zwei-Cent-Stücke aber fast wichtiger als Ein- und Zwei-Euro-Münzen. Denn üblicherweise enden alle Preise auf –,99, so dass man an der Kasse sehr selten glatte Beträge zahlen muss. Damals habe ich spontan gesagt: »Wunderbar! Wenn die Banken kein Kupfergeld mehr haben, dann machen wir eben unsere Preise so, dass wir kein Kupfergeld herausgeben müssen: Fünferpreise.«

Wie das in solchen Situation und mit spontanen Eingebungen so ist, fielen mir und den Kollegen lauter Argumente ein, warum das gut ist. Schließlich befanden wir uns ja gerade in der Diskussion um die Frage, wie wir den Dauerpreis am besten einführen. Da lag die Frage nahe: Wie ist es eigentlich mit den Preisen? Ist dieses Theater mit 0,99 Euro, 0,98 Euro eigentlich richtig? Oder ist das Quatsch? Da ergibt eins das andere, und aus der anfänglichen konstruktiven Unzufriedenheit entstehen neue Fragen, aber auch eine neue Wahrnehmung. Man bekommt Augen und Ohren für Dinge, die man vorher gar nicht so gesehen hat. Die Preisendungen hatten vorher noch nie im Mittelpunkt unseres Denkens gestanden. Aber jetzt dachten wir eben auch darüber nach.

Der Dauerpreis war vor allem den alten Hasen bedrohlich erschienen. Schließlich widersprach er ja dem Credo und der gelebten Praxis, dass mit Aktionen die Umsätze hoch und ohne Aktionen die Umsätze herunter gehen. Die Fünferendungen eröffneten plötzlich eine neue Option. Um günstiger zu sein als die Konkurrenz, müsste man in der Neuner-Handelswelt immer von –,99 gleich auf –,89, also um satte zehn Cent, reduzieren. Waren aber Fünferendungen eine Preisoption, genügte es, um lediglich vier Cent – eben auf –,95 – zu reduzieren.

Und plötzlich begann etwas, das ich gern unter dem Satz zusammenfasse: »Wer will, findet Wege, wer nicht will, findet Gründe.« Wir begannen gemeinsam zu rechnen und zu kalkulieren, was passieren würde, wenn wir den zeitweiligen Preisnachlass aus den Sonderangeboten dauerhaft auf alle Artikel umlegen würden, um einen Dauerniedrigpreis zu bekommen, sprich einen nichtaktionsgebundenen Preisvorteil gegenüber den Wettbewerbern. Unser dm-Grundsatz, günstigster Anbieter sein zu wollen, wurde dadurch nicht in Frage gestellt. Im Gegenteil: Wir wären dauerhaft günstig!

Allerdings würde man nicht mitziehen können, wenn einer der Wettbewerber eine Preisaktion macht. In der Vergangenheit hatten wir wechselseitig sehr genau beobachtet, welche Sonderangebote die jeweiligen Wettbewerber machten. So wussten wir immer, wenn irgendwo eine Aktion lief und auf welchen Tiefpreis die Ware dann fiel. Zeitlich versetzt machte man dann dasselbe Angebot oder ein noch besseres. Denn, so die Idee, der preisbewusste Käufer hatte derlei im Blick.

Jetzt war also die spannende Frage, ob unser Regalpreis attraktiv genug war, um gegen den Wettbewerber auch unter den Bedingungen von Aktionsverkäufen zu bestehen. Das wurde nun hingebungsvoll debattiert und berechnet und hin- und hergewendet. Wir mussten im Detail ermitteln, wie viel wir für Preisaktionen ausgegeben hatten und wie viel uns eine dauerhafte Preisreduktion kosten würde. Sie ahnen, dass das bei 12 500 verschiedenen Artikeln gedanklich nicht mehr zu bewältigen war. Jetzt kam uns zugute, dass wir so früh und so intensiv auf elektronische Warenwirtschaftssysteme gesetzt hatten. Dank moderner Computertechnologie konnten wir verschiedene Szenarien im Detail durchrechnen und dann die Risiken und Chancen abwägen.

Zwischenzeitlich ging den Beteiligten die Lust aus. Die komplizierte Rechnerei drohte allen über den Kopf zu wachsen. Und prompt tauchten Argumente auf, warum das alles eine blöde Schnapsidee sei und sowieso nicht gehen könne. In solchen Situationen erinnerte ich an unsere Kundengrundsätze und die Zielgruppe einer »bewusst einkaufende Stammkundschaft«. Und ich mahnte, dass es Blödsinn sei, eine bewusst einkaufende Stammkundschaft mit Preisaktionen generieren zu wollen. Diese Zielgruppe wolle Dauerpreise. Und schon war die Energie wieder da. Getreu dem Motto: »Wer will, findet Wege; wer nicht will, findet Gründe.«

Es dauerte nicht lange, da stand unvermeidbar die nächste Frage im Raum: »Sagt mal, Leute, wenn wir bald keine Aktionen mehr machen – wie werben wir dann eigentlich?«

## Schluss mit Schweinebauch und Eckartikeln

Bislang hatten wir wie der gesamte Handel vor allem auf die so genannten »Schweinebauchanzeigen« gesetzt, wie sie Werber ironisch abfällig nennen. Das sind nüchterne Produktabbildungen mit deutlicher Preiskennzeichnung, etwas also, das Werber – im Unterschied zu Hochglanz-Edelkampagnen mit aufwendig gestylten Models in beeindruckenden Landschaften – für bieder und altbacken halten. Im Einzelhandel ist die klassische Prospektwerbung jedoch immer noch das A und O erfolgreicher Werbung. Nur: Wenn wir keinen aktuellen Preisvorteil mehr ins Rampenlicht rücken könnten, wozu dann noch Prospekte verteilen?

Und schon rückte die nächste Frage ins Zentrum. Im Handel spricht man immer von »Eckartikeln«. Das sind nicht Waren, die achtlos in der Ecke stehen, sondern im Gegenteil besonders wichtige Produkte, von deren Preisen angeblich der Kunde das Preisniveau des gesamten Geschäftes ableitet. Vereinfacht gesagt spricht man vom »Eckartikel-Effekt«, wenn der Kunde denkt: Aha, die Butter ist billig. Dann ist auch alles andere billig!

Da sich niemand die Preise von allen Produkten merken kann, merkt er sich eben nur zwei, drei Eckartikel, die er selbst besonders häufig kauft und die es möglichst überall gibt. Wie Brot, Butter, Milch, Kaffee, Schokolade. Bei Fruchtjoghurt wird die Sache schon komplizierter, weil es da unendlich viele Größen und Geschmacksrichtungen gibt – der Preisvergleich also schwierig ist. Im Drogeriegeschäft sind das Windeln, Haarshampoo und Toilettenpapier. Waschpulver galt früher mal als Eckartikel, aber seit es so viele verschiedene Pulver-, Tabs- und Flüssigversionen gibt, ist der Status verloren.

Beim Nachdenken über die Dauerpreise und Werbemöglichkeiten standen die Eckartikel im Fokus, denn das eherne Handelsgesetz schrieb vor, dass Eckartikel besonders günstig zu sein hatten. Wieder einmal brachte mich ein Schlüsselerlebnis auf einen völlig anderen Gedanken:

Ich stand in Hörde, einem Vorort von Dortmund, an der Kasse, wie ich es gern mache, wenn ich eine Filiale besuche, und half den Kunden, ihre Waren in eine Tüte zu packen. Dabei kommt man immer ins Gespräch und erfährt so dies und das, was den Kunden an dm gefällt oder missfällt. Eine ältere Frau hatte also Edelweiß Milchzucker gekauft, ein ganz banales Produkt, das aber heute kaum noch jemand kennt. Alte Leute jedoch nehmen das gern bei Verdauungsstörungen. Im klassischen Handelsdenken ist Milchzucker dasselbe wie Kukident Haftcreme für das Gebiss – ein Randartikel, in jedem Fall kein Eckartikel. Die Frau hatte acht Packungen Edelweiß Milchzucker gekauft; ein Wunder, dass wir überhaupt so viel vorrätig hatten. Und das war das Einzige, was sie gekauft hatte. Ansonsten war ihr Einkaufskorb leer.

Das machte mich neugierig, also sprach ich sie an: »Sie kaufen aber viel Edelweiß Milchzucker.«

Da erklärte sie: »Ja, ja, das kaufe ich immer hier. Ich komme immer extra mit der Straßenbahn hierher gefahren.«

Ich hakte nach: »Mit der Straßenbahn extra hierher?«

»Ja, ich wohne im Altersheim im Dortmunder Norden. Aber ich bin ja Rentnerin. Die Straßenbahn kostet mich nichts. Deswegen fahre ich mit der Straßenbahn hier nach Hörde, um bei Ihnen den Edelweiß Milchzucker zu kaufen.«

»Warum kaufen Sie den denn bei uns?«, wollte ich jetzt genau wissen.

»Der ist bei Ihnen 20 Pfennig billiger als woanders. Deswegen bringe ich den dann noch meinen Freundinnen mit«, gab sie lächelnd Auskunft.

»Da sind Sie ja den halben Tag unterwegs«, staunte ich.

Sie winkte ab: »Das macht nichts, ich habe ja Zeit.«

Die Rechnung, die sie aufmachte, war plausibel. Zeit kostete sie nichts. Aber 20 Pfennig mal acht, das ist für eine Rentnerin viel Geld. Also lohnte sich die weite Reise.

Und dann fiel der Groschen: Für diese Frau ist Milchzucker der Eckartikel! Und deswegen stimmt die Theorie mit den Eckartikeln nicht. Jeder hat seinen Eckartikel. Das ist ganz individuell. Die preisbewusste Frau Schulz hat einen anderen als die preisbewusste Frau Schröder. Und wenn eine der beiden einmal ihre Wohnung inventarisiert, dann wird sie feststellen, dass sie wahrscheinlich ein dm-Produktspektrum von maximal 35 Artikeln hat. Und wenn man sie fragt, warum sie bei dm einkauft, dann ist es irgendeiner von diesen 35 Artikeln, weswegen es sich lohnt, zu dm zu gehen.

## Jeder Artikel muss günstig sein!

Von diesem Erlebnis und dieser Erkenntnis habe ich anschließend in einer der vielen Diskussionen um den Dauerpreis erzählt. Auf diese Weise war es schnell für alle evident: Jeder Artikel, der bei uns gekauft wird, wird gekauft, weil er gebraucht wird. Wenn er nicht gebraucht würde, würde er nicht gekauft. Niemand kauft bei uns, weil er den dm-Markt unterstützen will. Die Menschen kaufen, was sie brauchen. Und das, was jemand regelmäßig braucht, ist sein Eckartikel, ob Haftcreme, Milchzucker oder Rasierklinge. Fortan haben wir das alte Paradigma vom Eckartikel aufgegeben und stattdessen gesagt: Jeder Artikel muss günstig sein!

Und wir gingen noch einen Schritt weiter. Denn ich ahnte: »Wenn wir den Milchzucker nicht nur 20 Pfennig, sondern 50 Pfennig günstiger anbieten würden, dann würden wir noch viel mehr Milchzucker verkaufen.« Während wir früher in den Sonderangeboten überwiegend die Eckartikel und die schnell drehende Ware beworben haben, senkten wir nun dauerhaft die Preise der Nichteckartikel. Die Konkurrenz verlachte uns: »Wie kann man nur so blöd sein und diese Artikel im Preis senken, da verdienen wir doch gut daran.«

Aber diese dauerhafte Preissenkung führte dazu, dass eben noch mehr Frauen mit der Straßenbahn gekommen sind, um bei dm einzukaufen. Und manche stellte dabei fest, dass auch alle anderen Waren bei uns günstiger waren.

Die Konkurrenz kann das bis heute nicht nachvollziehen. Die meisten trommeln weiterhin auf den vermeintlich allgemeingültigen Eckartikeln herum und merken gar nicht, dass das für den Kunden, Frau Schulz und Frau Schröder, überhaupt nicht das Kriterium ist. Der Frau aus dem Altersheim ist es schnurzpiepegal, wie teuer das Waschmittel ist, weil sie ihre Wäsche nicht selbst wäscht, das macht das Altersheim.

Wir hingegen machten jeden Artikel zum Eckartikel und mussten deswegen bei jedem Artikel leistungsfähig sein – und zwar leistungsfähiger als die anderen. Bei den Artikeln, die immer in der Zeitung stehen, weiß der Kunde sowieso, dass die heute mal hier billiger und morgen mal dort billiger sind. Die Sonderangebotsjäger machen sich einen Spaß daraus, lesen jeden Tag die Zeitung von hinten nach vorne. Die sagen: Oh, so eine billige Schlagbohrmaschine! Die muss ich sofort kaufen. Obwohl sie schon drei im Keller haben.

Ausgelöst durch die Dauerpreise und die bislang nicht beantwortete Frage, wie wir fortan für dm werben wollen, stellten wir unser gesamtes Marketing erst in Frage, dann auf den Kopf. Schuld war eine neue Werbeagentur. Denn dadurch, dass die neue Agentur vollkommen unvoreingenommen auf dm blickte, mussten wir zunächst unser Geschäft erklären. Indem wir unser Geschäft erklären mussten, fingen wir an, es zu hinterfragen. Das ist der typische Lernschritt: Wer den Vortrag hält, lernt immer am meisten. Schlauer wird vielleicht der Nachhilfeschüler, schlauer wird aber ganz sicher der Nachhilfelehrer.

So war es damals auch: Obgleich wir nur mit der Frage gestartet waren, was die Alternative zur Schweinebauchwerbung sein könne, standen wir plötzlich vor der Frage, ob unser Slogan eigentlich noch stimmte. Der hieß seit 1973: »Große Marken, kleine Preise«. War das richtig? Passte das zu dm? Nein, spürten wir mit großer Sicherheit. Darum geht es doch gar nicht. Aber worum geht es denn dann?

Es waren diese einfachen, aber existenziell wichtigen Fragen, die uns der damalige Deutschland-Chef der amerikanischen Werbeagentur Young & Rubicam, Ingo Krauss, damals stellte. Als er 2012 in die »Hall of Fame der Deutschen Werbung« aufgenommen wurde, habe ich die Laudatio gehalten – zutiefst dankbar dafür, dass er uns damals in dieser Umbruchsituation durch seine Fragen so wertvoll unterstützt hatte.

Seine Mitarbeiter und er zwangen uns professionell diagnostisch, uns alles noch einmal vor Augen zu führen, was wir in den letzten zwanzig Jahren erarbeitet hatten. Unser Leitbild, unsere Philosophie, unsere Führungsideale, unser Organigramm: Warum sollte denn eigentlich der Kunde zu uns kommen? Unsere Aufgabe war doch nicht, große Marken zu kleinen Preisen zu verkaufen. Das wäre mechanistisches Discounterdenken. Schwupps säßen wir wieder in der Schweinebauchfalle. Wir wollten doch den Menschen dazu verhelfen, dass sie ihre Konsumbedürfnisse befriedigen konnten. Konsumbedürfnisse veredeln. Da war es wieder. Und immer deutlicher schälte sich der Kern unseres Denkens heraus. Wir wollten den guten Menschen in den Mittelpunkt stellen, nicht seinen dunklen Drang. Wir redeten über unser Menschenbild und sprachen über den Prolog von Goethes Theaterstück »Faust«.

Wir teilten das positive Menschenbild, wie es Gott hier verkörpert, der zwar erkennt, dass der Mensch nicht frei von Fehlern ist – »Es irrt der Mensch, solang er strebt.« –, aber darauf vertraut, dass der Mensch durch die Fehler lernt und wieder auf den rechten Weg zurückfindet: »Ein guter Mensch in seinem dunklen Drange/Ist sich des rechten Weges wohl bewusst.«

Mit dm wollten wir quasi die Gegenwette antreten und beweisen, dass die Menschen nicht auf die Welt kommen, um möglichst lange in der Hängematte zu liegen oder sich möglichst vollzufressen. Wir waren und sind überzeugt, dass Menschen etwas lernen wollen – nicht weil sie ausgebildet *werden* müssen, nicht passiv, sondern aktiv: Der Mensch kommt auf die Welt, weil er lernen will, weil er Zielsetzungen hat, weil er was verändern will, weil er über sich hinauswachsen will. Deswegen wollten wir mit unserer Werbung nicht den dunklen Drang ansprechen und teuflische Ablenkungsmanöver starten, sondern an das appellieren, was der Mensch eigentlich will.

Das alles erzählten wir den jungen Werbern, die sich dann für einige Zeit in ihren kreativen Zirkeln austobten und dann mit einem wunderbaren Slogan zurückkehrten: »Hier bin ich Mensch, hier kauf ich ein«.

Das war so einfach, so genial. Es gab überhaupt keine Diskussion. Der Satz ist eine Abwandlung eines Zitates, das ebenfalls in Goethes Faust eine wichtige Rolle spielt. Faust unternimmt mit seinem Assistenten Wagner einen Osterspaziergang und freut sich mit ihm ob der Schönheit der Umgebung, die endlich ohne Schnee und Eis sichtbar zutage tritt. Er lässt alle negativen Gedanken der Vergangenheit abfallen und entdeckt die verloren geglaubte Lebensfreude wieder. In diesem Zusammenhang sagt er den Satz: »Hier bin ich Mensch, hier darf ich's sein.«

»Hier bin ich Mensch, hier kauf ich ein« wurde der neue dm-Slogan und ist es bis heute geblieben. Treffender konnte man unsere Philosophie nicht auf den Punkt bringen. Bei dm kaufe ich als Mensch ein, nicht als Kunde, nicht als Verbraucher. dm ist kein Unternehmen, das es auf mein Portemonnaie abgesehen hat, sondern das sagt: »Durch den Einkauf bei dm darfst du einfach deine Konsumbedürfnisse befriedigen, man könnte auch sagen, veredeln, und dafür stehen wir dir zur Seite.«

Jene Zeit, also die Jahre 1992 – 1994, in denen wir den Dauerpreis und die Fünferendungen einführten, Sonderaktionen abschafften, einen neuen Slogan entwickelten und das Dialogmarketing begannen, war ein Wendepunkt für dm, an dem wir unser ganzes Auftreten nach außen dem inneren Leitbild anpassten – in jeglicher Hinsicht und mit allen Konsequenzen. Weg vom üblichen Locken und Verführen hin zum authentischen Sein. Marketing als Sog und nicht als Druck.

Diese Veränderungen des Marketings, insbesondere das konsequente Denken vom Kunden her, führten uns dann auch wenige Jahre später zu einer wirklichen Lösung, wie wir sinnvollerweise für unsere Filialen und Waren werben könnten. Es war klar, dass wir die herkömmliche Werbung, bei der man mit dem Schrotgewehr in die Landschaft schießt und hofft, dass sich irgendjemand angesprochen fühlt, auf die Dauer aufgeben würden. Es dauerte etwas, bis der Markt eine Lösung entwickelte, die unseren Vorstellungen und Wünschen entsprach.

Aus meiner konkreten Lebenserfahrung war evident, dass ich im unmittelbaren Gespräch einen Kunden sehr leicht für neue Angebote begeistern kann, wenn ich weiß, was er sonst so einkauft. Die Dortmunderin, die Milchzucker kaufte, wäre vermutlich auch für Trockenpflaumen oder Sauerkrautsaft zu begeistern gewesen. Ich sage immer scherzhaft: »Sage mir, was du einkaufst, und ich sage dir, wer du bist.« Aber da steckt ein wahrer Kern drin: Je genauer ich weiß, was ein Kunde kauft, desto leichter kann ich ihm ein Angebot machen – und zwar durchaus vernünftig. Ich habe mal in einem Interview erzählt, dass ich gern an der Kasse sitze, weil ich dann in den Einkaufswagen der Kunden blicken kann. Da hat der Moderator ganz entsetzt ausgerufen: »Oooh, das ist aber sehr intim!« Vermutlich ist sein Drogerie-Eckartikel eine Packung Kondome. Der Blick in den Einkaufskorb ist nicht immer so intim, dafür fast immer aufschlussreich: Wenn ein Kunde nie Babynahrungsartikel kauft, dann hat er wahrscheinlich kein Baby. Wenn ein Kunde nie Rasierartikel kauft, dann ist er wahrscheinlich eine Frau. Wenn eine Frau nie Monatshygiene kauft, dann ist sie wahrscheinlich über fünfzig Jahre alt.

Nun kommen inzwischen über 1,5 Millionen Kunden am Tag in Deutschland zu uns. Die können wir nicht einzeln kennen, aber am liebsten wäre es uns – eben damit wir ihnen als Mensch begegnen können. Im Jahr 2000 kam die sogenannte Payback-Karte auf den Markt, also eine Art modernes Rabattmarkensystem, durch das der Kunde je nach Einkaufswert Punkte ansammeln kann, die er dann nach Belieben gegen Prämien, Gutscheine oder Bargeld eintauschen kann. Wir waren einer der ersten Partner von Payback, inzwischen sind es über vierzig Unternehmen, die sich an diesem System beteiligen. Fast sechzig Prozent der deutschen Haushalte haben eine Payback-Karte, etwa genauso viel Prozent unseres Umsatzes machen wir mit Payback-Kunden.

Der Rabatt für die Kunden liegt bei etwa einem Prozent. Das ist der Spielraum, den es auch bei Sonderangeboten gibt. Der Unterschied ist aus Kundensicht vor allem der, dass man den Rabatt auf alle Produkte bekommt, egal welche und egal wann man sie kauft. Der Payback-Kunde willigt ein, dass wir anhand seines Warenkorbes ermitteln, welche Produkte für ihn relevant sein könnten. Etwa wie bei Onlinebuchhandlungen oder Kinoportalen, bei denen nach einer gewissen Zeit, wenn man genügend Bücher bestellt oder ausreichend Kinokarten gebucht und für gut befunden hat, neue Bücher und Filme vorgeschlagen werden. Genauso können wir nun unseren Kunden anhand des Warenkorbs passende Angebote machen.

Aufgrund der gesetzlichen Bestimmungen wissen wir nicht genau, was der einzelne Kunde bei uns kauft, aber wir können anhand der Daten erkennen, was in einzelnen Filialen gekauft wird, und auch, was in den umliegenden Filialen der anderen Payback-Partner gekauft wird. Daraus können wir dann entsprechende Rückschlüsse ziehen. Wenn wir also in irgendeiner Stadt eine dm-Filiale eröffnen, dann können wir anhand der Payback-Profile erkennen, wie unser Sortiment aussehen muss, also ob beispielsweise die Babyecke besonders groß sein sollte oder doch lieber die Kosmetikabteilung. Mit einem entsprechenden Brief an alle potenziellen Kunden in der Umgebung der Filiale können wir auf unsere Neueröffnung hinweisen, wobei wir eben gleich betonen, dass wir die Artikel führen, für die sich die Angeschriebenen wahrscheinlich besonders interessieren. Auf diese Weise können wir den Wünschen unserer Kunden sehr nahe kommen, ohne dass wir ihnen individuell auf die Pelle rücken.

*Zutrauen veredelt den Menschen, ewige Vormundschaft hemmt sein Reifen.* Johann Gottfried Frey

# Kapitel 12 **Wertbildungsrechnung oder warum es bei dm keine Personalkosten gibt und man in der Bilanz keinen Gewinn findet**

Vor einigen Jahren war ich mal zu Besuch in einer Grundschule. Da sagt ein etwas vorlauter Bub plötzlich zu mir: »Sag einmal: Seit wann arbeitest du eigentlich?«

Ich wollte ihm etwas zu denken geben und gab ihm als Gegenfrage eine harte Nuss zu knacken: »Tja, was ist denn Arbeit überhaupt?«

Ein gewitztes Mädchen rief sogleich: »Arbeit ist, was gut bezahlt wird!«

»Ach? Und wenn deine Mama und dein Papa dir ein Frühstück machen oder deine Wäsche waschen – ist das denn keine Arbeit?«

Nun kamen die Kinder ins Grübeln, bis schließlich ein Mädchen rief: »Meiner Mutter macht das auch keinen Spaß, aber sie macht das, weil sie uns liebt.«

Was die Kinder hier freiherzig diskutierten, entspricht dem, was sich auch in den Köpfen der Erwachsenen abspielt: Arbeit ist, was bezahlt wird. Alles andere ist Liebe oder Spaß. Wenn Arbeit Spaß macht, geraten die Menschen in ein gedankliches Dilemma. Dabei wäre es so leicht, beides miteinander zu verknüpfen, wenn wir uns vergegenwärtigen, warum wir eigentlich arbeiten. Wir arbeiten eben nicht für uns selbst, sondern um die Bedürfnisse und Wünsche anderer Menschen zu erfüllen. Den Wert der Arbeit kann man auf verschiedene Weise berechnen – Geld ist nur *eine* und noch nicht einmal eine besonders gute Methode, um den Wert darzustellen.

Manche glauben, dass gut bezahlte Arbeit wertvoller und wichtiger sei als weniger gut bezahlte Arbeit. Aber im Grunde unseres Herzens wissen wir alle, dass das Quatsch ist. Denn es gibt so viel wichtige und wertvolle Arbeit, für die niemand auch nur einen Cent bezahlt; und es gibt so viel nutzlose und überflüssige Arbeit, für die Millionen bezahlt werden. Deswegen sollten wir daran denken, die Arbeit aller Menschen wertzuschätzen, auch wenn sie unbezahlt ist, oder besser: erst recht, wenn sie unbezahlt ist. Je weniger ein Mensch verdient, desto wichtiger ist es doch, dass man anerkennt, dass er die Arbeit trotzdem erledigt.

Das ist eine reine Bewusstseinsfrage. Wenn ich zulasse, dass derjenige, der mein Auto pflegt, besser bezahlt wird als derjenige, der mein Kind oder meine Mutter im Altersheim pflegt, dann ist das keine Güterfrage. Sehr viel mehr Schulabsolventen wollen Automechaniker oder Mechatroniker lernen als Altenpfleger. Angebot und Nachfrage sind quasi diametral entgegengesetzt zu Arbeit und Bezahlung. Und unsere Gesellschaft braucht Kindergärtner und Altenpfleger sehr viel dringender und nötiger als Automechaniker. Aber unsere Gesellschaft billigt den Menschen, die diese Arbeit verrichten, weniger Bezahlung zu, weil die Wertschätzung fehlt. Deswegen gestehen die Menschen demjenigen, der ihr Bankkonto führt, ein höheres Einkommen zu als dem, der ihr Kind erzieht. Nocheinmal: Das ist eine reine Bewusstseinsfrage.

Um innerhalb unserer Organisation ein Bewusstsein für den Wert der Arbeit eines jeden zu schaffen, haben wir uns bei dm sehr früh darüber Gedanken gemacht, wie wir die betriebswirtschaftlichen Voraussetzungen für ein wertschätzendes Miteinander schaffen können. Unser Ziel hieß: Wir etablieren unternehmerisches Handeln im Unternehmen. Jeder Mensch ist ein Unternehmer, selbstbestimmt, kreativ, initiativ. Das ist dem Vokabular des klassischen Rechnungswesen ein Schlag ins Gesicht: »Vielen Dank für Ihre Arbeit. Sie haben wieder Kosten in Höhe von … verursacht!«

## Großer Unterschied: Personalkosten und Mitarbeitereinkommen

Allein das Wort »Personalkosten«! Was soll das denn sein? Das ist für das, was passiert, ein völlig falscher Begriff. So haben wir in unserer Gesellschaft viele Begriffe, die der Realität gar nicht entsprechen.

Dabei sind Begriffe wie Werkzeuge. Wählt man den falschen, kann man sich damit nicht verständigen. Dann muss man mit dem Hammer eine Schraube reindrehen. Das führt selten ans Ziel. Um eine Schraube reinzudrehen, braucht man einen Schraubenzieher (oder noch besser: Schraubendreher, wie es in der Handwerksausbildung korrekt heißt). Das Wort »Personalkosten« suggeriert, dass der Mitarbeiter ein Kostenfaktor ist. So wird es auf allen Universitäten beim Thema Kostenrechnung gelehrt: »Deckungsbeitrag minus Personalkosten …«. So entsteht im Kopf das Bewusstsein, Mitarbeiter reduzieren das Ergebnis.

Das Bild ist falsch. Ich habe schon sehr viele Unternehmer kennengelernt. Fast alle reden von »Personalkosten«. Aber ich habe noch *kein einziges* Unternehmen gesehen, in dem die Mitarbeiter das Ergebnis des Unternehmens real *reduzieren.* Nein, es ist *immer* anders: Die Mitarbeiter *führen* das Ergebnis des Unternehmens *herbei*! Das ist etwas völlig anderes! Ein diametral entgegengesetzter Vorgang!

Dass die Mitarbeiter gewöhnlich in der Spalte Kosten und nicht in der Spalte Ertrag landen, ist sogar in gewisser Weise im Arbeitsrecht festgeschrieben. Rechtlich gesehen ist der Mitarbeiter gegenüber dem Unternehmen ein Außenstehender. So steht es im Anstellungsvertrag. Deswegen wird ja dieses Vertragsverhältnis geschaffen. Wäre der Mitarbeiter Teil des Unternehmens, bräuchte keiner den Vertrag. Die juristische Tatsache, dass der Mitarbeiter ein Außenstehender ist, hat nach den allgemeinen Regeln der Rechnungslegung zwingend zur Folge, dass die Mittel, die den Mitarbeitern zufließen, Betriebsaufwand sind und nicht Gewinnverwendung.

Wenn die Menschen aber denken, dass Mitarbeiter das Ergebnis reduzieren, dann ist klar, was sie im nächsten Schritt denken: »Oh, das Ergebnis ist schlecht? Dann müssen wir Leute entlassen, um Kosten zu reduzieren.« Wie dumm, weil es jetzt niemanden mehr gibt, der die Arbeit erledigt. Auf diese Weise reduziert man das Ergebnis, nicht die Kosten.

Der richtige, weil zutreffende Ausdruck ist »Mitarbeitereinkommen«. Wir haben uns nämlich gefragt: Wie kann das Ergebnis so abgeleitet werden, dass es der Realität entspricht, dass also eine neue wirklichkeitsgemäße Ergebnisrechnung entsteht? Und dann ist uns das am simplen Vergleich deutlich geworden: Der Bauer hat früher sein Land beackert, dann hat er geerntet und dann hat er abgewogen, wie viel von der Ernte er als Saatgut (Investition) und wie viel er für die Familie (Löhne und Gehälter) braucht.

## Solidargemeinschaft mit offenem Gehaltssystem

Es gibt – nicht wenige – Unternehmer, die unsere Unternehmenskultur für »Gutmenschen-Gedöns« und mich für einen »Schönwetter-Kapitän« halten, schließlich habe dm in all den Jahren noch nie eine Krise durchlebt oder rote Zahlen geschrieben. Stimmt. Wir haben nie rote Zahlen geschrieben. Aber die Frage ist doch, ob wir uns deswegen eine »weiche«

Führungsphilosophie erlauben können, die »dem Chaos Tür und Tor öffnet«. Oder ob wir genau andersherum aufgrund unserer Kultur, aufgrund unseres Prinzips Führung zur Selbstführung und aufgrund unserer Innovationsfitness niemals rote Zahlen schreiben mussten. Eine Bewusstseinsfrage.

Fakt ist, dass wir 1993 bei dm ein Berichtswesen etablierten, das unsere Unternehmenskultur und Führungsphilosophie verkörpert. Die Rechnungslegung sollte das unternehmerische Denken konsequent in alle Bereiche des Unternehmens transportieren und den Prozess der innerbetrieblichen Zusammenarbeit abbilden. Nur wenn die Filialleiter wissen, welchen Beitrag sie zum Gesamtunternehmen leisten, können sie dezentral über ihre Leistungen entscheiden und eigenverantwortlich unternehmerisch im Sinne des Ganzen handeln.

Wir hatten deswegen von Anfang an ein offenes Gehaltssystem. In vielen Konzernen wird quasi taktisch kalkuliert. Die Mitarbeiter der Geschäftsführung halten Erträge zurück, geben sie erst weiter, wenn der Bereichsleiter sich ordentlich benimmt. Bis dahin lassen sie ihn am ausgestreckten Arm verhungern; er macht auf dem Papier Verluste, obwohl er in Wahrheit keine Verluste gemacht hat. Hier dienen Controlling und Berichtswesen als Machtinstrument. Bei dm ist die Rechnungslegung dazu da, Transparenz bis in die Peripherie zu bringen und dadurch die Eigeninitiative zu fördern. Jeder Mitarbeiter soll verstehen, wann seine Initiative für andere von Nutzen ist und wann nicht. Wir wollen nicht nur die Abhängigkeit der Filialen von der Zentrale verringern, wir wollen sie regelrecht verhindern. Das ist ein grundlegend anderer Ansatz.

Wir nennen das »Wertbildungsrechnung«. Vermutlich muss ich nicht gesondert darauf hinweisen, dass wir dieses Rechnungssystem im Rahmen eines Projektes entwickelt haben, was hier besonders wichtig war. Schließlich ging es um die intimsten Angelegenheiten des gesamten Unternehmens und betraf alle Abteilungen und Filialen. Um den damals gerade neu ins Geschäftsführungsteam gerückten Marco Mescoli versammelten sich nach und nach und in wechselnder Besetzung Mitarbeiterverantwortliche, Marketingbeauftragte, Bezirksverantwortliche, Filialleiter und und und. Zwischenzeitlich saßen Leute mit am Tisch, die ihren Lebtag noch nichts mit Rechnungslegung zu tun hatten. Sie alle mussten wechselseitig ein Verständnis für die Leistungen und Prozesse des anderen entwickeln, aber auch für die Prinzipien des Rechnungswesen, anhand derer sie schließlich ihre Leistung kalkulieren sollten. Insofern dürfte es auch nicht verwundern, dass es über drei Jahre gedauert hat, bis es in einer vollständigen Form entstanden war.

*Wertschöpfungsrechnung* ist ursprünglich ein volkswirtschaftlicher Begriff. Entscheidend ist der Perspektivwechsel, der im Unterschied zur herkömmlichen Gewinn- und Verlustrechnung (GuV-Rechnung) des Handelsrechts passiert: Über die GuV-Rechnung wird der Kapitalgeber informiert, welche Rendite sein Investment abwirft. Sprich: Einer gibt dem anderen Geld, der damit wirtschaftet und am Ende den Ertrag zumindest anteilig an den Geldgeber zurückgibt. Aus Sicht des Finanzinvestors sind Gewinn und Verlust also die einzig relevanten Kriterien.

Deswegen findet man – zur Überraschung vieler –, wenn man eine Bilanz liest, gar keinen Gewinn. Das, was die meisten Menschen als Gewinn bezeichnen, steht in der Rubrik »Eigenkapital«. Wenn das Eigenkapital wächst, werden die Schulden geringer. Dann hat man Gewinn gemacht. Und wenn das Eigenkapital schrumpft, dann werden die Schulden größer. Dann hat man Verlust gemacht.

Denkt man nun im Filialbetrieb in Kategorien von Verlust und Gewinn, dann meint der eine, es gibt etwas zu verteilen, und der andere meint, er müsste jetzt in Sack und Asche gehen, weil eine Filiale mehr, die andere weniger Gewinn bzw.

Verlust macht. Aber nein, das ist irreführend! Es kann durchaus gewollt oder sogar notwendig sein, dass man in bestimmte Filialen investiert und mehr hineinsteckt, als man herausbekommt. In einer Solidargemeinschaft müssen aber auch immer welche sein, die dafür sorgen, dass wir uns von unseren Schulden befreien können. Je mehr wir uns von unseren Schulden befreien können, desto größer werden die Möglichkeiten der Entwicklung.

## Das Unternehmen als sozialer Organismus

Nimmt man aber die Perspektive des Unternehmers bzw. des Unternehmens im Sinne eines sozialen Organismus' ein, sind Gewinn und Verlust vollkommen irreführend. Der Unternehmer will ein gesellschaftliches Problem lösen, will für den Kunden einen Wert schaffen. Er braucht Mitstreiter – Mitarbeiter –, die ihn dabei unterstützen. Sie alle müssen sich daran messen, wie viel Wert sie im Gesamtzusammenhang erstellen, welche Teamleistung sie bringen. Dafür brauchen sie eventuell Geld, das sie sich von einem Investor leihen müssen (Verschuldung) und ihm nach und nach, wenn sie dazu in der Lage sind, entsprechend verzinst zurückzahlen (Entschuldung).

Es ist wie in einer arbeitsteilig funktionierenden Familie. Während der eine für die Entschuldung sorgt, indem er durch Arbeit für Einkommen sorgt, kann der andere für Nahrung sorgen, indem er Lebensmittel einkauft. Beide Arbeiten sind notwendig, sonst könnte die Familie nicht überleben. Die eine Arbeit trägt zur Verschuldung bei, die andere Arbeit zur Entschuldung. Beide Arbeiten sind unverzichtbar.

So haben wir unseren Sprachgebrauch angepasst: Es gibt bei dm keine Filialen, die Gewinn machen. Manche dm-Filialen tragen zur Entschuldung bei, manche sind noch in einem Stadium, in dem sie Unterstützung brauchen, in sie muss man also noch investieren. Zur Wertschöpfung tragen sie alle bei.

Deswegen haben wir im Rechnungswesen die komplette Wertschöpfungskette abgebildet: Jeder, der eine Leistung erbringt, muss dafür einen Preis kalkulieren. Dieser Preis wird demjenigen berechnet, der die Leistung in Anspruch nimmt. Deswegen gibt es bei dm keine »Kosten«, sondern nur noch Leistungen. Die IT-Abteilung zum Beispiel produziert nämlich keine Kosten, sondern sie erfüllt Bedürfnisse, die in anderen Abteilungen im Gesamtorganismus entstanden sind. Diese Leistungen werden mit einem Preis versehen, der von jeder Abteilung eigenverantwortlich und offen kalkuliert werden muss.

Ein weiteres Kennzeichen unserer Wertbildungsrechnung ist, dass wir nicht nur den Leistungsaustausch zwischen Filiale und Zentrale transparent machen, sondern auch innerhalb der Zentrale zwischen den Ressorts. In anderen Unternehmen werden die Kosten der Zentrale in einem großen Topf versenkt, auf dem das Schild »Gemeinkosten« prangt. Gelegentlich entdeckt man im wirren Gemengelage so nichtssagende Posten wie »Verwaltungskosten« oder »Vertriebsaufwand«. Was genau da wer für wen geleistet hat, bleibt im Dunkeln. Bei dm ist das dagegen komplett transparent. Das Ressort Finanzen bringt, indem es deren Belege verarbeitet, Leistungen für alle Filialen; es bringt aber genauso auch Leistungen für in der Zentrale ansässige Ressorts, etwa das Mitarbeitermanagement, weil es auch deren Belege verarbeitet. Für diesen Bearbeitungsprozess erfolgt eine interne Rechnungsstellung – und zwar auch dann, wenn diese Leistung des Finanzressorts in den Leistungszusammenhang des Mitarbeitermanagements für die Filialen einfließt. Das heißt, wir bringen in unserer Rechnungslegung den gesamten innerbetrieblichen Leistungsaustausch zum Ausdruck.

Ziel ist es, jeder erbrachten Leistung (ob intern oder extern) einen Wertbetrag zuzuweisen und diesen allen Beteiligten bewusst zu machen. Jede Filiale sieht nicht nur die Erträge, die sie selbst erwirtschaftet hat, und die Aufwendungen, die aus ihrer Filialtätigkeit entstehen, sondern sie sieht auch die Aufwendungen, die im Ressort A, B oder C, das der Filiale zugearbeitet hat, entstanden sind. Damit erlebt jede Einheit ihren Leistungserstellungsprozess als Bestandteil des betrieblichen Miteinanders und kann das an der Rechnungslegung nachvollziehen. Diese Leistungen werden anschließend nicht nach irgendeinem willkürlichen Schlüssel umgelegt (»verrechnet«), sondern mit einem kalkulierten Leistungspreis »berechnet«, um den gleichberechtigten Dialog in dieser internen Kundenbeziehung deutlich zu machen.

So errechnen wir aus dem Umsatz minus Wareneinsatz den Deckungsbeitrag. Der wird dann aufgeteilt in Fremdleistungen (Heizung, Strom, Versicherung usw.), Vorleistungen (IT, Controlling, Logistik usw.) und Eigenleistungen (Mitarbeitereinkommen, Steuern, Investitionen, Ent-/Verschuldung usw.).

Manche Manager halten solche Dinge für Firlefanz oder reine Wortspielerei. Das ist es ganz sicher nicht! Denn hinter unser Wertbildungsrechnung steckt vor allem eins: Transparenz bis in die Peripherie der gesamten Organisation! In anderen Handelsunternehmen ist man sehr weit von solcher Transparenz entfernt. Da weiß die einzelne Filiale nicht einmal, was für einen Ertrag sie erwirtschaft hat. Wobei das so offen nicht gesagt wird. Selbstverständlich wird in fast allen Unternehmen den Filialleitern irgendein Ergebnis kommuniziert: der Deckungsbeitrag. Aber dabei wird erheblich – nun, sagen wir einmal – gemogelt:

Typischerweise gibt es nämlich in der Abrechnung zwischen Industrie und Handel relativ viel Spielraum. Da gibt es für jedes Produkt eine Art offiziellen Listenpreis. Außerdem gibt es »Konditionen«, also Vergünstigungen verschiedenster Art, mit denen die Industrie den Handel gewissermaßen »besticht«. Da bekommt ein Händler beispielsweise Rabatt, wenn er die Ware auf den besten Regalboden setzt oder wenn er die Produkte in einer Zeitungswerbung platziert. Den Filialen wird in den Abrechnungen jedoch der Listenpreis präsentiert, aus den Boni und Rabatten finanziert sich die Zentrale. Die Leistungen der Zentrale sind eine Blackbox. Die Mitarbeiter in den Filialen haben keine Vorstellung von den wirklichen Aufwänden und Leistungen. Auf diese Weise können sie sich auch nicht beschweren.

Das ist bei dm anders: Wenn die Preise der Finanzabteilung steigen, dann fragen die Filialen nach, wenn sie nicht erkennen können, welche Mehrleistungen sie dafür bekommen. Insofern muss jede Abteilung der anderen permanent Rede und Antwort stehen, bekommt aber auch Anerkennung, wenn es gelingt, dieselben Leistungen günstiger zu generieren.

## Das wundersame Wachstum von Schlecker

Der Spielraum zwischen Listenpreis und Konditionen gehörte übrigens zum wesentlichen Geschäftsmodell von Schlecker. Es hat eine Weile gedauert, bis ich begriff, wieso diese Drogeriemarktkette ein solch unglaubliches Wachstum hinlegen konnte. Der gelernte Metzger Anton Schlecker hatte erst 1975 seinen ersten Drogeriemarkt eröffnet, aber schon zwei Jahre später über hundert Filialen. Bis 1984 verzehnfachte sich die Zahl der Filialen. Ab 1994 galt Schlecker als Marktführer. Kurz vor seiner Insolvenz 2007 stellte Schlecker zeitweise 76 Prozent der Drogeriemärkte in Deutschland.

Von den Banken und anderen Wirtschaftsexperten wurden wir deswegen immer gefragt: »Warum machen Sie nicht so viele Läden wie der Schlecker auf?« Jahrelang habe ich dieselbe Antwort gegeben: »Weil wir nicht der Größte sein müssen, wir müssen der Beste sein. Denn wenn man lang genug der Beste ist, wird man irgendwann der Größte.« Nun, das hat 35 Jahre gedauert, womit ich nie gerechnet hatte. Schlecker hätte ich schon viel früher in den ewigen Jagdgründen vermutet. Mir war es relativ lange ein Rätsel, woher Schlecker seinen Erfolg nahm.

Anfangs hat Schlecker ganz sicher vor allem vom Abschmelzen der alten Drogerien profitiert. Anfang der 1970er Jahre gab es in Deutschland noch 17 000 Traditionsdrogerien. Jedesmal, wenn ein Einzelhändler seinen Laden dicht machte, stand Schlecker Gewehr bei Fuß und übernahm das Geschäft. Anders als dm gab er sich mit wenig Verkaufsfläche zufrieden und stellte notfalls einfach die Regale eng und voll. So hat er eben viele kleine Läden aufgemacht.

Dazu sparte er am Personal, wo er nur konnte. Oftmals musste eine Mitarbeiterin die Filiale ganz allein bewirtschaften, konnte nicht einmal in Ruhe zur Toilette gehen. Ende der 1990er Jahre kam dann noch heraus, dass er die Mitarbeiter um ihren rechtmäßigen Lohn betrogen hatte: Das Landgericht Stuttgart verurteilte Anton und Christa Schlecker 1998 zu einer Freiheitsstrafe von je zehn Monaten auf Bewährung und zu einer Geldstrafe in Höhe von einer Million Euro. Sie hatten Beschäftigten vorgetäuscht, sie würden nach Tarif bezahlt, obwohl die Löhne in Wahrheit niedriger waren. Der Betrug passte zum Menschenbild, das die beiden offensichtlich hatten. Frau Schlecker war der Meinung, dass die Mitarbeiter faul sind; Herr Schlecker glaubte, dass die Mitarbeiter gierig sind. Das Führungsmotto hieß: »Kontrolle ist besser«. Und so baute Schlecker ein rigoroses Kontrollsystem auf, ließ Bezirksleiter die Taschen, die Spinde und die Autos der Mitarbeiter kontrollieren. In den Läden hingen Kameras, um die Mitarbeiter zu beaufsichtigen. Als sich herumgesprochen hatte, dass es aus Kostengründen in den Schlecker-Filialen nicht mal

Telefone gab, mit denen man die Polizei rufen könnte, spazierten die Diebe dort in aller Seelenruhe ein und aus.

Aber weder der krankhafte Geiz noch angebliche Dumpingmieten für die Läden erklärten das schnelle Wachstum. Zwar weitete Schlecker das Geschäft nicht nur durch Expansion, also Wachstum aus eigener Kraft, sondern auch durch Akquisition, also Zukauf von bestehenden Filialen anderer Unternehmen, aus. Aber ich ahnte, dass es andere Gründe geben musste.

Auf die Schliche kam ich dem Ganzen 1994, als wir herausfanden, zu welchen Konditionen die Industrie Schlecker die Ware abgab. Ich hatte mir die erstmals veröffentlichte Schlecker-Bilanz genauer angesehen und festgestellt, dass Schlecker mit einem Quadratmeterumsatz von 4800 D-Mark weit unter den branchenüblichen Werten lag. Wir selbst machten – obwohl wir ungleich größere Filialen hatten – einen Quadratmeterumsatz von über 10 000 Mark. Auch bei den Personalkosten lieferte Schlecker einen traurigen Spitzenwert, traurig, weil die Personalkosten hoch waren, obwohl die Schlecker-Läden knapp besetzt und die Mitarbeiter unterbezahlt waren. Wie sehr, wusste man damals ja noch nicht. Und selbst für die Mieten musste Schlecker mehr als wir berappen, weil wir aufgrund der sehr langen Mietverhältnisse eben auch gute Preise ausverhandelt hatten. Also blieb nicht mehr viel. Wer überall mehr zahlt als die Konkurrenz, muss an irgendeiner anderen Stelle sparen.

Der Blick auf den Wert des Warenbestandes (460 Millionen Mark) und die Höhe der Lieferantenverbindlichkeiten (550 Millionen Mark) förderte es zutage. Bei uns selbst lautete das Verhältnis 120 Millionen zu 50 Millionen Mark. Sprich: Die Lieferanten gaben Schlecker durch Zahlungsziele von bis zu einem Jahr kostenlose Kredite in Höhe von insgesamt 360 Millionen Mark. Davon träumen viele: Heute geliefert, in einem Jahr bezahlen. Diese Konditionen haben Schlecker etwa 30 Millionen Mark Zinsen im Jahr erspart. Damit kann man schon die eine oder andere Filiale eröffnen.

Und mehr noch: Es war ein offenes Geheimnis, dass die meisten Schlecker-Lieferanten die Warenerstausstattung zu Neueröffnungen ohne Berechnung lieferten. Im Klartext: Wenn Schlecker einen neuen Laden aufmachte, bekam er die Ware dafür von der Industrie geschenkt. Wohlgemerkt: Nulltarif! Da macht die Eröffnung eines neuen Ladens richtig Spaß. Kein anderes Unternehmen der Branche konnte jemals solche Konditionen aushandeln. Auf diese Weise hat Schlecker es fertiggebracht, in einer Art Schneeballprinzip die alten Läden zu finanzieren, indem er ständig neue Läden aufmachte. Diese Geburtshilfen der Industrie machten nämlich – bei durchschnittlich 300 Neueröffnungen pro Jahr – ebenfalls etwa 30 Millionen Mark aus. So kam es, dass bei Schleckers Insolvenz später nicht eine einzige Bank irgendetwas verloren hat. Er hat nie einen Cent Kredit gebraucht.

## »Schlecker – das unproduktivste Unternehmen der Branche!«

Ich schrieb im August 1994 deshalb empört einen offenen Brief an die Industrie, wo ich diese Wettbewerbsverzerrung anprangerte. Vor allem mit dem Satz »Schlecker ist das unproduktivste Unternehmen der Branche!« machte ich Schlagzeilen. Vor allem, weil ich angesichts der bekannten Dynamik von Schneeballsystemen eine dramatische Entwicklung vorhersagte und die Industrie fragte, ob sie »vielleicht den Überblick über mögliche Folgen ihres Tuns verloren hat«. Ändern tat sich nichts. Das Ganze ging munter weiter und führte erst im Januar 2012 zur Insolvenz.

Schleckers geradezu manischer Drang zum Sparen brachte ihn dazu, den Lieferanten sogar noch die Kosten für die Expansion aufzubürden. Er ließ sich von der Industrie pauschal Geld dafür geben, dass er einen neuen Laden eröffnete. Ich selbst habe einen solchen Brief gesehen, den er damals mit Schreibmaschine an einen Lieferanten schrieb, nachdem er ein Verteilzentrum aufgemacht hatte. Auch die baute er so billig wie möglich und brauchte deswegen viele davon. Am Ende hatte er etwa zwanzig solche Regionallager, was auch vollkommen ineffizient war.

Jedenfalls hieß es in dem Brief sinngemäß: »Sehr geehrte Damen und Herren, wir haben jetzt in Schneverdingen unser Lager eröffnet. Dort haben wir 12 Millionen Euro investiert. Gemäß Ihrem Umsatzanteil bei uns entfällt auf Sie ein Beitrag von 3560 Euro. Wir bitten Sie, das auf eines der unten stehenden Konten zu überweisen.« Und die Industrie hat das gemacht. Da saßen wahrscheinlich irgendwelche Vertriebsleute, die einen Bonus kassierten, wenn sie wieder eine Palette Ware verkauft hatten. Auf die paar Euro kam es denen nicht an, »war ja nicht ihr Geld«. Außerdem spekulierten sie darauf, dass Schlecker sehr viel teurer einkaufte als andere.

Das bekam ich nämlich 1994 als Reaktion auf meinen offenen Brief zu hören: »Herr Werner, wenn Sie wollen, können Sie Schleckerkonditionen bekommen. Der kauft bei uns teurer ein.« Die Lieferanten haben Schlecker zwar längere Zahlungskonditionen gegeben, aber dafür geringeren Bar-Rabatt. Deswegen konnte er mit unseren Preisen nie mithalten. Damals, als wir gerade auf den Dauerpreis umgestellt hatten, war Schlecker immer der Teuerste. Zum Schluss war Schlecker sogar 17 Prozent teurer als wir. Trotzdem haftete ihm das Billigimage an. Ehemalige Schlecker-Kunden, die heute zu uns kommen, sind deswegen oft sehr überrascht, wie billig es bei dm ist. Manche Verkäuferin hat deswegen bei Schlecker gearbeitet und bei dm gekauft.

Übrigens hat nicht nur Schlecker ausgesprochen gereizt auf unsere Dauerpreisoffensive reagiert. Auch die Industrie nahm uns übel, dass wir statt auf Aktionen nunmehr auf niedrige Dauerpreise setzten. Denn alle Konkurrenten glaubten, wir bekämen jetzt auch günstigere Konditionen von der Industrie, und verhandelten mehr. Da wurden Stimmen laut, die Industrie solle einen »Preispflegerabatt« zahlen dafür, dass man eine bestimmte Preisschwelle nicht unterschreite. Man mache sich das mal klar. Da wollten Händler Geld von der Industrie zur Belohnung dafür bekommen, dass sie ihren Kunden die Ware teurer verkaufen als nötig. Es war absurd.

Es war die simple Wahrheit, dass wir schlicht produktiver waren als andere. Zu einem Zeitpunkt, als Schlecker mit mehr als 13 300 Filialen zum »größten Drogeriebetreiber in Europa« aufgestiegen war, erzielte die Kette einen Umsatz von 6,5 Milliarden Euro. dm erwirtschaftete mit 660 Filialen in Deutschland und 843 in Europa, also etwa einem Zehntel der Schlecker-Filialen, 2,8 Milliarden Euro, also mehr als 40 Prozent des Schlecker-Umsatzes. Einfacher gesagt: dm machte pro Filiale fast viermal so viel Umsatz wie Schlecker. Zu uns kamen mehr Kunden, und sie kauften bei uns mehr ein.

Von der Industrie wurden wir zu keinem Zeitpunkt gefördert, im Gegenteil: Mit dem Hersteller der Zahnpasten Aronal und Elmex gerieten wir richtig in Clinch, als wir im Zuge der Dauerpreissetzung die beiden Artikel für 3,95 Mark anboten. Der Hersteller benannte uns gegenüber plötzlich Lieferschwierigkeiten und beklagte sich an anderer Stelle über unseren Ehrgeiz, »unbedingt billiger als Schlecker sein zu müssen«. Da begriffen wir die Ursache der Lieferschwierigkeiten, beugten uns dem Druck, weil wir dem Kunden die Ware nicht vorenthalten wollten, und gingen exakt auf den geforderten Preis von 4,43 pro Tube. Allerdings klärten wir unsere Kunden auf einer Tafel am Verkaufsregal über den Lieferanten auf und zeigten den Lieferanten beim Bundeskartellamt an.

Schlecker hat weniger im Sinne der Kunden gehandelt und wurde dafür von der Industrie belohnt. Hinterher waren alle schlauer. Im März 2012 erklärte das *Handelsblatt*: »Und so wurde ein hausgemachtes Problem, das Schlecker von Beginn an begleitete, zu einer existenziellen Bedrohung. Schlecker hat – in Relation zum Umsatz – deutlich höhere Kosten als die Konkurrenz, allein wegen der Masse an kleinen, umsatzschwachen Filialen und der vielen Mitarbeiter. [...] Auch Banken hätten in Schleckers Riesenreich Probleme gehabt, Sicherheiten für Kredite zu finden. Mussten sie auch nicht, weil Schlecker sich weitgehend über Lieferantenkredite finanzierte. Das einem Schneeballsystem vergleichbare Konzept sollte sich am Ende bitter rächen: Weil keine Bank von der Insolvenz ernsthaft betroffen ist, findet sich nun auch kein Institut, das sich ernsthaft für die Rettung Schleckers interessiert.«

Die Kunden hatten keine Chance, zu erkennen, wie mit ihnen gespielt wurde. Die Mitarbeiter hatten keine andere Wahl. Und die Industrie hat das Spiel munter mitgemacht. Für sie war das Risiko überschaubar. Die Lieferantenkredite waren nämlich über die Markant bei EulerHermes rückversichert. Mit der Schlecker-Pleite verlor die Versicherung viele Millionen Euro. Das zahlt dann nicht die Industrie, selbst wenn sich dadurch die Versicherungsbeiträge erhöhen. Denn am Ende werden Versicherungskosten als »Gemeinkosten in der Herstellung« in die Produkte eingepreist, und so zahlt für die riskanten Geschäfte mal wieder der Verbraucher.

## »Der Discounter, den die Gewerkschaft lobt«

Trotz alledem war Schlecker für dm ein wertvoller und wichtiger Wettbewerber. Ich habe immer gesagt: Wenn es den Schlecker nicht gäbe, müssten wir ihn erfinden. Damals wurde ich immer wieder gefragt, warum ich die Insolvenz von Schlecker bedauerte, obwohl den meisten das Schicksal der vielen arbeitslosen Mitarbeiterinnen natürlich auch leid tat. Da erklärte ich stets: »Das ist doch klar: Mercedes wird mit Audi und BMW verglichen. Wir werden mit Schlecker verglichen. Etwas Besseres kann einem doch gar nicht passieren!«

Der Mensch lebt vom Vergleich. Und im Vergleich zu Schlecker konnte ich immer sehr leicht erklären, was dm ausmacht. Ob aus Sicht der Lieferanten, aus Sicht der Bänker oder aus Sicht der Kunden. Das hat unheimlich gut kontrastiert.

»Bei der Mitarbeiterführung ist der Unterschied zu Marktführer Schlecker besonders groß«, hat die Zeitung *Die Welt* einmal über uns geschrieben, als es Schlecker noch gab. Unter der Überschrift »Der Discounter, den die Gewerkschaft lobt« wurde beschrieben, wie wir bei dm arbeiten: Wir wären führend bei der Nutzung von IT und hätten viel schneller als andere mit den Daten unserer Payback-Kunden maßgeschneiderte Angebote entwickelt.

»Die unerreicht hohe Produktivität von dm macht es möglich. Und die wiederum ist nur zu erreichen, weil die Manager neben den Menschen auch der Maschine eine hohe Bedeutung einräumen.« Die wahre Sensation ist, dass so etwas in Deutschland eine Nachricht ist: Ein Manager räumt nicht nur Maschinen, nein, auch den Mitarbeitern räumt er hohe Bedeutung ein!

Das Befremden des Journalisten darüber, dass bei dm Mitarbeiter wie mündige Menschen behandelt werden, spürte man fast in jeder Zeile: »Auch wenn sich mancher Kritiker des ›Waldorf-Discounters‹ darüber lustig macht, dass die Geschäftsführung im Verkauf von Zahnpasta oder Bio-Müsli einen Akt der Sinngebung für die Mitarbeiter sieht: dm ist inzwischen in vielen Bereichen Maßstab für den gesamten deutschen Einzelhandel.«

Menschen wie Menschen zu behandeln, mag für viele nur ein Spleen sein. Ich bin der festen Überzeugung, dass Wirtschaft keinen anderen Zweck verfolgt: miteinander füreinander tätig sein. Die Wertbildungsrechnung spiegelt dieses Bewusstsein und beweist, dass nicht nur die Maschinen, sondern auch die Zahlen den Menschen dienen statt sie zu knebeln und zu knechten.

Und unser Erfolg überzeugt selbst die größten Skeptiker. Staunend berichten die Medien, wie es bei dm zugeht. Im Magazin *McKinsey Wissen* hieß es 2004:

> »Früher waren Unternehmenszahlen das Hoheitswissen der Verantwortlichen, aus dem Koffer des Bezirksleiters kamen allenfalls Umsatz- und Abverkaufszahlen. Heute bekommt jede Einheit – ob Filiale, Gebiet, Region oder Zentralressort – ihre monatliche Wertbildungsrechung, ein dm-eigenes Rechenwerk, das Eigen-, Fremd- und Vorleistungen interner und externer Geschäftspartner ausweist, dazu Inventurdifferenzen, Steuern und Warenzinsen, Telefon-, Entsorgungs- oder Werbekosten. Das Rechenwerk schließt mit einer Zahl für die Ver- oder Entschuldung.
>
> Ein anderes Instrument macht die Mitarbeiter zu Sortimentsmanagern, indem es ihnen die Strukturanalyse der verschiedenen Warenanordnungen überlässt. Sie kennen Umsatz und Erträge einzelner Artikel, wissen, welche schnell und welche langsam drehen, und können so die Produktivität im Regal selbst steuern.
>
> Auf eigene Verantwortung können sie auch die Preise einzelner Artikel anpassen, wenn es die Konkurrenzsituation erforderlich macht. Es gibt Filialen, die 1500 sogenannte angelegte Preise haben, Preise, die von der Vorgabe der Zentrale abweichen. Die Filialen stellen selbst neue Mitarbeiter ein und müssen nicht mehr den Bezirksleiter damit behelligen, wenn Frau X jetzt nur noch nachmittags arbeiten will. Den Mitarbeitereinsatzplan machen selbstverständlich die, die davon betroffen sind – jeder trägt seine Wunschzeit ein und lernt dabei, dass kollegiale Abstimmung nötig ist, wenn der Laden laufen soll.«

Man spürt förmlich, wie sich der Journalist Stefan Scheytt, der diesen Text geschrieben hat, wundert. Aber er versteht, dass die Art, wie wir bei dm den Menschen wahrnehmen und behandeln, wesentlicher Teil unseres Erfolges ist. Deswegen schließt er seinen Artikel:

»Bei dm sind die Menschen tatsächlich das wichtigste Kapital, konsequenterweise hat Gründer Werner deshalb auch eine buchhalterische Revolution gewagt: Die Mitarbeitereinkommen verbucht der Konzern nicht unter Kosten, sondern als Produktivfaktor – eine Investition, die sich für alle auszahlt.«

## Begriffe sind Ideen, Unternehmer sind Gärtner

Übrigens: Was die vielen scheinbar fremdartigen Begriffe angeht, die zum dm-Wortschatz gehören, gebe ich offen zu: Ich bin ein Begriffsfetischist. Ich habe die feste Überzeugung, ein großes Unternehmen kann man nur über die richtigen Begriffe führen. Es macht für den Mitarbeiter eben sehr wohl einen Unterschied, ob ich von Kosten oder von Leistungen rede. Es tritt ja keiner vor und sagt: »Ich will Kosten machen!« Ideen entstehen, wenn jemand sagt: »Ich möchte den Kunden etwas Besseres bieten. Ich möchte unsere Leistung steigern.« In der Buchhaltung reden wir dann von Kosten, aber die Leistungen sind notwendig, damit wir unsere Kunden bedienen können.

Begriffe sind Ideen. Wer die Welt verändern will, muss neue Begriffe finden. Begriffe sind das – deswegen heißen Begriffe nämlich Begriffe –, womit wir die Welt begreifen. Wenn wir falsche Begriffe haben, dann begreifen wir die Welt unzutreffend. Wenn wir sie unzutreffend begreifen, dann machen wir Fehler. Und wenn wir zu viele Fehler machen, haben wir keinen Erfolg.

Wir reden deswegen auch nicht von »Kundenbindung«. Man ist ja immer geneigt, diese gängigen Wortschablonen zu benutzen. Aber während einer Besprechung fiel mir irgendwann auf, wie unpassend der Begriff eigentlich ist: »Lassen Sie sich gern binden?« Alle haben den Kopf geschüttelt. »Warum zerbrechen wir uns den Kopf über Kundenbindung, wenn sich niemand gern binden lässt?« Wir haben dann begonnen, darüber nachzudenken, worum es eigentlich geht. Irgendwann war uns klar, dass wir wollen, dass sich der Kunde mit uns *verbindet.* Das ist etwas völlig anderes.

Deswegen hinterfrage ich auch das Wort »Gewinn«. Die meisten Menschen denken, das sei etwas Tolles. Davon könne man nicht genug haben. Unternehmen machen große Pressekonferenzen, in denen sie verkünden, um wie viel sie ihren Gewinn gesteigert haben. Ich sage: Gewinn macht konservativ und denkfaul. Leistungsbereit, wach und aufnahmefähig ist der Mensch, wenn er auf der Vorderkante des Stuhles sitzt. Am aktivsten wird der Mensch, wenn er leicht in Bedrängnis kommt – allerdings nicht lebensbedrohlich. Denn Angst ist ein schlechter Ratgeber und zerstört jede Kreativität. Wenn wir am Ende eines Jahres viel »Gewinn« gemacht haben, dann haben wir etwas falsch gemacht. Dann haben wir zu wenig in den Menschen investiert, also entweder zu wenig in den Kunden oder zu wenig in den Mitarbeiter.

Statt das Unternehmen durch Wertbegriffe zu beschreiben, versuche ich einen Organismusbegriff vom Ganzen zu vermitteln. Ein Organismus ist nichts, wo es tickt und klackt, rattert und vorwärts geht, sondern wo es – Freud und Leid – ein Wachsen und ein Schrumpfen gibt. In einem organischen Unternehmen gibt es zwei Qualitäten von Prozessen: die Leistungsprozesse und die Veränderungsprozesse. Der Veränderungsprozess stört den Leistungsprozess.

Der Unternehmer muss wie ein Gärtner nun den Organismus hegen und pflegen. Wenn er den Acker verwildern lässt, dann werden die Kartoffeln nicht gut wachsen. Er muss gießen und jäten. Oder bei der Tomate auch einmal einen Ast festbinden und hier und dort geile Triebe ausgeizen.

Genauso muss der Unternehmer oder die Führungskraft Verhältnisse schaffen, damit das Unternehmen blüht und gedeiht. Da darf man nicht übereifrig den Keimling herausziehen und gucken, wie weit die Wurzeln schon gewachsen sind. Man kann den Erfolg nicht herbeizwingen, sondern muss geduldig vertrauen und sich beharrlich bemühen. Mit einem materialistischen, mechanistischen Herangehen kann man kein Unternehmen verlebendigen. Dann kann man es letzten Endes nur ausbeuten. Der lebendige Organismus besteht aus den Phänomenen Wachsen und Schrumpfen, Erneuerung und Verfall. Wir reden deswegen auch nicht von Expansion, sondern von Regeneration. Denn wenn wir in der Lage sind, das Unternehmen zu regenerieren, dann kann man das Wachsen gar nicht mehr verhindern. Wie beim menschlichen Organismus. Je schneller die Zellen sich erneuern, desto mehr wachsen die Haare oder die Fingernägel. Wenn die Zellen aufhören sich zu erneuern, dann sterben immer mehr ab, am Ende stirbt der ganze Organismus.

Beim Prinzip des lebendigen Organismus' vertrauen wir darauf, dass unsere Saat, wenn wir sie denn richtig ausgebracht haben und die richtigen Verhältnisse geschaffen haben, irgendwann aufgeht. Genau wie in der Natur: Durch den Beginn des Frühjahrs ändern sich die Umfeldbedingungen, und plötzlich werden die Samen wach und fangen an zu keimen. Das Frühjahr ist ein richtiger Sog. Die Luft riecht anders, die ersten warmen Strahlen und eine andere Feuchtigkeit sind bemerkbar, und plötzlich fangen die Samen an zu keimen. Der Frühling zieht die Keime aus der Erde. Der Gärtner muss gar nichts mehr tun. Deswegen wollen wir auch in unserer Führungskultur keinen Druck erzeugen, sondern einen Sog.

Anders als bei Schlecker war Wachstum für uns nie Selbstzweck. Wichtiger als ständige Erneuerung war es, das Bestehende zu entwickeln. Das ist ein ganz zentraler Punkt: Gesundheit ist wichtiger als Wachstum. Deswegen haben wir auch nie von Expansion gesprochen. Wir nennen es »Regeneration«.

Das ist etwas anderes. Genau. Aber das eine ist die Voraussetzung für das andere. Wenn ich den Fokus nur auf Wachstum lege, dann vernachlässige ich die Regeneration, das kann man empirisch nachweisen. Schlecker zum Beispiel ist daran zugrunde gegangen, dass er gewachsen ist, aber sein Geschäftsmodell nicht erneuert hat. Viele Unternehmen sind eines Tages nicht mehr wettbewerbsfähig, weil sie ihre Substanz nicht erneuert haben.

Der organische Vorgang ist umgekehrt: Ich erneuere meine Substanz, und weil ich meine Substanz erneuere, komme ich zu Überschusskräften, und die Überschusskräfte führen zum Wachstum. Oder anders gesagt: Wenn sich ein Maikäfer lange genug aufgepumpt hat, können Sie gar nicht mehr verhindern, dass er fliegt.

*Man kann einen Menschen nichts lehren, man kann ihm nur helfen, es in sich selbst zu entdecken.* Galileo Galilei

# Kapitel 13 **Ausbildung oder wieso es bei dm keine Lehrlinge gibt, sich aber Tausende lernwillig ins Abenteuer Kultur stürzen**

»Beim Thema Kundenzufriedenheit kann derzeit keine Drogeriekette mit dm mithalten«, meldete Ende 2012 das Fachblatt *Horizont*. »In der Verbraucherstudie Kundenmonitor Deutschland 2012 der Münchner Service Barometer AG erreichte dm mit der Note 1,93 für die allgemeine Kundenzufriedenheit den besten Wert seit Beginn der Befragung im Jahr 1993.« Die dm-Kunden lobten nicht nur unseren allgemeinen Service und das Preis-Leistungs-Verhältnis, sondern auch explizit die Sauberkeit, Angebotsvielfalt, die Eigenmarken – und die Freundlichkeit der Mitarbeiter.

Die Tatsache, dass wir in allen Kundenrankings seit zwanzig Jahren gut abschneiden, hätte uns faul werden lassen können. Doch zum Glück ist es uns gelungen, den Anspruch an uns selbst stets hoch zu halten. So hat uns der 1982 entwickelte Kundengrundsatz offenbar erfolgreich begleitet und geleitet: »*Wir wollen uns beim Konsumenten – dem Wettbewerb gegenüber – mit allen geeigneten Marketinginstrumenten profilieren, um eine bewusst einkaufende Stammkundschaft zu gewinnen, deren Bedürfnisse wir mit unserem Waren-, Produkt- und Dienstleistungsangebot veredeln.*«

Wir konnten nicht nur eine bewusst einkaufende Stammkundschaft gewinnen. Wir haben es auch geschafft, uns gegenüber dem Wettbewerb zu profilieren: »Selten gelingt es einer Marke, sich so eindrucksvoll durchzusetzen«, berichtete das Fachmagazin *Werben & Verkaufen* im Januar 2012 über eine Studie des Hamburger Marktforschungsinstituts mafo.de: »dm gewinnt mit Bekanntheit, Markenbild, Einzigartigkeit und Claim-Stärke sämtliche Hauptkategorien.«

Dass für solche Beliebtheit bei den Kunden nicht zuletzt die Art und Weise verantwortlich ist, wie wir bei dm miteinander umgehen, ist wohl keine Frage. Schließlich liegt der Arbeit bei dm eine einfache Erkenntnis zugrunde: »So wie ich mit meinen Mitarbeitern umgehe, so gehen sie mit den Kunden um.«

Basis dafür war der ebenfalls 1982 entwickelte Mitarbeitergrundsatz: *»Wir wollen allen Mitarbeitern die Möglichkeit geben, gemeinsam voneinander zu lernen, einander als Menschen zu begegnen, die Individualität des anderen anzuerkennen, um die Voraussetzungen zu schaffen, sich selbst zu erkennen und entwickeln zu wollen und sich mit den gestellten Aufgaben verbinden zu können.«*

Solche Worte sind leichter gesagt als umgesetzt, das dürfte klar sein. In welcher Unternehmensbroschüre stehen nicht vergleichbare Sätze. Der Unterschied ist – daran sei noch einmal erinnert –, dass bei dm diese Formulierungen nicht von einer schicken Werbeagentur, sondern von den Mitarbeitern selbst erarbeitet wurden. Wort für Wort. Und dass wir diesen Text immer als Vertragsgrundlage unseres Handelns und Tuns genommen haben.

Einander als Menschen begegnen. Wie geht das? Was heißt Menschsein? Die Individualität des anderen anerkennen. Wie schnell stößt das an Grenzen? Wollen wir die akzeptieren? Oder wollen wir sie überwinden? Sich selbst erkennen und entwickeln. Was genau muss ich da tun? Will ich das? Kann ich das?

Es ist eine ständige Herausforderung für jeden von uns, die

Eigentümlichkeit jedes Menschen anzuerkennen und mit den individuellen Wesenszügen der Beteiligten umzugehen. Es ist genauso eine Herausforderung, das Unternehmen so zu gestalten, dass die zusammenarbeitenden Menschen Entwicklungsmöglichkeiten erhalten und dm als Gemeinschaft vorbildlich in seinem Umfeld wirkt. Inzwischen reden wir von 46 000 Mitarbeitern in über 2800 dm-Märkten europaweit. Aber dahinter stecken immer wieder Du und Ich. Diesen Dialog auf Augenhöhe jeden Tag aufs Neue zu eröffnen, das muss jeder dm-Mitarbeiter lernen und trainieren. Die Möglichkeit, mitzuwirken und teilzuhaben, macht Spaß, erfordert aber auch ein aktives Mitdenken und Mitmachen. Vom ersten Tag an übernimmt jeder Mitarbeiter ein Stück Verantwortung. Dafür muss er Freude am Kontakt mit Menschen, eine gesunde Portion Neugier und Begeisterung für dm und das Sortiment mitbringen. Teamwork ist Bedingung. Man muss sich aufeinander einstellen und gegenseitig unterstützen. Der Einzelne profitiert vom Wissen der anderen. Jeder lernt von jedem.

## Lernen auf Vorrat ist sinnlos

Zentral geplante und gesteuerte Qualifizierungsprogramme hat es bei dm bis auf einige Seminare zur Unternehmenskultur nie gegeben. Selbstständigkeit kann man nicht pauken. Was in vielen Unternehmen praktiziert wird, nämlich in normierten Kursen und Workshops nur vorgefertigtes Wissen zu vermitteln, lehnten wir ab. Außerdem dauert es viel zu lange, bis ein Qualifizierungsbedarf ermittelt, in didaktische Konzepte und entsprechende Lehrveranstaltungen übersetzt werden kann. Institutionelles Lernen kommt in der Regel zu spät. Weil man nur das lernt, was man braucht. Wenn ich mir keine Frage stelle, brauche ich keine Antwort. Lernen auf Vorrat ist sinnlos. Deswegen haben wir die Mitarbeiterentwicklung an die Mitarbeiter selbst delegiert. Es gilt das Prinzip »Lernen in der Arbeit« – und das lebenslang. Die tägliche Erfahrung wird zum Lernimpuls. Neue Aufgaben und Herausforderungen ziehen sich wie ein roter Faden durch den Arbeitsalltag. So hat jeder einzelne Mitarbeiter die Chance, sich weiterzuentwickeln – einen vorgeschriebenen Berufsweg gibt es nicht.

Trotzdem kam irgendwann die Frage auf, wie in einer solchen aufs dauerhafte Lernen ausgerichteten Kultur eine adäquate Berufsausbildung aussehen kann. In den Anfangsjahren von dm war es uns gar nicht erlaubt, Lehrlinge auszubilden, weil die Ausbildungsordnung zum Drogisten noch das traditionelle Thekengeschäft vorsah. So haben wir erst 1985 überhaupt mit der Ausbildung junger Menschen in den dm-Märkten begonnen, aber damals eben noch nicht sonderlich systematisch.

Das änderte sich 1998. Zum 25-jährigen Bestehen starteten wir eine bis heute in Deutschland einzigartige Lehrlingsinitiative mit der Zielsetzung »Jede Filiale ein Lehrling«. Die Eröffnung feierten wir mit der Aktion »Spenden statt Sekt« und untermauerten die Einstellung von 700 Lehrlingen mit einer Spende von 4,3 Millionen D-Mark an soziale Einrichtungen. Vorausgegangen war – versteht sich – eine lange Projektarbeit, bei der die Voraussetzungen, Inhalte und Formate einer fundierten Ausbildung bei dm erarbeitet wurden. Zentraler Grundsatz: »Niemand kann gelernt werden, jeder muss selber lernen!«

Auch für den jugendlichen Schulabgänger gilt unser Bild vom Menschen, der sich des rechten Weges wohl bewusst ist. Er ist eben nicht »auszubilden«, also jemand, der *ausgebildet werden muss*, sondern jemand, der *sich selbst* ausbildet und entwickelt. Wir können und wollen niemandem mit Druck Wissen einbläuen, sondern wollen stattdessen lieber einen Sog herstellen, der das freiwillige und eigenständige Lernen hervorruft. Ein neuer Begriff musste her, weil die alten wieder einmal nicht taugten. Deswegen gibt es bei dm keine »Auszubildenden« oder »Lehrlinge« (sie lehren ja nicht!), sondern »Lernlinge«.

Im Rahmen ihrer Ausbildung haben sie die Möglichkeit, fachliche Kompetenz zu erlangen, aber auch ihre Persönlichkeit weiterzuentwickeln und eigenverantwortlich zu handeln. Das Ausbildungskonzept ist praxisnah, lässt viel Freiraum auch für Fehler und ermöglicht das eigenständige Erschließen von Wissen. Das Konzept heißt »Lernen in der Arbeit«, kurz LidA. Dabei erhalten die Lernlinge nicht nur regelmäßig Aufgaben, die sie selbstständig und unter realen Arbeitsbedingungen lösen. Sie lernen auch, Aufgaben selbstständig zu entdecken und anzugehen. Das heißt, der Ausbilder erklärt ihnen nicht, was sie tun sollen, sondern er setzt ihnen ein Ziel, und die Lernlinge müssen selbst herausfinden und gemeinsam entscheiden, was sie tun müssen oder wollen, um das Ziel zu erreichen. Indem die Lernlinge ihren eigenen Lösungsweg finden, setzen sie sich intensiv mit der Problembewältigung auseinander und lernen, Verantwortung zu übernehmen. Anschließend schildern die Lernlinge in einem Auswertungsgespräch ihre Erfahrungen und Eindrücke und erhalten ein ausführliches Feedback. Wer Fehler gemacht hat, wird für seinen Mut gelobt, aber zur Reflexion aufgefordert, wie er zukünftig bessere Ergebnisse erzielen kann. Denn nur, wer auch einmal Fehler machen darf, traut sich zu, Verantwortung für sich und sein Handeln zu übernehmen.

Insgesamt drei Mal treffen sich die Lernlinge während ihrer Ausbildung zu sogenannten LidA-Arbeitstagen. Weil es für dm oberstes Ziel ist, sinnvoll zu handeln und Verantwortung zu übernehmen, steht ökologisch, ökonomisch, sozial und kulturell nachhaltiges Handeln auch im Mittelpunkt der Ausbildung. Durch die gesamte Drogistenausbildung zieht sich deswegen der sogenannte *Rote Faden der Nachhaltigkeit,* durch den die Lernlinge ein Verständnis für Nachhaltigkeit entwickeln.

Neben den herkömmlichen Ausbildungsinhalten findet im Rahmen der LidA-Arbeitstage auch der Austausch zu Themen der Nachhaltigkeit statt. Beim ersten Treffen geht es zunächst einmal darum, die Umgebung zu erkunden. Die Lernlinge recherchieren in ihrer Ausbildungsfiliale Themen aus dem Bereich Nachhaltigkeit und stellen sie den anderen in einer selbst gewählten, kreativen Form dar. Beim zweiten Treffen überlegen sie sich Projekte, mit denen sie die Kunden im dm-Markt auf das Thema Nachhaltigkeit aufmerksam machen können, und setzen sie im darauffolgenden Halbjahr im dm-Markt um. Bei den dritten LidA-Arbeitstagen wird das Nachhaltigkeitsprojekt nochmals vertieft, indem die Lernlinge sich nun mit den wirtschaftlichen Aspekten ihrer Ideen beschäftigen. Am Ende entstehen konkrete Projekte: ein Memoryspiel zum Thema Nachhaltigkeit für Kindergartenkinder, ein Sommerfest im Seniorenheim, um für ein besseres Miteinander in der Gesellschaft zu werben, oder ein Radlerwochenende, bei dem die Kunden erfahren, wie viel $CO_2$ sie einsparen, wenn sie mit dem Fahrrad einkaufen. In Zusammenarbeit mit der jeweiligen Ausbildungsfiliale kann jeder angehende Drogist während seines zweiten Ausbildungsjahres seine Projektidee in die Tat umsetzen. Viele Nachhaltigkeitsideen unserer Lernlinge haben so ihren Weg in unseren Filialalltag gefunden. Dass inzwischen alle dm-Filialen auf 100-%-recyceltem und chlorfrei gebleichtem Papier drucken, geht beispielsweise auf die Idee eines Lernlings zurück.

LidA ist eine von drei Säulen, auf denen das Ausbildungskonzept ruht. Die zweite Säule heißt »Forum Schule« und findet in regionalen Berufsschulen statt. Hier wird gemäß den Lernplänen das komplette theoretische Wissen vermittelt. Und die dritte Säule schließlich nennt sich »Abenteuer Kultur«.

Die Lernlinge nehmen an acht einzelnen Tagen verteilt auf acht Wochen an Theaterworkshops teil – und das während der Ausbildung zweimal. Unter Anleitung von professionellen Schauspielern, Regisseuren und Theaterpädagogen entwickeln sie ein eigenes Stück, das sie jeweils am achten Tag vor ihren Kollegen, Freunden und Familien auf die Bühne bringen. Eine besondere Erfahrung, denn auf der Bühne erleben sich die jungen Menschen in einer ungewohnten Situation und entdecken so ihr eigenes Entwicklungspotenzial. Sie erfahren, was sie mit eigenständigem Denken, selbstbewusstem Handeln, Mut und guten Ideen leisten können – in der Gruppe und für die Gruppe.

## »Abenteuer Kultur – das Beste, was ich erlebt habe«

Die Idee dazu war aus einer Alltagssituation heraus entstanden. Ein Lernling rief mich aus einer Essener Filiale an, um sich zu beschweren. Mindestens eine Viertelstunde lang telefonierten wir, ohne dass ich sein Anliegen verstand. Dabei sprach er weder Chinesisch noch Dialekt, sondern einfach eine ausgeprägtes Jugendstakkato, bei dem er die Wörter nicht im Zusammenhang, sondern eher schlagwortartig rausbrachte. Jedenfalls war ich erstaunt, wie wenig er sich ausdrücken konnte. Als ich aufgelegt hatte, erinnerte ich mich an einen Waldorfpädagogen namens Rainer Patzlaff, den wir gerade bei einer Forschungsarbeit unterstützt hatten.

Sein Schwerpunkt lag auf »salutogenetischen, pädagogisch-medizinischen und sozialen Aspekten der frühen Kindheit« und hatte ihn im Ergebnis zu einer Publikation geführt, die den knackigen Titel »Kindheit verstummt!« trug. Darin stellte er fest, dass es einen gewaltigen Unterschied ausmachte, ob Kinder den Tag über nur der Lautsprechersprache eines Fernsehers ausgesetzt sind oder mit einem echten leibhaftigen

Sprecher in Kontakt kommen. Sprache wird nämlich in drei Schritten erlernt, zuerst unbewusst über den Bewegungsapparat, dann halbbewusst über die Ebene des Fühlens, und erst im dritten Schritt wird sie bewusst gedanklich erfasst und verstanden. Sprachprobleme bei Kindern gehen deswegen sehr häufig mit motorischen Schwierigkeiten einher. Patzlaff forderte deswegen dringend, den Fernseher auszustellen und mit Kindern direkt zu sprechen.

Im Aufsatz des Wissenschaftlers war das alles sehr anschaulich geschildert, weshalb ich das Telefonat und den Text schnell in Zusammenhang brachte. Ich bestellte die Publikation zigmal und verschickte sie an das komplette Management, zusammen mit der Frage: Wie können wir im Unternehmen Anlässe schaffen, den Menschen aus der Sprachlosigkeit zu helfen?

Ganz wesentlich hat sich in diesem Zusammenhang meine Frau Beatrice eingebracht. Sie ist ausgebildete Sprachgestalterin und Schauspielerin und hat viele Jahre an der Waldorfschule Klassenspiele einstudiert. Zusammen mit dem Kunstprofessor Michael Bockemühl berieten wir nun zu dritt, auf welche Weise wir die jungen Menschen schulen könnten. Sie sind ja einem medialen Beeindruckungsbombardement ausgesetzt, das dazu führt, dass sie sich oft gar nicht mehr ausdrücken können. Aber der Mensch ist kein »Beeindruckungswesen«, sondern ein »Ausdruckswesen«. Um die Mitarbeiter im Ausdruck zu üben, erprobten wir verschiedene künstlerische Projekte etwa im Bereich Bildbetrachtung oder in Improvisation und Bewegung.

Nach einer gewissen Erprobungszeit entschieden wir uns für Theaterarbeit, weil sie gleichermaßen den körperlichen wie sprachlichen Ausdruck, also Gestik, Mimik, Stimmmodulation und so weiter erfordert, aber obendrein eine Auseinandersetzung mit Texten und Geschichten bedingt. Mit großem Engagement suchte meine Frau die künstlerischen

Kooperationspartner aus, besuchte Proben und motivierte mit ihren wertschätzenden Worten bei den abschließenden Aufführungen nicht nur die jugendlichen Teilnehmer, sondern auch die Leiter der Projekte, sich mutig auf diese neuartige Zusammenarbeit einzulassen. Wie bei dm üblich wurde auch hier permanent reflektiert, was sich besser machen ließe. Es bildete sich das »Lenkungsteam« aus den beiden freien Theaterregisseuren Marc Vereeck und Sylvia Hattazy, der dm-Mitarbeiterin Helga Weiss und meiner Frau Beatrice. Helga Weiss war übrigens die allererste Mitarbeiterin von dm und hatte im Laufe der Jahre viele sehr unterschiedliche Aufgaben übernommen. Das Theaterprojekt krönte ihre Berufsbiographie. Dieses Team kultivierte die Theaterarbeit derart, dass wir bei dm bis 2013 mehr als 800 Workshops mit ca. 8500 Teilnehmern gemacht und 170 Künstlerinnen und Künstler beschäftigt haben.

So entstand also bei dm die vielseits gerühmte Initiative »Abenteuer Kultur«, die wir nicht nur für die Lernlinge, sondern neuerdings für alle Mitarbeiter zur Persönlichkeitsentwicklung anbieten. Immer wieder treffe ich in den Filialen auf Mitarbeiter, die bei dm ihre Ausbildung gemacht haben. Wenn ich frage: »Und wie erinnern Sie sich an Abenteuer Kultur?«, dann heißt es meist: »Das war das Beste, was ich bisher erlebt habe!«

Anfangs gab es große Skepsis. Aber inzwischen ist klar, dass die Mitarbeiter im Rahmen von *Abenteuer Kultur* Erfahrungen machen, die sie als sinnvoll für ihr Leben erfahren. Arbeit wird zum Ort eigener biographischer Entwicklung.

»Theaterspielen ist keine Spielerei, wir üben auch keine Verkaufstricks«, brachte Theaterregisseur Marc Vereeck die Idee von Abenteuer Kultur einmal auf den Punkt. »Das Theaterspiel ist ein Aufwacherlebnis, die Spieler müssen offene, unplanbare Situationen bewältigen. Wer mal vor 200 Leuten ein Gedicht aufgesagt oder eine Diva gespielt hat, der kann später besser auf Kunden zugehen, aber natürlich auch überzeugend mit seinem Gebietsverantwortlichen argumentieren.«

## Ideen, Initiativen, Innovationen

Doch Kultur ist bei dm nicht das Sahnehäubchen auf einem ansonsten knallharten Geschäft, im Gegenteil, die Arbeit im Unternehmen wird selbst zur Kultur. Denn Kultur trägt entscheidend dazu bei, wie sich die Gesellschaft weiterentwickelt. Deswegen haben wir auch andere Initiativen gestartet, etwa zusammen mit der Deutschen UNESCO-Kommission 2008 den Wettbewerb »Ideen Initiative Zukunft«: Dabei wurden die Menschen mit dem Slogan »Sei ein Futurist!« aufgefordert, Ideen für die Welt von morgen einzubringen. Im Wettbewerb »1000 x 1000« wurden über tausend nachhaltige Projekte mit je tausend Euro gefördert, damit junge Menschen heute schon an morgen denken.

Beim zweiten Anlauf 2010 gingen sogar mehr als 4500 Bewerbungen ein. Eine Expertenjury traf eine Vorauswahl von 2850 Projekten, die als eines von meist drei Projekten in einem dm-Markt ihrer Region vorgestellt wurden. Die Kunden konnten per Abstimmkarte den Gewinner wählen, der dann tausend Euro Förderung erhielt. dm schüttete auf diese Weise insgesamt mehr als 1,5 Millionen Euro für nachhaltige Projekte aus.

2012 veranstalteten wir im Rahmen von »Ideen Initiative Zukunft« eine spektakuläre bundesweite Kassieraktion: Eine Stunde lang gingen alle dm-Einnahmen an gemeinnützige Projekte in der jeweiligen Region. Peter Maffay, Nachhaltigkeitsbotschafter von dm, und andere Prominente forderten zum Mitmachen auf: Am Ende kam eine Spendensumme von rund 1,8 Millionen Euro zusammen.

Das Projekt »ZukunftsMusiker«, das im März 2006 von dm ins Leben gerufen wurde, zielte auf die musikalische Kulturförderung in unserer Gesellschaft. Binnen zwei Jahren lernten mehr als tausend Kinder zwischen fünf und elf Jahren verschiedene Instrumente kennen, nahmen an musikalischen Schnupperkursen teil oder machten auf dem »Klingenden Mobil« Bekanntschaft mit Trompete und Cello. Während der Sommerferien konnten Kinder gemeinsam mit dm-Filialmitarbeitern überall in Deutschland Instrumente basteln und in Live-Konzerten die Freude am gemeinsamen Musizieren erleben. Am »Tag der Musik« im Mai 2007 spielten 200 Ensembles zeitgleich vor und in dm-Märkten in ganz Deutschland und machten damit auf die Notwendigkeit musisch-kultureller Bildung aufmerksam.

Die Kehrseite dieser tollen Aktion war allerdings ein immenser Aufwand, der allen Beteiligten im Nachhinein unverhältnismäßig erschien. Denn allein die vielen Instrumente aufzutreiben und im Lande zu verteilen, kostete endlose Mühen. Also überlegten wir, wie wir den positiven Effekt des gemeinsamen Musizierens effizienter erreichen konnten.

»Lasst uns doch das Instrument nutzen, das jeder Mensch sowieso hat, die Stimme!«, schlug meine Frau vor. Alle Beteiligten waren spontan begeistert.

Um darüber hinaus auch Kinder zu erreichen, die in ihren Familien nicht an Musik herangeführt werden, beschlossen wir obendrein, die frühkindliche musikalische Bildung zu unterstützen. Und so begannen wir 2011 die Aktion »Singende Kindergärten«, bei dem sich inzwischen zahlreiche dm-Mitarbeiter aktiv engagieren. Mehrere hundert Kindergärten erhalten seither kostenlose Förderung, um das Singen im Kindergartenalltag stärker einzubinden.

In Zeiten, in denen die meisten Menschen Musik nur noch aus dem Radio oder dem MP3-Player kennen, ist es wichtig, ihnen zuallererst die Hemmung zu nehmen, selbst musikalisch aktiv zu werden. Mit unserer Aktion sprechen wir deswegen vor allem Erzieherinnen an und ermutigen sie, ihre Stimme in der Arbeit mit den Kindern selbstbewusst einzusetzen und das Singen in den täglichen Ablauf zu integrieren. In kostenlosen Workshops vermitteln ihnen Musikpädagogen das nötige musikalische Know-How – von Rhythmus- und Bewegungsliedern bis hin zu Fingerspielen und Einzelstimmenbildung. Auch die Verbindung von Singen und Bewegung wird ins Bewusstsein gerückt.

Die Freude am Klang der eigenen Stimme geben die Erzieherinnen inzwischen in vielfältigsten Alltagssituationen an zehntausende Kinder weiter. Dabei geht es nicht um das perfekte Singen, sondern um die Freude an Musik und Tanz. So können aus ganz alltäglichen Situationen Lieder, Reime und Verse entstehen.

Meine Frau Beatrice zieht als Initiatorin von »Singende Kindergärten« mit großer Begeisterung und unermüdlich durchs Land, um den Menschen endlich wieder Freude am Singen zu vermitteln. Singen erweckt Lebensfreude, ist gesundheitsfördernd, stärkt die sozialen Fähigkeiten und das Selbstvertrauen. Eines ihrer Lieblingslieder ist deswegen der Kanon »Froh zu sein, bedarf es wenig, und wer froh ist, ist ein König!« Wie recht sie damit hat, sieht man den strahlenden Kindern an, die beim Singen zu kleinen Königen werden. Und auch die Erwachsenen haben den Spaß entdeckt: In München und Tübingen sind aus diesem Impuls Erzieherchöre entstanden.

Solche Ideen, aber vor allem die gründliche und ganzheitliche Vorbereitung des Ausbildungskonzeptes haben sich bewährt und werden auch von Fachleuten anerkannt: Das Bundesinstitut für Berufsbildung (BIBB) zeichnete dm 2003 für seine innovativen und zukunftsweisenden Bildungsmaßnahmen mit dem *Weiterbildungs-Innovations-Preis* aus. 2004 wurde dm Hauptpreisträger des *Initiativpreises Aus- und Wei-*

*terbildung*, der vom Deutschen Industrie- und Handelskammertag, der Otto-Wolff-Stiftung und der *Wirtschaftswoche* verliehen wird. Und 2011 zeichnete der Rat für Nachhaltige Entwicklung die Integration des Themas Nachhaltigkeit in der dm-Drogistenausbildung als »Werkstatt N-Projekt« aus. Der Wettbewerb »Ideen – Initiative – Zukunft« überzeugte ebenfalls nicht nur die Teilnehmer, sondern auch die Experten beim Deutschen Nachhaltigkeitspreis, für den die Initiative 2011 nominiert war. Die Begründung: dm und die Deutsche UNESCO-Kommission verschafften dem Thema eine einzigartige Breitenwirkung.

Inzwischen haben bei dm über zehntausend Menschen ihre Ausbildung absolviert. Allein im Jahr 2013 sind es 3000 Lernlinge. Dabei liegt der Schwerpunkt auf der Ausbildung von Drogisten, die als Spezialisten in den Bereichen Schönheit, Gesundheit, Foto und Ernährung ihre Kunden kompetent beraten können. Mittlerweile gibt es an fast jedem Standort einer dm-Filiale eine eigene Drogistenklasse in den Berufsschulen, sie sind häufig ausschließlich mit dm-Lernlingen besetzt.

*Die meisten Leute haben genug, wovon sie leben können. Aber viele wissen nicht wofür.* Viktor Frankl

## Kapitel 14 Einkommens- und Konsumsteuer oder warum Geld dumm ist, niemand von seinem Einkommen leben kann und Unternehmer Steuern zahlen, aber sie nicht tragen

Was ist eigentlich Geld? Über diese Frage habe ich immer wieder mit meinem Freund und Mentor Benediktus Hardorp gesprochen, der zu diesem Thema promoviert und sich eine Antwort auf Basis der Philosophie Rudolf Steiners erarbeitet hat:

»Geld ist kein Wert an sich. Man kann es nicht essen, nicht trinken. Es ist dumm und gibt keine Auskunft«, sagte er einmal. Bis dahin war die Sache leicht. Doch dann folgte der Satz, der es in sich hatte: »Geld ist der Bewusstseinsstrom, der dem Wertschöpfungsstrom entgegenläuft, und zwar in dreifacher Weise: Es macht den Wertschöpfungsstrom abrechenbar. Es muss die Investitionen finanzieren können. Und es muss den Gesamterhalt des sozialen Organismus leisten, also das Bildungswesen finanzieren, die Kultur finanzieren. Das sind die drei Aufgaben des Geldes.«

Darauf musste ich erst einmal eine Weile herumkauen. Benediktus Hardorp arbeitete als Wirtschaftsprüfer und Steuerberater, aber ich war mit ihm immer nur privat in Kontakt. Kennengelernt hatten wir uns bei einer Eltern-/Lehrertagung der Waldorfschulen, ungefähr 1982 in Überlingen. Bei diesem Kongress ging es um Erfahrungsaustausch aller Gründer von

Waldorfschulen in ganz Deutschland. Es kamen an die tausend Menschen zusammen. Da spürte man noch den Bildungsaufschwung der 1970er-Jahre. Hardorp hatte die Mannheimer Waldorfschule mitgegründet, ich saß im Aufsichtsrat der Karlsruher Waldorfschule. Wir begannen ein Gespräch, das mich neugierig machte und mir Fragen aufgab, weswegen ich dann las, was er publiziert hatte, und so entstand eine Freundschaft.

Er war auch wichtiger Inspirator für einen kleinen informellen Unternehmerkreis, bei dem seit Anfang der 1980er-Jahre bis heute etwa 15 Unternehmer etwa viermal im Jahr zusammenkommen, um sich gemeinsam mit anthroposophischem Hintergrund über Fragen der Wirtschaft zu beraten. Den Anstoß für diesen Kreis hatte anfangs Hans-Wilhelm Colsman gegeben, Mitinhaber der Weberei Gebrüder Colsman in Essen, der inzwischen gestorben ist. Wolfgang Gutberlet von tegut und Götz Rehn von Alnatura gehören auch dazu, um nur ein paar Namen zu nennen, ebenso wie vor seinem Tod Heinz Hess von Hess Natur. Der Kreis ist eigentlich ein Freundeskreis, in dem wir Erfahrungen austauschen und versuchen, die Hintergründe unseres Tuns anthroposophisch zu beleuchten.

Als Anthroposoph fragt man ja immer nach dem Warum und dem Wozu und erst in zweiter Linie nach dem Wie. Die materialistische Wissenschaftsart stellt eine Behauptung auf und versucht, sie dann zu zerkrümeln, zu analysieren und dann wieder zu synthetisieren. Die materialistische Denkweise geht vom Kleinen auf das Große. Die anthroposophische Denkweise geht immer vom Großen auf das Kleine. Wer vom großen Zusammenhang ausgeht und dann schaut, wie er sich im Kleinen spiegelt, der denkt anthroposophisch, man könnte auch sagen »goetheanistisch«. Denn Goethe hat genau dieses Denken ins Zentrum seiner Metamorphosenlehre gestellt: Eine Pflanze wächst, wie es ihr Urtypus vorgibt. Blätter, Blüten und so weiter entfalten sich immer gleich, nur durch die Einflüsse der Umgebung geringfügig variiert. Die Metamorphose folge quasi einem Plan, einer übersinnlichen Idee, von der die Pflanze selbst nichts weiß. Ein Tier habe darüber hinaus ein beseeltes Innenleben, das sich durch instinkt- und triebhaftes Verhalten kundtut. Eine Giraffe wird als Giraffe geboren und stirbt als Giraffe, ohne es zu wissen. Der Mensch aber hat darüber hinaus die Fähigkeit, an diesem Geistigen bewusst teilzunehmen.

Im Gegensatz zum Tier muss der Mensch nicht tun, was Instinkte und Triebe ihm vorgeben. Er kann sich frei davon machen und sein Leben bewusst auf das übergeordnete Geistige ausrichten. Deswegen sind die Geisteswissenschaften so wichtig. Die Aufgabe der Naturwissenschaften ist in erster Linie, zu konstatieren, was sich der menschlichen Erfahrung darbietet (Empirie) – das, was ist. Im Gegensatz dazu stehen die Geisteswissenschaften, die erfassen, was sich durch das menschliche Denken erschließen lässt – das, was sein soll. Wissen ist wichtig. Der Mensch ist ein Wesen auf der Suche nach Sinn. Er braucht eine spezifische Aufgabe, die darauf wartet, von ihm gelöst zu werden. Er lebt in Hingabe an eine solche Aufgabe!

In diesem Kreis kommen lauter Unternehmer zusammen, die ihr Denken nicht als selbstverständlich hinnahmen, sondern versuchten, der Reflexion bewusst Zeit und Raum zu geben. Es ist verblüffend, sich hin und wieder beim Denken zu beobachten – in welchen Schablonen das abläuft, welche Denkgewohnheiten sich ausgebildet haben und welche Gedanken unentwegt aufblitzen. Als tatkräftiger Mensch, als Unternehmer erlebt man sich im Machen, im Managen, in der Aktion, aber ungern in der Reflexion. Aber man lernt weniger aus den Fehlern der Vergangenheit, sondern eher im gemeinsamen Reflektieren von Erfolgen. Dieses Denken kann man bewusst übernehmen und sich zur Gewohnheit machen: Rückschau halten auf den vergangenen Tag, wie das Zähneputzen vor dem Zubettgehen.

Es gibt ein schönes Buch von Sten Nadolny, »Die Entdeckung der Langsamkeit«, das ich mit großer Begeisterung gelesen habe. Immer dann, wenn man sich mit etwas Neuem auseinander setzen will – und das geht durch Beobachten und Wahrnehmen –, dann muss man erst einmal verlangsamen. Das ist nicht passiv, sondern das ist eine Steigerung der Aktivität! Das Verlangsamen, das Innehalten – heute sagt man auch *Entschleunigung* – ist das, was Führungskompetenz ausmacht. Derjenige, der sagt: »Oh Klasse, raus, da fangen wir gleich an« klingt gut, dynamisch, aktiv usw., hat aber im Grunde keine Führungskompetenz. Die Führungskraft muss den Überblick gewinnen, das Wesentliche vom Unwesentlichen trennen und dann im passenden Moment das Richtige tun – oder unterlassen. Denn unternehmerisches Handeln besteht sowohl im Tun als auch im Lassen.

## Steuern sind das Einkommen der Gemeinschaft

Benediktus Hardorp schaut mit dieser Denkweise auf das ganze Geldsystem, auf das ganze Währungssystem und auch auf das ganze Steuersystem. Die meisten Menschen denken nur in einer Hinsicht über Steuern nach: Wie kann ich Steuern sparen? Die wenigsten fragen: Warum oder wozu zahle ich eigentlich Steuern?

Aber genau dieses Wozu stand immer wieder im Mittelpunkt unseres Gespräches. Die Antwort, die wir fanden, hieß: Steuern sind notwendig, damit die Gemeinschaft ein Einkommen hat!

Die Preise, die unsere Kunden bei dm bezahlen, sind das Einkommen von dm, also tatsächlich die vorstrukturierte Einkommensbildung aller Menschen, die unmittelbar und mittelbar für dm tätig sind. Wenn die Menschen nicht bereit sind, die entsprechenden Preise zu bezahlen, dann können wir bei dm unsere Leistung nicht erbringen und wir müssen sie reduzieren. Dann verarmt die Leistung. Das ist ja das Problem einer jeden Verbilligung.

Nicht anders verhält es sich mit Steuern. Die Abgaben, die wir zahlen, sind das Einkommen der Gemeinschaft. Wenn wir die Abgaben nicht mehr tätigen, kann die Gemeinschaft keine Leistungen mehr erbringen. Wenn wir also wollen, dass es Schulen, Straßen und öffentliche Gebäude gibt, dann sind wir gut beraten, dafür auch zu bezahlen. Allerdings gilt auch für den Staat, was für den Händler gilt:

Die beiden Tugenden des Unternehmers sind Verlässlichkeit, das ist die Grundtugend, und Sparsamkeit. Immer wenn ein Kunde ein Produkt oder eine Leistung erwirbt, will er sich darauf verlassen können, dass es tatsächlich hält, was es verspricht. Um Kunden in dieser Erwartung zu bestärken, werden ihnen seitens des Unternehmens beispielsweise Garantien eingeräumt. Es sollte das innere Anliegen eines Unternehmers sein, verlässlich zu bleiben. Was der Kunde jedoch gar nicht akzeptiert, ist Verschwendung. Deswegen muss der Unternehmer sparsam sein, das heißt, angemessen mit Ressourcen umgehen. Gemeint sind nicht nur Rohstoffe, Energie und Humankapital (Geist), sondern insbesondere die Lebenszeit von Menschen, die sich mit ihrer Arbeitskraft und ihrem Geist an dem Unternehmen im weitesten Sinne beteiligen. Sparsamkeit darf auf keinen Fall mit Geiz verwechselt werden. Geiz ist eine unangemessene Zurückhaltung von Ressourcen und kann für ein Unternehmen genauso schädlich sein wie die Verschwendung von Ressourcen. Ich darf nicht an der Qualität sparen, sondern muss am Aufwand sparen, etwa an der Ausgestaltung der Läden oder an der Breite des Sortimentes. Deswegen muss man beides verbinden, Qualität und Preis.

Wenn die Bürger also sicher wären, dass sie für ihre Steuern und Abgaben Leistungen für die Gemeinschaft bekämen, angemessen in Qualität und Preis, dann würden sie genauso selbstverständlich Steuern bezahlen wie sie im Restaurant ihre Zeche begleichen.

Solche Dinge bespreche ich bis heute besonders gern mit Benediktus Hardorp, der dazu viel Kluges publiziert hat.

Dass wir das falsche Steuersystem haben, erlebt jeder Existenzgründer – und zwar erst recht, wenn er erfolgreich ist. Die meisten machen nämlich den Fehler, dass sie sich über die Gewinne freuen, die sie machen. Wenn man mit seinem Pionierunternehmen den richtigen Nerv getroffen und entsprechenden Erfolg hat, dann macht man am Anfang recht hohe Gewinne, weil man in der Regel noch keine hohen Belastungen hat. Man freut sich also über die Gewinne und bestellt sich gleich ein luxuriöses Auto oder eine schicke High-Tech-Ausstattung und vergisst gern, dass man noch Steuern bezahlen muss. Das Finanzamt braucht nämlich meistens fast zwei Jahre, bis es einen Existenzgründer entdeckt, und dann verlangt es nicht nur rückwirkend die Steuern für die vergangenen zwei Jahre, sondern auch gleich noch die Vorauszahlung für das nächste Jahr. Man zahlt also auf einen Schlag Steuern für drei Jahre. Wenn man da keinen guten Banker hat, dann ist das oftmals die Situation, in der man sein Geschäft verkaufen oder einen Teilhaber hineinnehmen muss.

Denn Gewerbesteuer, Einkommenssteuer und Kirchensteuer, was alles so dazugehört, halbieren über den Daumen gerechnet den Gewinn. Deswegen halte ich unser Einkommensteuersystem gegenüber neuen Initiativen für feindlich; es bevorzugt etablierte Unternehmen, die aufgrund von hohen Abschreibungen im Verhältnis zu ihrem Volumen fast keine Steuern zahlen. Ein interessantes Phänomen. Denn was tut der etwas erfahrenere Unternehmer nun? Er fängt an, die Steuern genauso wie Rohstoffe, Miete und alles andere einzukalkulieren, damit er auch nach der Steuerzahlung ausreichend und angenehm leben kann.

In diesem Zusammenhang bin ich darauf aufmerksam geworden, dass ich als Unternehmer in Wirklichkeit gar keine Steuern trage. Das wundert die Menschen immer, und es scheint sehr schwer, diesen Gedanken zu fassen. Aber kein Unternehmer trägt seine Steuern. Er *zahlt* sie, aber er *trägt* sie nicht. Die Steuern sind in alle seine Produkte »eingepreist«, sonst kommen ja nicht die Gewinne nach Steuern heraus, die er braucht, um davon zu leben. Unternehmer bezahlen Steuern nur in dem Maße, wie es ihnen gelingt, sie an den Kunden weiterzuverkalkulieren. Denn wenn man die Steuern nicht verkalkulieren kann, dann geht ein Unternehmer pleite. Wenn er pleite geht, zahlt er keinen Steuern mehr.

Jede Klavierlehrerin muss sich fragen, wenn sie ihren Preis für die Klavierstunde festlegt, wie viel Steuern sie bezahlen muss. Jeder Gärtner, jeder Schuster, jeder Automechaniker tut das. Und im Grunde tut das auch jeder Arbeitnehmer, der zwar einen Bruttolohn bekommt, aber nur netto denkt.

Wenn die Einkommensteuer erhöht wird, dann erhöhen sich die Preise; das gilt auch für die Lohnsteuer: Denn wenn die Angestellten mehr Steuern bezahlen müssen, dann verlangen sie höhere Bruttolöhne, damit sie am Ende netto dasselbe herausbekommen. Und wenn sich die Bruttolöhne erhöhen, dann erhöhen sich die Produktionskosten und – weil Unternehmer rechnen können – erhöhen sich am Ende auch die Preise.

Es trägt also in unserem System nicht derjenige die Steuern, der sie bezahlt. Es trägt sie der Konsument. Alle Steuern, die eine Café-Besitzerin abführen muss, hat sie in die Preise ihres Latte macchiato einkalkuliert. Es gibt dazu eindrucksvolle Berechnungen, wie viel Steuern in einem solchen Getränk enthalten sind. Das macht unterm Strich mehr als die Hälfte des Preises aus.

Bis hierhin können mir die meisten Menschen noch folgen.

Schwieriger wird es, wenn ich daraus schließe, dass wir uns dieses ganze komplizierte Verrechnungssystem von dieser und jener Steuer und dieser und jener Steuerbefreiung sparen könnten, sondern genauso gut gleich eine fünfzigprozentige Konsumsteuer erheben könnten – und alle anderen Steuern abschaffen. Da ist das Gekreische meist groß: Was? Der Kaffee soll 50 Prozent teurer werden? Nein, sage ich dann, er bleibt genauso teuer, wie er ist. Nur wird jetzt sichtbar, dass in dem Kaffee – wie jetzt schon! – 50 Prozent Abgaben an die Gemeinschaft enthalten sind. Deswegen zahlt ja auch der Hartz IV-Empfänger jede Menge Steuern, obwohl er am Jahresende keine Steuererklärung machen kann und es immer heißt, er würde dem Staat nur auf der Tasche liegen. Aber nein, selbst der obdachlose Punker auf der Straße, der mit dem Staat nichts zu tun haben will, zahlt Steuern. Nämlich dann, wenn er sich von dem erbettelten Geld ein Mettbrötchen und einen Milchkaffee kauft. Im Preis enthalten sind jede Menge Steuern. Die Mehrwertsteuer ist offensichtlich, dazu kommen aber anteilig die Lohnsteuern all derer, die an dem Brötchen und dem Kaffee mitgearbeitet haben: die Verkäuferin, der Metzger, der Bäcker, ja, selbst die Einkommenssteuern des Bauern, der den Weizen vom Feld geholt hat, sind in den Preis für das belegte Brötchen eingerechnet. Ebenso die Gewerbesteuern, die Stromsteuern, die Feuerschutzsteuer, die Milchgarantiemengenabgabe, die Mineralölsteuer, die Agrarabgaben, die diversen Zölle, die zu zahlen sind, wenn auch nur eine der Zutaten über die deutsche Landesgrenze transportiert wurde – in Mettbrötchen und Milchkaffee verstecken sich 37 mögliche Steuerarten.

Wenn man es so detailliert aufschlüsselt, verstehen das alle. Vor allem die Politiker, aber die haben kein Interesse daran, das System zu verändern. Denn wenn die Menschen wüssten, wie viel Steuern sie bezahlen, dann wollen sie möglicherweise genauer wissen, was mit dem vielen Geld eigentlich passiert.

Transparenz erhöht das Widerspruchsrisiko. Ich sage: Transparenz ist die Haupttugend einer Führungskraft. Aber das ist anstrengend. Man muss nämlich transparent machen, worum es geht.

Es wird lieber schnell auf die nächste Denkhürde verwiesen, die tatsächlich für die meisten eine gedankliche Herausforderung darstellt: Wenn wir nämlich alle Steuern bis auf die Konsumsteuer (auch Mehrwertsteuer genannt) abschaffen, dann heißt das: Niemand muss mehr Einkommenssteuern bezahlen. Das finden die meisten Menschen im ersten Moment ganz verlockend, weil sie denken: »Ach prima, dann bleibt von meinem Gehalt mehr übrig.« Aber im nächsten Moment erschrecken sie, weil ihnen einfällt, dass dann ihr Nachbar auch keine Einkommenssteuern mehr zahlen muss und auch ihr Chef nicht. Und auch der Herr Bankdirektor nicht. Und all die vielen Millionäre nicht. Denn es muss ja niemand Einkommenssteuern bezahlen. Und das finden sie dann furchtbar ungerecht.

## Knospenfrevel Einkommenssteuer

Der Irrtum besteht darin, dass die Menschen meinen, sie würden von dem leben, was sie verdienen. Aber das tun wir nicht. Niemand lebt von dem, was er verdient.

Ich habe auch sehr lange gebraucht, um begreifen zu können, was Benediktus Hardorp in so kluger Weise vorgedacht hat. Aber wenn der Groschen einmal gefallen ist, dann ist es ganz leicht. Dann kann man das gar nicht mehr anders sehen. Es ist wie bei diesen Vexierbildern, in dem in einem oberflächlich sichtbaren Bild ein zweites versteckt ist, das man erst bei genauem Hinsehen erkennt. Etwa der schwarze Schattenriss von zwei sich gegenüberstehenden Menschen, der sich auf den zweiten Blick als weiße geschwungene Vase entpuppt. Oder die Zeichnung eines Totenkopfs, die in Wahrheit das Bild von einem jungen Liebespaar ist.

So ähnlich changieren zwei Bilder unserer Gesellschaft: das Bild von der Selbstversorgergesellschaft und das Bild von der arbeitsteiligen Konsumgesellschaft.

Ein Selbstversorger bewirtschaftet zusammen mit seinen Angehörigen sein Land, den eigenen Grund und Boden, gegen die Unbilden der Natur. Der Mensch musste und konnte durch Feldarbeit, durch das Sammeln von Früchten oder die Jagd für sich selbst sorgen. Auf diese Zeit geht unser heutiges System von Abgaben zurück, die immer ein Teil der Ernte waren. Die Idee war, dass Steuern die – durch die Natur gegebene – Ungleichheit durch Umverteilung wieder ausgleichen: Wer sich selbst besser versorgen kann, soll mehr zahlen und damit diejenigen entlasten, denen es nicht so gut gelingt.

Heute jedoch kann sich niemand mehr selbst versorgen, nicht nur in Deutschland. Sprachlich tun wir aber noch so. Die Menschen sagen: Ich will selbst für mich sorgen. Aber damit reden sie an der Realität vorbei. Denn keiner sorgt eben mehr für sich. Kaum jemand pflanzt die Karotten, die er in seinen Salat schneidet, selbst an. Kaum jemand füttert und schlachtet das Huhn, dessen Schenkel er sich in der Pfanne brät, selbst. Und selbst wer sein eigenes Brot backt, pflanzt den Weizen dafür nicht selbst an. Wir leben in einer arbeitsteiligen Fremdversorgung. Ein Bankmanager kann noch so viel verdienen; wenn er nicht einen Bäcker findet, der ihm Brot verkauft, wird er verhungern. Der Einzelne lebt nicht von dem Geld, das er verdient, sondern von dem, was er dafür kaufen kann. Und etwas kaufen kann er nur, wenn es andere gibt, die für ihn tätig werden. Im Unterschied zur agrarischen Selbstversorgungswirtschaft leben wir heute nicht mehr von der eigenen Arbeit, sondern ausschließlich von der Arbeit anderer.

Inzwischen dominiert die weltweite Arbeitsteilung. Manchmal fordere ich in Vorträgen das Publikum spaßeshalber auf, alles auszuziehen, was nicht in Deutschland produziert wurde. Das gäbe eine schöne FKK-Veranstaltung. Wir müssen erkennen: Keiner sorgt für sich selbst. Die ganze Welt ist für uns tätig; wir sind für die ganze Welt tätig. Unsere Arbeit ist so kleinteilig zergliedert, dass mancher gar nicht mehr weiß, wer eigentlich von seiner Arbeit profitiert. Die Arbeiter in der chinesischen Textilfabrik kennen die Menschen nicht, an deren Hosen sie die Knöpfe nähen. Und die Konstrukteure in den deutschen Ingenieurbüros wissen oft nicht, an welcher Gasturbine in der Welt ihre Konstruktionszeichnung schließlich umgesetzt wird. Aber Fakt ist, wir müssen uns wechselseitig darauf verlassen, dass jeder seine Arbeit für den anderen gut macht. Nur dann gehen wir in Düsseldorf selbstbewusst auf die Straße, wenn wir sicher sind, dass der Hosenknopf gut angenäht ist. Das Gaskraftwerk im indischen Gujarat wird nur angeschaltet, wenn die Techniker überzeugt sind, dass die zugrunde liegende Zeichnung einwandfrei ist.

Wir sind also keine Selbstversorger, wir sind Fremdversorger und Fremdversorgte (Konsumenten). Als Konsumenten haben wir ein großes Interesse daran, dass derjenige, der Leistung für uns erbringt, dies möglichst ungestört tun kann – und mit möglichst wenig Kosten belastet wird.

Jede Einkommensteuer, jede Ertragsteuer, jede Lohnsteuer besteuert eine Leistung, obwohl noch gar nicht entschieden ist, ob sie überhaupt ihr Ziel erreicht und wer sie dann verzehrt. Die Initiativkraft wird reduziert, die Leistung erst ermöglicht, statt die volkswirtschaftliche Leistung (den Kuchen) möglichst groß werden zu lassen und dann die Entnahme aus dem gemeinschaftlich Geleisteten zu besteuern.

Das ist »Knospenfrevel« par excellence! Dem Apfelbaum werden in falscher Gier die Blüten entrissen, anstatt dass man abwartet, bis er Früchte trägt, die man dann »brüderlich« unter sich aufteilen kann. »Die Einkommenssteuer wirkt damit lähmend auf die Entfaltung des individuellen Leistungsbeitrages. Sie mindert damit (ungewollt) zugleich den gesellschaftlichen Wohlstand«, schreibt Hardorp in seinem Buch »Arbeit und Kapital als schöpferische Kräfte. Einkommensbildung und Besteuerung als gesellschaftliches Teilungsverfahren«.

## Fair für den Fremdversorger: Konsumsteuer

Der bessere Weg sieht deswegen so aus: Die Gemeinschaft produziert Leistungen und Waren, die dann jeder Einzelne je nach seinem Bedarf und Wunsch entnehmen kann. Wer mehr entnimmt, soll auch mehr bezahlen – dieses Geld fließt dann als Konsumsteuer an die Gemeinschaft. Die Konsumsteuer ist die einzige Steuer, die wirklich dafür sorgt, dass die volkswirtschaftliche Leistung erst besteuert wird, wenn sie am Ziel angekommen ist.

Heute, wo wir uns fremdversorgen, dürfen wir nicht mehr fragen: Was hast du geerntet? Das wäre die Einkommenssteuerfrage. Stattdessen müssen wir fragen: Was hast du entnommen, was willst du konsumieren? Das ist die Konsumsteuerfrage.

Wenn wir alle Selbstversorger wären, ginge es uns genauso dreckig wie vor 300 Jahren. Tiere sind Selbstversorger. Wenn es abends dämmerig wird, geht die Löwenfamilie an die Wasserstelle, trinkt und wartet dann still im Gebüsch. Irgendwann nähern sich etwa 500 Zebras. Wenn sie nahe genug sind, gibt der Löwenvater das Signal, und die Löwenmutter springt los. Zwei, drei Zebras werden gerissen und von den Löwen verspeist. Wenn auf diese Weise die Löwenfamilie versorgt ist, geht der Rest der Zebraherde ganz gelassen ans Wasser und säuft. Ihm droht keine Gefahr mehr. Man stelle sich vor, die Löwen wären Fremdversorger und lebten in einer arbeitsteiligen Gesellschaft. Nun wäre kein Zebra mehr sicher. Dann bräuchte der Löwe ein Kühlhaus und Lastwagen, um das viele Zebrafleisch in die Welt zu transportieren.

Die Arbeitsteilung hat uns produktiver gemacht. Deswegen haben wir mehr Waren, als wir verbrauchen können. Deswegen konnten wir nach der Wiedervereinigung, ohne auch nur eine zusätzliche Fabrik zu bauen, relativ problemlos 18 Millionen Ostdeutsche mit Gütern versorgen. Wir waren noch nie so reich wie heute. Denn wir sind in der Lage, genügend Güter und Dienstleistungen hervorzubringen. Deswegen sprechen wir auch von der Überflussgesellschaft. Die Frage, die sich dadurch stellt, ist, ob es uns gelingt, die gemeinsam geschöpften Werte brüderlich, also gerecht, zu verteilen.

Das ist die Schlüsselfrage unserer Gesellschaft. Und die ist gleichbedeutend mit der Einkommensfrage. Sicherzustellen, dass der Mensch bescheiden, aber menschenwürdig im Sinne des Artikel 1 unserer Verfassung »Die Würde des Menschen ist unantastbar« leben kann. Ebenso wie der Einzelne ein Einkommen benötigt, um arbeiten zu können, braucht auch die Gemeinschaft ein Einkommen. Und das ist die eigentliche Steuerfrage.

In der Beschäftigung mit dem Thema Konsumsteuer haben wir uns sehr engagiert. 1989 organisierten wir einen internationalen Konsumsteuerkongress an der Universität in Heidelberg, bei dem unglaubliche viele Koryphäen der Finanzwissenschaften mitwirkten, darunter auch Nobelpreisträger.

*James McGill Buchanan* zum Beispiel, der seine gesamte Forschungsarbeit der Politischen Ökonomie und der Frage gewidmet hat, wie man der Wirtschaftswissenschaft ihre gesellschaftspolitische Bedeutung zurückgeben könne, und der die sogenannte Public-Choice-Theorie entwickelte. Auch *Richard Abel Musgrave* war dabei, der die amerikanischen Präsidenten Kennedy und Johnson beraten hat. Er beschäftigte sich mit dem Phänomen des Marktversagens und stellte fest, dass es Güter gibt, die einen größeren Nutzen stiften könnten, als sich in der in freier Marktwirtschaft bestehenden Nachfrage widerspiegelt, sogenannte meritorische Güter. Er trug auf dem

Kongress zahlreiche Argumente für den Konsum als Steuerbemessungsgrundlage vor.

Die amerikanischen Steuerexperten *Charles E. McLure* und *George R. Zodrow* verglichen in ihrem Vortrag die Vor- und Nachteile der Einkommens- und der Konsumsteuer miteinander, bedachten dabei sogar Aspekte wie Schenkungen und Erbschaften. Ergebnis: Konsumsteuer ist einfacher und effektiver. *David Bradford,* einer der berühmtesten amerikanischen Finanzwissenschaftler und Steuerexperten, plädierte wie so oft in seinen Publikationen auch in Heidelberg energisch dafür, zu besteuern, was die Menschen ausgeben, nicht, was sie einsparen. Aus Deutschland beteiligten sich so namhafte Experten wie *Wolfram F. Richter,* Mitglied des Wissenschaftlichen Beirats beim Bundesministerium der Finanzen, sowie *Dieter Pohmer* und *Wolfgang Wiegard,* die beide jahrelang zu den fünf Wirtschaftsweisen zählten. Die Liste der Befürworter einer Konsumsteuer, die sich in Heidelberg zusammenfanden, ließe sich noch lange fortsetzen.

Die Wissenschaft ist in dem Punkt Besteuerung schon sehr viel weiter als die Politik – und erst recht als wir einfachen Verbraucher. Wir stehen vor der Aufgabe, ein gesellschaftliches Bewusstsein für diese geschichtliche Veränderung von der Selbst- zur Fremdversorgerwirtschaft zu entwickeln. Es ist ähnlich wie die kopernikanische Wende. Erst als die Menschen denken konnten, dass die Erde rund ist und nicht im Mittelpunkt steht, konnte die Neuzeit beginnen. Die Lösung der sozialen Frage setzt voraus, dass die Menschen anerkennen, dass sie immer (!) auf die Leistungen von anderen angewiesen sind.

## Die soziale Komponente der Steuern

Als kurz nach dem Kongress die Mauer fiel, waren alle Beteiligten von der Idee begeistert, man könne in Osteuropa klügere Steuersysteme implementieren. Man hoffte quasi, dass die Osteuropäer die Fehler auslassen würden, die man im Westen gemacht hatte, weil unser Steuersystem ja zu Verarmung der öffentlichen Haushalte führt. Gerade in jungen Gesellschaften dürfen die öffentlichen Haushalte nicht verarmen. Die müssen schließlich investieren und Infrastruktur – Telefon, Kanalisation, Wasserversorgung usw. – schaffen.

Der Professor für Finanzwissenschaft Hans-Georg Petersen beispielsweise, der auch Mitarbeiter des Instituts für Weltwirtschaft in Kiel und des Deutschen Instituts für Wirtschaftsforschung in Berlin gewesen war, arbeitete als Gutachter und Berater in Polen, Bulgarien, Bosnien und Herzegowina und vielen anderen Ländern. Der Professor für Finanzwissenschaft Manfred Rose war als Leiter einer Gruppe deutscher Steuerexperten an der Implementierung des neuen kroatischen Systems einer marktorientierten Einkommens- und Gewinnbesteuerung beteiligt und hat auch in zahlreichen anderen Ländern sein Modell der Einfachsteuer vorgestellt.

Leider waren diese Experten nicht die einzigen. Es kamen auch die ganzen »Chicago-Boys« und predigten Steuergesetze, denen ein anderes Menschenbild zugrunde lag. Aber immerhin gab es eine gewisse Aufgeschlossenheit gegenüber den Überlegungen unserer Konsumsteuerinitiative und auch einige Länder, die mehr darauf gesetzt haben.

Bei einer dieser Reisen, auf denen wir am Rande immer diese oder jene Frage diskutiert haben, saßen wir auf dem Flughafen Budapest. Der Abflug verzögerte sich aus irgendwelchen Gründen um zwei Stunden, und so hatten wir genügend Gelegenheit, gemeinsam nachzudenken. Die Experten warfen die verschiedenen Vor- und Nachteile dieses und jenes Steuerungsinstrumentes hin und her. Da kam mir ein Gedanke. Schließlich hatte ich als Unternehmer die Erfahrung gemacht, dass man die Dinge möglichst einfach und schnell erklärbar gestalten müsse. Das Steuersystem war mir ohnehin viel zu kompliziert. Deswegen schlug ich eine radikal einfache Lösung vor:

»Das Beste wäre doch, man würde ausschließlich auf die Mehrwertsteuer setzen und alle anderen Steuern abschaffen!« Dann müsste sich niemand mehr um diesen ganzen bürokratischen Kram kümmern, und der Einzelhandel macht das Inkasso – also kassiert die Mehrwertsteuer treuhändlerisch und gibt sie an den Staat ab. Genauso wie es jetzt bei der Mehrwertsteuer ja schon sei.

Tja, nickten da die anderen. Das wäre verlockend einfach. Aber dann kam das Gegenargument: »Wo ist denn die soziale Komponente, dass die Grundbedürfnisse steuerfrei gestellt werden?«

In unserem jetzigen Steuersystem besteht die soziale Komponente in der Progression. Wer mehr Einkommen hat, zahlt mehr Steuern. Wer weniger hat, weniger. Das Wichtigste ist allerdings der Steuerfreibetrag, also die Höhe des Einkommens, bis zu dem man gar keine Steuern bezahlen muss. Die wurde 2013 zuletzt erhöht und liegt ab 2014 bei 8354 Euro pro Jahr, also knapp 700 Euro im Monat.

Wenn man nicht mehr als diese knapp 700 Euro im Monat verdient, dann muss man gar keine Steuern bezahlen (selbstverständlich bis auf die Steuern, die in den Produkten »versteckt« sind). Wer mehr als dieses Geld verdient, muss nur für das, was oberhalb des Mindestbetrages liegt, Einkommenssteuern bezahlen – deswegen heißt das Ding »Steuerfreibetrag«.

Aber wenn man nun einen Moment darüber nachdenkt, – und diesen »Moment« hatte ich ja damals auf dem Flughafen in Budapest –, dann kommt man auf einen faszinierenden Gedankengang: Wenn man alle Steuern bis auf die Konsumsteuer abschafft und alle erst in dem Moment Steuern zahlen, wenn sie konsumieren, dann zahlt der Reiche mehr Steuern als der Arme, weil er mit großer Wahrscheinlichkeit mehr konsumiert. Aber was ist mit den Menschen, die nur sehr geringes Einkommen haben? Wie sichert man, dass die Menschen in jedem Fall genug zum Leben haben, ohne dass die Gemeinschaft davon etwas wegnimmt? Und zwar in einer Höhe, die vergleichbar mit dem jetzigen Steuerfreibetrag ist, auch wenn die Menschen keine Einkommensteuer mehr bezahlen?

Plötzlich fiel der Groschen: »Na, dann müsste man den Steuerfreibetrag bar auszahlen!« Man müsste die Mindestkonsumbedürfnisse, die ein Bürger hat, definieren, daraus den Steueranteil ermitteln und diesen Betrag bar ausbezahlen. Genau, nicken die Experten, das wäre der Weg. Das nennt sich in der Wissenschaft »Negative Einkommensteuer« und beschreibt ein Modell staatlicher Transferleistungen, durch die das Existenzminimum eines jeden Bürgers gedeckt wird. Die Forderung sei nicht neu, die gäbe es schon lange. Manche würden das auch »Grundeinkommen« nennen.

So ist aus meinem Nachdenken über Geld und Steuern in mir eine Idee davon erwachsen, dass es nicht reicht, nur das Steuersystem zu reformieren, sondern dass man notwendigerweise auch dafür sorgen muss, dass das Steuersystem in unseren gesellschaftlichen Kontext passt. So entdeckte ich über den Steuerfreibetrag das Grundeinkommen, denn nur per Grundeinkommen kann man sicherstellen, dass der Mensch in jedem Fall mindestens so viel konsumieren kann, wie er braucht, um in Würde leben zu können.

Je länger ich darüber nachdachte, desto faszinierender fand ich die Idee. Sie hatte mich mal wieder gepackt: die Evidenz einer Idee!

*Die Freiheit des Menschen liegt nicht darin, dass er tun kann, was er will, sondern dass er nicht tun muss, was er nicht soll.*
Jean-Jacques Rousseau

# Kapitel 15 **Grundeinkommen oder wie man einen langen Winterabend interessant macht und herausfindet, welches Menschenbild die Freunde wirklich haben**

Probieren Sie es ruhig mal aus: Wenn Sie an einem langen Winterabend nach einem Gesprächsthema suchen, dann befragen Sie Ihre Freunde nach deren Meinung zum Grundeinkommen! Stellen Sie einfach die Frage: »Was haltet Ihr eigentlich davon, wenn jeder Mensch einfach so und bedingungslos tausend Euro im Monat bekäme?« Der Abend ist gelaufen. Da brauchen Sie keinen Kamin. Die Leute reden sich die Köpfe heiß. Aber Vorsicht: Eventuell werden Sie feststellen, dass selbst gute Freunde ein überraschendes Menschenbild offenbaren.

Denn es kommen immer dieselben Einwände. Der erste ist pragmatischer Natur und heißt: »Das können wir uns nicht leisten: 80 Millionen Deutsche mal tausend Euro – so viel Geld hat der Staat nicht mal pro Jahr!« Dazu gibt es zunächst eines zu sagen: Wer will, findet Wege; wer nicht will, findet Gründe.

Geld ist eine Ausrede. Denn von Geld kann man nicht leben. Man kann nur von Gütern leben. Wir müssen uns nicht fragen, ob wir genügend Geld haben, sondern ob wir genügend Güter haben. Die Güter sind aber schon alle da. Bei dm zum Beispiel haben wir so viel davon, dass wir sie verkaufen müssen. Sie können kommen, wann Sie wollen. Und wenn Sie eine Tube Zahnpasta aus dem Regal nehmen, dann garantiere ich Ihnen, zwei Tage später ist wieder eine drin.

Mit dem Geld haben wir nur die Anwartschaft, Güter zu erwerben. Die DDR-Bürger haben das erlebt: Sie hatten einen vollen Geldbeutel, aber die Regale waren leer. Dann haben sie gemerkt, dass Geld nichts wert ist.

Übrigens: Selbst Geld haben wir viel mehr, als wir brauchen. Das kann man ja beliebig nachdrucken. Die Banken liegen voll. Das brauchen wir gar nicht. Alles, was produziert werden kann, ist auch finanzierbar. Vorausgesetzt, wir haben den ehrlichen Willen dazu.

Wenn wir wollten, könnten wir sehr leicht ein Grundeinkommen auszahlen, weil wir es rein mathematisch betrachtet schon tun. Nämlich über den Steuerfreibetrag. So billigt der Staat nämlich schon heute jedem Bürger knapp 700 Euro zu, die er aber nicht auszahlt, sondern verrechnet, weswegen man das Grundeinkommen eben nur denen auszahlen muss, die kein anderes Einkommen haben. Nicht anders als heute Hartz IV oder ähnliche Grundsicherungsbeiträge. Aber derlei zu berechnen, dafür gibt es Experten. Es ist eine Frage der gesellschaftlichen Verteilung.

## Ich und die anderen – unser gespaltenes Menschenbild

Deswegen kann man dieses Totschlagargument getrost beiseiteschieben und sich den wesentlichen Fragen zuwenden. Fragen Sie Ihre Freunde: »Nehmen wir an, ein bedingungsloses Grundeinkommen wäre finanzierbar. Wie fändet ihr das dann?«

Jetzt kommt meist das erste *Menschenbild-Argument*: »Dann würde ja keiner mehr arbeiten gehen!« Ich nenne das deswegen Menschenbild-Argument, weil die meisten Menschen, die dieses Argument vortragen, auf die naheliegende

Gegenfrage – »Würdest *du* nicht mehr arbeiten gehen?« – unisono antworten: »Doch, ich selbst würde natürlich noch arbeiten gehen!«

Das ist genau dieses gespaltene Menschenbild, das ich auch im Unternehmen so oft entdeckt habe. *Ich* bin fleißig und verantwortungsbewusst und gut; *alle anderen* sind faul und verantwortungslos und böse. *Ich* bin ein guter Autofahrer, *alle anderen* nicht. *Ich* stehe im Stau, den *die anderen* verursachen. *Alle* sind billige Touristen, *nur ich* bin anspruchsvoll reisender Gast. *Ich* bin der einzige ehrliche Dumme, während um mich herum *alle* raffiniert lügen und betrügen. Und so weiter und so fort.

Es ist offenbar sehr schwer, den Mitmenschen genauso viel Verstand, so viel Herz, so viel Anstand zuzutrauen, wie man für sich selbst in Anspruch nimmt. Ich erinnere mich daran, wie wir in unserer Geschäftsleiterkonferenz zusammensaßen und darüber diskutierten, ob wir das Risiko eingehen könnten, das das Konzept »Filialen an die Macht« mit sich brachte. Würden die Filialleiter dasselbe können, was wir bislang in der Zentrale gemacht hatten? Wären sie nicht überfordert mit all den Entscheidungen? Würden sie nicht vielleicht die größeren Spielräume ausnutzen? Keiner hat das laut so gesagt, aber insgeheim hatten wir vermutlich alle solche Gedanken im Kopf: »Ich bin der Größte. Keiner kann das so gut wie ich. Wenn das jemand anderes machen soll, bricht alles zusammen. Mir kann man vertrauen, aber den anderen nicht.«

Solche Gedanken muss man zuerst einmal sich selbst eingestehen. Man will ja kein Misanthrop, kein Menschenverächter sein. Aber beobachten Sie sich mal aufmerksam beim Denken. Schalten Sie das Radio aus und hören Sie sich selbst zu, was da in Ihrem Kopf so los ist, wenn Sie über andere Menschen nachdenken. Und dann überlegen Sie, was passieren würde, wenn Sie sich das Menschenbild, das wir im Grundgesetz Artikel 1 festgeschrieben haben, wirklich und zutiefst zu eigen machen: Die Würde des Menschen ist unantastbar.

Was würde passieren, wenn Sie jedem Menschen seine Würde lassen würden?

Jeder Mensch hat ein Recht zu leben. Das ist die Grundüberzeugung. So steht es in unserer Verfassung. Oft sind Dinge schon da, aber werden noch gar nicht begriffen. Die Erde ist rund, aber es brauchte Kopernikus, um das zu begreifen.

Welche Verhältnisse müssen geschaffen werden, damit die Würde des Menschen nicht angetastet wird? Er braucht ein Dach über dem Kopf und ausreichend Nahrung. Er braucht ein Einkommen. Deswegen gibt es den Steuerfreibetrag, um anzuerkennen, dass der Mensch von etwas leben muss. Deswegen gibt es Hartz IV. Der Unterschied? Hartz IV ist ein *bedingtes* Grundeinkommen. Man verliert verschiedene verfassungsrechtlich zugesicherte Grundrechte: Mit der Würde ist es vorbei! Freie Arbeitsplatzwahl, damit ist es vorbei! Artikel 12, der Zwangsarbeit verbietet, damit ist es vorbei! Und auch mit der Reisefreiheit ist es vorbei! Aber das stört unsere Verfassungsrichter leider überhaupt nicht. Offenbar können selbst sie den Artikel 1 unserer Verfassung nicht konsequent zu Ende denken.

Es ist wie bei den Arbeitern im Weinberg, einem Gleichnis aus der Bibel, Matthäus 20,16: Da stellt ein Weinbauer am frühen Morgen einige Männer ein, die ihm bei der Arbeit helfen sollen, und vereinbart mit ihnen einen Tagelohn von einem Denar. Drei Stunden später geht er wieder auf den Markt, engagiert weitere Arbeiter und verspricht ihnen wieder einen Lohn von einem Denar. Genauso tut er es am Mittag, am Nachmittag und ein letztes Mal kurz vor dem Abend. Jedes Mal vereinbart er einen Denar Lohn. Da beschweren sich die Arbeiter aus den frühen Morgenstunden, das sei ungerecht. Schließlich hätten sie für den Denar viel länger arbeiten müssen als die Männer, die erst später ihre Arbeit begonnen hätten. Der Weinbauer widerspricht: Sie hätten morgens diese Bezahlung vereinbart, und so sei es gerecht. Außerdem sei es sein Geld, und er könne damit machen, was er wolle.

Die meisten Menschen kennen das Zitat, das in diesem Zusammenhang fällt: »*So werden die Letzten die Ersten sein und die Ersten die Letzten.*« Aber den Kern des Gleichnisses muss man sich erst erschließen. Worum geht es? Theologen sagen oft, der Weinbauer sei Gott und die Arbeit am Weinberg sei der Glaube. Und ganz egal, wann man zu seinem Glauben findet, Gott würde jedem dieselbe Liebe zuteil werden lassen. Sozialwissenschaftler bleiben lieber bei den harten Fakten und erklären, dass ein Denar genau das sei, was ein Mensch damals brauchte, um einen Tag leben zu können. Der Weinbauer habe also jedem Arbeiter, unabhängig von der Arbeitszeit, einfach ein Grundeinkommen gezahlt, damit er überleben kann. Und Psychologen weisen darauf hin, dass es ganz typisch sei, dass die frühen Arbeiter sich beschweren. Dabei handele es sich nämlich um ein gruppendynamisches Phänomen: Es sei dabei nicht so wichtig, was man – absolut betrachtet – wirklich brauche und wie viel man bekommt, solange man mehr als die anderen bekommt.

Ist das vielleicht der Kern der Widerstände gegen das Grundeinkommen? Alle Menschen sind gleich, nur ich bin gleicher?

## Grundeinkommen – vom Sollen zum Wollen

Manchmal taucht in den Diskussionen über das Grundeinkommen die Frage auf, was ich denn täte, wenn ich jemanden beobachten würde, der bei dm etwas klaut. »Was glauben Sie denn? Dem würde ich gehörig auf die Schulter klopfen und im Zweifel die Polizei rufen.« Bei dieser Antwort frohlocken die Skeptiker und rufen: »Sehen Sie, wie weit Sie mit Ihrem positiven Menschenbild kommen?«

Dann nicke ich freundlich und erkläre, dass die paar Diebe, die es auf der Welt gibt, nicht gleich mein Menschenbild zerstören. Eine Schwalbe macht noch keinen Sommer. Natürlich habe ich ein positives Menschenbild, sonst könnte ich gar kein Unternehmer sein: Wir haben bei dm jeden Tag 1,5 Millionen Kunden. Man stelle sich vor, was passierte, wenn ich die Vorstellung hätte, das wären alles potenzielle Diebe. Da würde ich doch verrückt werden oder alle Läden sofort schließen! Bei dm haben wir 46 000 Mitarbeiter. Wenn ich nun dächte, die wären alle faul und träge! Da würde ich doch genauso verrückt werden. Dann müsste ich jeden Morgen anrufen und fragen: Seid Ihr auch wirklich alle da?

Ich habe auch ein positives Weltbild. Aber deswegen bin ich noch lange nicht weltfremd. Denken Sie an den Prolog aus dem Faust, als Gott zu Mephisto sagt: »Steh beschämt, wenn du bekennen musst: Ein guter Mensch in seinem dunklen Drange ist sich des rechten Weges wohl bewusst.« Auch der Dieb weiß, dass er klaut, sonst würde er das nicht heimlich tun. Auch der Mitarbeiter, der sich morgens krank meldet, ohne es zu sein, weiß, dass er gerade seine Kollegen täuscht. Der Mensch ist sich des rechten Weges wohl bewusst. Wenn Sie diese innere Evidenz nicht mehr haben, dann wird es schrecklich. Höllisch wird es dann!

Mit Grundeinkommen würde sich unsere Gesellschaft von einem Sollen in ein Wollen verwandeln. Es würde immer noch Menschen geben, die saufen, Menschen, die ihr Geld beim Glücksspiel verjubeln. Aber jeden Monat kommt wieder das Grundeinkommen. Das können sie gar nicht verhindern. Jeden Monat haben sie eine neue Chance, auf den rechten Weg zurückzufinden.

## Leben ist Arbeit am eigenen Ich

Manchmal finden sich in den Diskussionen Einzelne, die sagen: »Ehrlich gesagt, wenn es ein Grundeinkommen gäbe, würde *ich* gleich morgen nicht mehr zur Arbeit gehen!«

Das ist dann eine interessante Situation. Denn es stellt sich die Frage, warum derjenige morgen nicht mehr zur Arbeit geht. Hört der Mensch auf zu arbeiten, wenn er Einkommen hat? Hört der Lottogewinner auf? Hört der Millionenerbe auf?

Meine Lebenserfahrung sagt mir, der Mensch arbeitet, um über sich hinauszuwachsen. Es wird unglaublich viel unbezahlte Arbeit geleistet. All die Mütter, die sich um ihre Kinder kümmern (und die etwas kleinere Zahl von Vätern). All die Töchter und Söhne, die ihre Eltern pflegen. All die Nachbarn, die einander helfen. Auch viele Arbeitslose haben einen Job, der bloß nicht als Job anerkannt wird. Die trainieren zum Beispiel Jugendmannschaften. Für sie ist es dann eine Katastrophe, wenn sie von der Arbeitsagentur zu irgendeiner, womöglich sinnlosen Arbeit gezwungen werden.

Ich habe noch nie einen Menschen getroffen, der mit dem zufrieden ist, was er hat. Wenn ein Tier gesoffen und gefressen hat, ist es zufrieden. Der Mensch ist prinzipiell nie zufrieden. Er hat immer die Tendenz zu sagen: Das kannst du besser machen. Wer tausend Euro hat, will gern zweitausend haben. Wenn Sie als Giraffe geboren werden, sterben Sie garantiert als Giraffe. Als Mensch verändern Sie sich. Und wenn wir dem Menschen keine Gelegenheit geben, sich zu entwickeln, dann stumpft er ab oder wird krank. Wenn eine Säge nicht benutzt wird, rostet das Blatt.

Man muss nicht Erich Fromm gelesen haben, um zu wissen, dass die Menschen im Unterschied zu den Tieren die Bedingungen, unter denen sie leben, nicht als gegeben hinnehmen müssen. Wir haben die Vernunft und die Fähigkeit, unsere Umwelt zu erkennen und gemäß unseren Vorstellungen zu verändern. Wir können über die Oberfläche der Dinge, die uns umgeben, hinaus gelangen. Allerdings brauchen wir dafür Freiheit. Und diese Freiheit wollen wir – theoretisch, siehe Grundgesetz – allen Menschen zubilligen.

Was ist schlimm daran, wenn Menschen mit tausend Euro

zufrieden sind und lieber arm und bescheiden leben, bevor sie etwas tun, womit sie sich nicht identifizieren können? Richtig: Nichts! Wer sich etwas zu tun zwingt, was er nicht tun will, der soll es – um Gottes willen! – bitte nicht tun. Es ist Ihr Leben! Tun Sie etwas anderes! Stellen Sie sich vor, Sie stehen vor dem Jüngsten Gericht und sagen: »Ich hatte einen sicheren Arbeitsplatz: Ich war der Heizer auf der E-Lok!«

Wie viele Menschen machen heute etwas, was sie eigentlich nicht wollen?! Das ist ein schreckliches Schicksal, wenn man sein ganzes Leben, Woche für Woche, mit etwas verbringt, womit man sich nicht identifizieren kann. Das ist ein Leben in Sklaverei. Wie entsetzlich. Grundeinkommen schafft Freiheit.

## Wer kein Einkommen hat, hat keine Freiheit

Sehr oft nicken die Menschen an diesem Punkt der Diskussion. Ja, stimmt. Es wäre schön, wenn wir alle frei wären. Wenn jeder nach seinen Fähigkeiten und Bedürfnissen leben könnte. Wenn niemand zu irgendetwas gezwungen würde. Und während man gerade noch gedanklich in diesen paradiesischen Zuständen schwelgt, kommt jemand mit dem Vorschlaghammer der Realität, er zückt das *Müllmann-Argument*: »Aber wer macht denn dann die Drecksarbeit?«

»Tja«, frage ich dann gern zurück, »wie ist denn das bei Ihnen zuhause? Wer macht denn da den Dreck weg?«

Der eine erzählt dann, dass bei ihnen in der WG ein Putzplan eingeführt wurde, so dass im Wechsel jeder einmal dran kommt. Der andere hat eine Putzhilfe engagiert, die er dafür anständig bezahlt. Der dritte berichtet, er habe mit seinem Lebensgefährten eine Regelung, dass der eine die Wäsche macht und der andere saugt und wischt. Im Dreck lebt keiner.

Denn das *Müllmann-Argument* ist in Wahrheit ein zweites

*Menschenbild-Argument*. Offenbar ist da jemand der Meinung, es müsse Menschen geben, die man wie ein Tier behandeln kann und die man für sich arbeiten lassen kann, ohne sie dafür ordentlich zu bezahlen. Das *Müllmann-Argument* tauchte übrigens auch auf, als über die Beendigung der Sklaverei in den USA diskutiert wurde.

Wenn jemand die Drecksarbeit erledigen soll, dann kann man – mit einem gewissen Zynismus – dafür sorgen, dass ein Teil der Menschen so unter Druck steht, dass er gar keine Wahl hat und jede Arbeit annehmen muss. Mit dem Grundeinkommen wäre das vorbei. Dann bliebe der Dreck liegen. Dann gibt es nur noch zweieinhalb Möglichkeiten:

Die erste Möglichkeit ist es, einen attraktiven Arbeitsplatz zu schaffen. Der muss dann mit einem entsprechenden Einkommen und attraktiven Rahmenbedingungen verbunden sein. Mit dem Grundeinkommen hätten wir wirklich einen Arbeitsmarkt, wie wir ihn heute noch gar nicht kennen. Da könnten dann auch die sogenannten »Arbeitnehmer« frei verhandeln, denn wenn ihnen das Verhandlungsergebnis nicht passt, hätten sie ja immer noch das Grundeinkommen. Vielleicht würde dann ein Müllmann mehr verdienen als ein Investmentbanker, wer weiß?

Die zweite Möglichkeit ist, eine Maschine zu konstruieren, welche die Arbeit macht. So wie die Geschirrspülmaschine. Das war vor hundert Jahren undenkbar, dass eine Maschine die Gläser blitzblank reinigt. Inzwischen gibt es auch schon automatische Müllwagen, die, ohne dass jemand menschliche Hand anlegt, die Mülleimer vom Straßenrand greifen und in ihren Containerbauch ausleeren. Nur den Fahrer braucht es noch, aber wer weiß, wie lange.

Und die dritte, eigentlich nur halbe Möglichkeit heißt »Do it yourself!« Wenn ich weder einen attraktiven Arbeitsplatz schaffen noch eine Maschine dafür konstruieren kann, aber will, dass die Leistung generiert wird, dann muss ich es selbst machen. Aber damit werden sich die wenigsten zufrieden geben. Da ist es bequemer, eine Pistole aus der Tasche zu ziehen und jemanden zu zwingen. Das ist leider genau die Variante, die wir heute mehr oder weniger verdeckt praktizieren, indem wir Flüchtlinge aus Krisenländern in den Küchenkellern der Gastronomie arbeiten »lassen« oder »Ein-Euro-Jobber« zwingen, in den Parks Laub zu harken, weil sie sonst gar nichts mehr zum Leben hätten.

Wer kein Einkommen hat, hat keine Freiheit. Freiheit ist auch die Möglichkeit, verzichten zu können. Sie können nur als freier Mensch »Nein« sagen. Immer wenn der Mensch unter Druck gesetzt wird, so heißt es im Faust, dann wird er »tierischer als ein Tier«. Dann handelt er seinen Möglichkeiten nach unangemessen. Oder positiv und mit den Worten von Friedrich Schiller formuliert, der 1792 in den Augustenburger Briefen schrieb: »Der Mensch ist noch nicht viel, wenn er warm wohnt und satt zu essen hat. Aber er muss warm wohnen und satt zu essen haben, wenn die bessere Natur sich in ihm regen soll.«

Ganz Schlaue kommen in der Grundeinkommensdiskussion – Sie merken, der lange Winterabend ist noch nicht vorbei! – mit dem Argument, tausend Euro Grundeinkommen für jeden seien ungerecht, weil es Menschen gäbe, die mehr bräuchten. Das will ich gar nicht in Abrede stellen. Ein Querschnittsgelähmter beispielsweise wird ganz sicher mit tausend Euro nicht auskommen. Doch selbstverständlich muss auch er leben. Wir haben in langer mühevoller Arbeit über 200 Jahre ein Sozialgesetzbuch entwickelt, das durch das Grundeinkommen nicht hinfällig wird. Das Grundeinkommen ist eine Art Flatrate. Man hat weiterhin alle bisherigen Ansprüche. Aber wessen Bedarf die tausend Euro nicht überschreitet, braucht gar nicht zu kommen. Der Querschnittsgelähmte hingegen bekommt seine sechs- oder siebentausend Euro, die er zum Überleben braucht.

Manchmal meldet sich in der Diskussion auch jemand, der ganz fix rechnen kann. Das sind meist Männer, die an einer Hand abzählen: »Ich tausend Euro, meine Frau, meine drei Kinder – macht 5000 Euro zusammen. Super!« Und man sieht am Glitzern in ihren Augen, was sie sich von dem Geld alles kaufen. Der Mann investiert in sein Hobby, die Frau in die Familie. Aber dann widerspreche ich: »Nein, nein, Sie kriegen keine 5000 Euro! Sie kriegen tausend Euro. Die tausend Euro, die Ihre Frau kriegt, kriegt Ihre Frau! Und einer von ihnen beiden übernimmt treuhänderisch das Grundeinkommen Ihrer Kinder.« Vielleicht bleibt seine Frau dann gar nicht mehr seine Frau. Vielleicht macht der Sohn dann auch nicht mehr die von Papa so sehr gewünschte Banklehre. Da entstehen ganz neue Freiheiten und ganz neue Möglichkeiten! Deswegen warne ich auch manchmal: Grundeinkommen ist anstrengend. Es gibt keine Ausreden mehr. Niemand kann mehr sagen: »Eigentlich wollte ich ja Matrose werden, aber damit ich mir die Fahrkarte nach Bremen leisten konnte, musste ich erst einmal Geld verdienen …«

## Lohn ist nicht Ergebnis der Arbeit, sondern die Voraussetzung

Wenn Sie es bis an diesen Punkt der Diskussion geschafft haben, dann wissen alle in der Runde, dass das Grundeinkommen keine Frage der Machbarkeit ist, sondern eine Frage des Bewusstseins: Wie wollen wir leben und wozu?

Wenn sich jemand bei dm um einen Job bewirbt, dann sucht er in der Regel ein Einkommen. Wenn er dann bei uns anfängt, hat er nicht einen *Arbeits*platz, sondern einen *Einkommens*platz. Er bekommt am Ende des Monats sein Gehalt, egal, was er tut. Selbst wenn man eine Probezeit vereinbart und der Mitarbeiter in dieser Zeit nur Blödsinn macht, so dass man das Vertragsverhältnis innerhalb der Probezeit wieder beendet: Das Einkommen bleibt.

Denn der Lohn ist nicht das Ergebnis und die Folge der Arbeit, sondern die Voraussetzung! Ich habe in meinem Leben unzählige Einstellungsgespräche geführt, vermutlich mehr als die meisten. Irgendwann ist mir klar geworden, dass man kein Einstellungsgespräch führen kann, ohne über das Einkommen eine Vereinbarung zu treffen. Das Einkommen ermöglicht die Arbeit. Die Aufgabe des Vorgesetzten oder des ganzen Unternehmens ist es, Verhältnisse zu schaffen, dass der Mitarbeiter nicht nur Einkommen bezieht, sondern auch einen Sinn darin erkennt, die Arbeit zu erledigen. Sonst tut er sie nämlich nicht. Die Arbeit selbst ist unbezahlbar. Wenn ich will, dass jemand etwas für mich tut, dann muss ich ihm Geld geben, damit er das tun kann.

In meinen Vorträgen höre ich oft den Einwand, konsequenterweise müsse man dann den Lohn am Anfang des Monats zahlen. Dazu gibt es zwei Antworten, eine pragmatische und eine philosophische: In der Praxis bekäme der Mitarbeiter ein Problem, wenn wir bei dm das Gehalt am Monatsanfang auszahlen würden. Am Anfang, wenn er von seinem alten Arbeitgeber zu dm wechselt, hätte er nämlich zwei Monatsgehälter, und am Ende, wenn er ausscheidet, fehlt ihm eins. Philosophisch betrachtet ist der Zahlzeitpunkt ohnehin egal, denn das Ende ist zugleich der Anfang. Und auch juristisch sind die Ansprüche wechselseitig vorhanden, unabhängig vom Zeitpunkt der Zahlung. Letztlich ist es eine Frage der gesellschaftlichen Konvention.

Der Mensch lebt von Natur aus im Spannungsverhältnis zwischen Produktivität und Empfänglichkeit. In den Phasen, wo jemand empfänglich ist, konsumiert er. In den Phasen, wo jemand produktiv ist, wird er für andere tätig. Wir müssen dem Menschen nur die Chance geben, in diesem Spannungsfeld zu gedeihen. Das braucht Vertrauen oder Zutrauen. Und jeder Mensch braucht ein Einkommen, um arbeiten zu können. Wenn er arbeiten will, muss er leben. Mit Toten kann man nicht arbeiten. Wenn er leben will, braucht er Einkommen.

Deswegen meinen viele fälschlicherweise, wir müssten Arbeitsplätze sichern. Das muss man sich auf der Zunge zergehen lassen. »Arbeit sichern«. Das stand mal auf den Werbeplakaten irgendeiner Partei im Wahlkampf vor ein paar Jahren. »Arbeit sichern«. Ist das denn etwas, das wir wollen? Wollen wir Arbeit sichern? Meiner Ansicht nach wollen wir Arbeit »erledigen«. Mein Sohn würde sich bedanken, wenn ich beim Frühstück fünf Teller mit Marmelade bekleckern würde, um seine Arbeit zu sichern: »Sonst hast du nicht genug Geschirr, das du die in die Maschine einräumen kannst.«

Das habe ich einmal in Berlin gehört, als ich mit einem Bürger über den Dreck auf der Straße sprach. Da sagte der: »Er könne das ja in Nullkommanix wegfegen. Aber er wolle der Straßenreinigung nicht die Arbeit wegnehmen.« Sollen wir also dankbar sein, wenn die Leute ihren Müll auf die Straße werfen?

Nein, der Berliner Bürger wollte den Mitarbeitern der Straßenreinigung nicht ihr Einkommen wegnehmen. Die Arbeit hätte er vermutlich gern gemacht, weil nicht nur er sich über den gefegten Bürgersteig gefreut hätte, sondern auch all seine Nachbarn. Wir brauchen keine »Arbeitsbeschaffungsmaßnahmen«, sondern »Einkommensbeschaffungsmaßnahmen« oder eben Grundeinkommen. Arbeit bekommt dann Sinn, wenn sie von den anderen wertgeschätzt wird. Wird sie wertgeschätzt, wird sich jemand finden, der sie erledigt. Die Arbeit findet sich dann von allein. Es gibt genug zu tun.

*Durch das, was wir täglich tun, verdienen wir uns einen Lebensunterhalt. Ein Leben wird daraus erst durch das, was wir zu geben haben.* Peter Sloterdijk

## Kapitel 16 **Nachfolge und Stiftungsgründung oder welche Rendite ein Medien-Aktionär einfährt und wie man ein Lebenswerk am Leben erhält**

»Erinnern Sie sich noch an Gabriele Fischer?«, mit dieser Frage kam eines Morgens mein Kollege Michael Kolodziej auf mich zu. »Wissen Sie, die Journalistin, die vor rund zehn Jahren dieses Porträt im *Manager-Magazin* über uns geschrieben hat.«

Natürlich erinnerte ich mich. Gabriele Fischer hatte ich im Frühjahr 1990 kennengelernt. Sie hatte Politik und Soziologie studiert und war als junge, sehr begabte Journalistin mehr oder weniger zufällig beim *Manager-Magazin* gelandet. Sie hatte zuvor bei der Lokalzeitung *Weser-Kurier* mit großer Leidenschaft sozialkritische Artikel geschrieben und fühlte sich in der Welt der Wirtschaft wohl lange als Fremdkörper. Da ihre Mutter in Karlsruhe lebte, hatte sie über irgendeinen Kanal – vielleicht aus den *Badischen Neusten Nachrichten* oder auch nur durch den Tratsch der Nachbarin – erfahren, dass man bei dm eine andere Art des Umgangs pflegte als sonst in Unternehmen üblich.

Die Chefredaktion hatte wohl verhalten begeistert auf ihre Idee reagiert, als sie vorschlug, ein Porträt über einen Einzelhändler schreiben zu wollen. Im *Manager-Magazin* ging es üblicherweise um die große Industrie, Thyssen, Siemens und dergleichen. Der Drogeriemarkt war damals keine Nachricht wert. Trotzdem ließ man sie gewähren, und so kam Gabriele Fischer nach Karlsruhe, um sich drei Tage lang unser Unternehmen genauer anzusehen. Das war auch für uns eine neue Erfahrung. Noch nie zuvor hatten wir einen Journalisten so lange und so nah an uns herangelassen – wobei sich bis dahin auch niemand wirklich so sehr für uns interessiert hatte.

Sie platzte dabei gewissermaßen mitten in den Veränderungsprozess »Filialen an die Macht«, und obgleich manche von uns Sorge hatten, dass wir in einer solchen Umbruchsituation vielleicht nicht den allerbesten Eindruck hinterließen, war das Ergebnis ausgesprochen erfreulich.

Gabriele Fischer hatte nicht nur verstanden, was uns damals aus welchen Gründen umtrieb, sondern war obendrein tief beeindruckt von dem, was sie bei uns entdeckte. Im Juniheft erschien ihre Geschichte unter der Schlagzeile »Tausend und eine Idee« und fasste zusammen, was wir uns in den zehn Jahren zuvor an Unternehmenskultur erarbeitet hatten. Sie erzählt von der Projektarbeit, der Innovationsfitness, den eigenständigen Filialen, davon, dass wir zwar lange bräuchten, um etwas zu entscheiden, aber dafür nicht jahrelang mit dem Vertuschen der Folgen beschäftigt seien. Formulierungen wie »Das konnte einfach nicht wahr sein«, »Genau das ist so schwer zu glauben«, »eigenwillig«, »Wunder« und »Kunststück« verrieten, wie sehr unsere Ideen und Initiative die kritische Journalistin überrascht hatten.

Am meisten Spuren hatte aber wohl der Satz hinterlassen, dass Gewinne bei dm kein Selbstzweck, sondern ein Gestaltungszweck sind, sprich: unser Grundgedanke, dass das Unternehmen für den Menschen da ist und nicht umgekehrt.

Zehn Jahre später hatte Gabriele Fischer Karriere gemacht, zunächst innerhalb des *Manager-Magazins*, dann als Chefredakteurin von *Econy*, einem neu gegründeten Wirtschaftsmagazin für junge Leute. Doch schon nach einem Jahr stellte der Verlag das Blatt wieder ein, weil die Auflage nicht stimmte. Gabriele Fischer und die Redaktion waren entsetzt. Denn es fehlte dem Heft keineswegs an begeisterten Lesern. Im Gegenteil: Selten hatte ein Wirtschaftsmagazin so viel Zuspruch von Lesern bekommen wie *Econy*. Aber *Econy* war ein neues Konzept, das seine Zeit braucht, um aus Begeisterung Abonnements machen zu können – und diese Zeit gab man dem Heft und der Redaktion nicht. Man wollte den schnellen Erfolg und ließ keine Zeit zum Wachsen – nach der zweiten Ausgabe zog der Verlag eisern die Konsequenzen. Doch die Redakteure zogen nicht mit. Es war eine kleine Sensation, als sich die etwa zehnköpfige Redaktion rund um die Chefin Gabriele Fischer hinstellte und erklärte, man wolle nicht länger nur über Wirtschaft schreiben, man wolle nun auch selber wirtschaften! Nach einer kurzen Kooperationsepisode mit einem mittelständischen Verleger, der meinte, er könnte mit dem investierten Geld auch die Meinungsmacht in der Redaktion kaufen, startete die Redaktion im Jahre 1999 neu – unter dem neuen Namen *brand eins*.

Ich hatte diese Geschichte aus der Ferne mitbekommen und freute mich, dass sich darin deutlich zeigte, welche unternehmerische Kraft in Mitarbeitern steckt, wenn man sie nur zulässt.

## Aktionär von *brand eins*

Zwei Jahre nach der emanzipatorischen Existenzgründung war *brand eins* aber nun in eine ernste Krise geraten. Die Investoren, welche die Neugründung ermöglicht hatten, waren durch die Börsenverluste nach der New-Economy-Krise in finanzielle Nöte geraten, und die Beteiligungsgesellschaft, mit der man fast schon verhandlungseinig gewesen war, sprang kurzfristig ab. Kurz: Den Blattmachern stand das Wasser bis zum Hals. Um die Abonnenten zu einer Rettungsaktion aufzurufen, fehlte die Zeit: Die Umwandlung in eine Aktiengesellschaft verlangte rechtlich zu viele langwierige Einzelmaßnahmen; bis dahin wäre man längst zahlungsunfähig. Die private »Leihgabe« einer Freundin von Gabriele Fischer schaffte noch einmal Luft für zwei Monate. Aber wenn man sich nicht der Insolvenzverschleppung schuldig machen wollte, blieb als einzige juristisch vertretbare Rettungsaktion nur noch, die bestehenden Verhandlungen mit potenziellen Gesellschaftern zum Abschluss zu bringen. Dieses Schlupfloch legte die Redaktion sehr großzügig aus. Was genau ist schon eine »bestehende Verhandlung«? Also schrieb die Redaktion etwa 250 Leute an, mit denen man schon einmal in irgendeiner Form Kontakt gehabt hatte und die wussten, wie man das Wort Geld buchstabiert.

Da Gabriele Fischer kurz vorher bei einer Vernissage in einer Karlsruher Galerie zufällig Michael Kolodziej wieder getroffen hatte, landete auch er im Verteiler. Mit diesem Brief stand er nun also vor mir.

Ich griff zum Telefonhörer, ließ mir die ganze Geschichte von Frau Fischer in Ruhe erzählen, erfuhr auch, dass die Redakteure inzwischen schon 200 000 Euro eingesammelt hatten, aber dass man ernsthaft nur weitermachen könnte, wenn man nicht mindestens eine Million zusammenbekäme. Ich bat sie, mir die Bilanz zuzuschicken, damit ich mir ein genaueres Bild der Finanzlage machen konnte. Seit meinen kleinen Eskapaden der 1980er Jahre hatte ich keine weiteren Investitionen in fremde Unternehmen getätigt.

Doch diese Geschichte war mir sympathisch, und obgleich die Bilanz das Bild einer fast hoffnungslos überschuldeten Gesellschaft zeigte, vertraute ich darauf, dass die Redaktion mit ihrem Engagement die schwierige Zeit des Börsencrashs überstehen würde. Die Artikel jedenfalls waren es wert, geschrieben zu werden. Also sagte ich zu, für eine halbe Million Aktien zu kaufen, wenn es gelänge, die gesamte Million zusammenzubekommen. Denn das sah Gabriele Fischer sehr realistisch. Einfach nur die Schulden bezahlen genügte nicht; das hätte nur die Vergangenheit gesichert. Man brauchte außerdem Geld, um die Zukunft zu sichern.

Es gelang. Ein Jahr später war die GmbH in eine AG verwandelt und ich plötzlich der größte Aktionär der *brand eins Medien AG*. Fortan fuhr ich jedes Jahr brav zur Hauptversammlung nach Hamburg und beobachtete wohlwollend die Bemühungen der jungen Medienschaffenden. Auf Höhenflüge folgten Krisen folgten Höhenflüge folgten Krisen.

Zwischenzeitlich wurden wir Aktionäre immer mal wieder zur Kasse gebeten, um irgendeine Flaute zu überbrücken. Dafür gab es auch in anderen Jahren kleine Gewinnmeldungen, so dass mancher meiner Mitgesellschafter meinte, übermütig werden zu können. Doch jegliche Renditeforderung erstickte ich jeweils im Keim.

Einmal, als wieder jemand aus dem Gesellschafterkreis eine Ausschüttung der Gewinne verlangte, stand ich auf und hielt das aktuelle Heft in die Höhe: »Was wollen Sie? Das hier ist die Rendite, die Sie jeden Monat in schöner Regelmäßigkeit für Ihr Geld bekommen!«

## Eine Rede, eine Professur und ein Fernsehauftritt

Wenige Jahre später lud ich Gabriele Fischer nach Karlsruhe ein, vor meinen Studierenden einen Vortrag über Frauen in Führungspositionen zu halten. Ich hatte inzwischen eine Professur am Interfakultativen Institut für Entrepreneurship an der Universität Karlsruhe übernommen. Das war einer von fünf Lehrstühlen für Entrepreneurship, die im Jahr 1999 aus Stiftungsmitteln von SAP entstanden waren. Der Karlsruher

Lehrstuhl sollte interfakultativ den akademischen Nachwuchs aller Fachrichtungen mit theoretischem und praktischem Wissen auf den Schritt in die Selbstständigkeit vorbereiten. Der Unternehmer Reinhold Würth hatte das die ersten vier Jahre übernommen, 2003 hatte man mich gebeten, seine Nachfolge anzutreten. Das war für mich eine unglaubliche Herausforderung; schließlich hatte ich die Schule ja bereits nach elf Schuljahren als lausiger Schüler verlassen und lediglich die Universität des Lebens besucht. Ich war weder ein guter Redner noch ein Freund großer Auftritte.

Mein Sohn erinnert sich bis heute an eine für ihn höchst peinsame Rede, die ich als Schülervater mal gehalten habe. Zu dieser Aufgabe war ich auch nur aus Versehen gekommen. Zu dem Elternabend, bei dem die Abschlussfeier der Zöglinge geplant wurde, kam ich aus irgendwelchen Gründen zu spät. Gerade als man darüber diskutierte, wer denn eine kleine Ansprache halten könnte, platzte ich in die Versammlung. Tja, und weil ich da schon mit schlechtem Gewissen in der Tür stand, hatte ich keine guten Argumente, als die versammelte Elternschaft erwartungsvoll auf mich blickte. »Ach, Herr Werner, das passt ja prima. Sie könnten das doch machen.« Da hatte ich das am Hals. Was sollte ich tun? Ich stellte mich also vorne hin und plauderte – frei von rhetorischer Brillanz –, was ich meinte, sagen zu müssen.

Mein Sohn Christoph war zum Glück etwas schlagfertiger als ich. Als eine Schulkameradin lästerte: »Wie kann das sein, dass der Chef von einem so großen Unternehmen so eine Rede hält?«, antwortete er: »Reden zu halten scheint eine Fähigkeit zu sein, die man dabei nicht braucht.«

Als ich später auf dem Kongress für Moderne Markt-Methoden in München sprechen sollte, bin ich im Urlaub davor stundenlang am Wattenmeer entlangmarschiert und habe den Vortrag eingeübt. Am Ende habe ich mich dann so leidlich gehalten. Fortan habe ich hart an mir gearbeitet, um zu trainieren, wie man einen roten Faden spinnt und wie man Spannung aufbaut. Aber solche Auftritte waren nichts, worauf ich irgendwie scharf war.

Nun also diese Professur. Das war eine große Ehre. Ich überlegte hin und her, am Ende fehlte mir, salopp gesagt, der Mut, das abzusagen. Also musste ich mich mit der Aufgabe auseinandersetzen. Ich habe mich gefragt, wie man Entrepreneurship eigentlich lernt, was dazu gehört, wenn man Unternehmer sein oder werden will, und so habe ich mir nach und nach klar gemacht, was ich den Studierenden eigentlich erzählen kann und will. Insofern war die Lehrtätigkeit auch für mich eine wichtige Sache, die ich bis 2010 gerne und mit großem Eifer betrieben habe.

Gelegentlich und wenn es passte, lud ich mir Gastdozenten ein. So eben auch 2004 Gabriele Fischer. Nach ihrem Vortrag, der wie erwartet erfrischend und anregend für die Studierenden war, nahm ich sie im Auto mit und fuhr sie zu ihrer in Karlsruhe lebenden Mutter. Wir plauderten über dies und jenes, und so erzählte sie von dem Anruf eines Lesers, der ihr irgendwelche irrwitzigen Ideen zur Verbesserung des Steuersystems dargelegt habe. Nun hatte ich ja schon fast zwanzig Jahre gemeinsam mit hochkarätigen Wissenschaftlern über das Steuersystem nachgedacht und wusste, dass derlei eigentlich kein Thema für eine kurze Autofahrt war. Also brachte ich die Sache auf den Punkt: »Frau Fischer, Sie wissen doch: Es gibt zwei Dinge, auf die es ankommt: Konsumsteuer und Grundeinkommen.« Sie hakte kurz nach, fragte dies, fragte jenes. Aber dann waren wir auch schon am Ziel und unser Gespräch beendet.

Eine Woche später klingelte das Telefon. Die Frage hatte bei Gabriele Fischer gegärt. Die *brand eins*-Redaktion hatte sich schon im Jahr 2000 des Themas Grundeinkommens angenommen, weil die Kulturschaffenden das eine coole Idee fanden, wenn sie unbeschwert von finanziellen Basissorgen ihren kreativen Ideen nachhängen könnten. Nach dem Motto: Wenn du nichts arbeiten willst, ist Grundeinkommen eine gute Sache. Aber damals fehlte eben noch jeglicher Ansatz einer vernünftigen Finanzierung. Jetzt, in der Kombination mit der Konsumsteuer, bekam das Thema Grundeinkommen für die Redaktion eine neue Dimension und Perspektive.

Wir führten ein ausgiebiges Interview, in dem ich alle meine Überlegungen der letzten Jahre ausführlich darlegte, und der gestandenen Journalistin gelang es anschließend, meine manchmal etwas komplizierten Gedanken und Redewendungen in eine anschauliche und verständliche Sprache zu bringen. Der Text, der im April 2005 im *brand eins*-Heft mit dem Schwerpunkt »Wie weiter?« erschien, fand unerwartete Resonanz.

In Karlsruhe klingelte das Telefon, und die Redaktion der sonntäglichen Talksendung Sabine Christiansen lud mich ein. Und so saß ich am Tag der Arbeit, am 1. Mai 2005, unerwartet in Berlin im Fernsehstudio und diskutierte gemeinsam mit Mathias Döpfner, dem damaligen Axel-Springer-Vorstandschef, dem DGB-Vorsitzenden Michael Sommer, dem Börsenspekulanten Florian Homm, dem ehemaligen niedersächsischen Ministerpräsident Sigmar Gabriel und dem damals designierten FDP-Generalsekretär Dirk Niebel über das Thema »Kapital und Eigentum verpflichten – Wozu?«

Die Einladung von Sabine Christiansen war eine Art medialer Ritterschlag. Wer dort eingeladen war, wurde dann von allen Medien angesprochen. Plötzlich bekam ich Einladungen, um Vorträge zu halten, Interviewanfragen, Bitten für Kommentare und Kolumnen. Im September 2005 erschien die *brand eins* mit dem Schwerpunkt »Nie wieder Vollbeschäftigung, wir haben Besseres zu tun!« und beschäftigte sich mit dem Thema Grundeinkommen. Auch später nahm sich die *brand eins* immer mal wieder dieses Themas an. Das bestverkaufte Heft war übrigens »Nichtstun – aber richtig!« im August 2012, in dem sich keine Anleitung für Faulpelze fand, sondern die Chancen kreativen Müßiggangs und neuer Arbeitsformen diskutiert wurden.

Seit dem Auftritt bei Sabine Christiansen gibt es kaum einen Tag, an dem ich nicht über das Grundeinkommen rede. Es war wie ein Feuerwerk, das, wenn es einmal gezündet ist, in einer Tour Raketen startet, die die Nacht erleuchten. Der erste Zündfunke war dieses Interview in *brand eins*. Die Idee wird weiter wachsen. Es ist wie ein Schwelbrand; irgendwann wird ein großes Feuer daraus. Man weiß nur nicht, wann.

## Rückzug von dm: »Der Werner, der sitzt da jetzt nicht mehr!«

Manchmal wird mir unterstellt, ich hätte das Thema Grundeinkommen bewusst auf die Agenda gesetzt, um auf besonders geschickte Weise Werbung für dm zu machen. Aber das ist Quatsch. Ich habe das Thema nie besonders in Szene setzen wollen, verspüre kein Sendungsbewusstsein und biete mich auch nirgends an. Zeitungen, Fernsehen oder Veranstalter treten alle auf mich zu. Dass die Grundeinkommensidee auf die Medien solch eine Sogwirkung hatte, lag nicht daran, dass ich sie damit bedrängt hätte. Nein, offenbar änderte sich die Großwetterlage im Denken der Menschen. Es sind eben immer mehr Leute bereit, sich für den Gedanken eines unternehmerisch handelnden Menschen zu öffnen. Denn das ist die Voraussetzung des Grundeinkommens, dass jeder Mensch sein eigener (Lebens-)Unternehmer wird und das Grundeinkommen ihm die Entwicklung und Verwirklichung seines individuellen Realtraumes ermöglicht.

Es traf sich gut, dass ich 2008, wie drei Jahre zuvor angekündigt, tatsächlich aus der Geschäftsleitung ausschied. Zum Glück hatte ich ja schon als junger Mann bei meinem Vater anschaulich erleben dürfen, wie schwer eine solche Übergabe sein kann, wenn man sich nicht ordentlich darauf vorbereitet. Viele Unternehmer haben das Problem, dass sie ihren potenziellen Nachfolgern den Job nicht zutrauen – und deshalb versuchen sie, solange wie möglich zu bleiben. Deswegen hatte ich mir schon an meinem 60. Geburtstag fest vorgenommen und laut verkündet, dass ich 2008 mein Büro räumen würde.

Genau das tat ich am 16. Mai 2008: Ich räumte das Büro. Die Leute sollten sehen: Der Werner, der sitzt da jetzt nicht mehr. Nachdem ich all die Jahre zuvor so viel Energie investiert hatte, damit die Filialen und die Mitarbeiter an die Macht kamen, wollte ich nun der Illusion entgegenwirken, ich würde auch nach meinem Weggang weiter auf die Geschehnisse bei dm direkten Einfluss nehmen wollen. Bei Licht betrachtet hatte sich mein Abschied genauso organisch wie alles andere bei dm entwickelt. Seit dem ersten Tag als Pionier musste ich im Laufe der Zeit immer mehr Verantwortung abgeben, um erfolgreich zu sein. Denn bei allem Erfolg, den wir hatten, wuchsen mir die Aufgaben beständig über den Kopf. Ich hatte gar keine andere Wahl, als in solchen Phasen andere Menschen in die unternehmerische Verantwortung zu bringen, anderen das Zutrauen zu schenken. Jetzt ging ich einfach den nächsten Schritt, wie ein Blatt, das vom Baum fällt.

Ich hatte sorgfältig auf den Punkt der Übergabe hingearbeitet. Schon 2004 war ich auf Erich Harsch zugegangen: Ich trage mich mit dem Gedanken, in ein paar Jahren auszusteigen. Ich halte Sie für geeignet, die Rolle des Vorsitzenden der dm-Geschäftsführung zu übernehmen. Was halten Sie davon, jetzt schon mal mein Stellvertreter zu werden?« Erich Harsch dankte für das Vertrauen, bat sich aber etwas Bedenkzeit aus und kam dann wenige Tage später wieder zu mir: »Also, Herr Werner, das ist sehr schön, dass Sie mir diesen Job zutrauen. Aber mir wäre eigentlich viel wichtiger, dass nicht Sie das denken, sondern dass die Geschäftsführungskollegen so denken.« Er bat mich, ihn nicht aus dem Team rauszudeuten, sondern lieber die Frage nach dem Stellvertreter offen zur Diskussion zu stellen und dann abzuwarten, was passiert.

Genauso handhabten wir das. Und so kam ein dm-typischer Prozess zustande, in dem sich nach einigen Diskussionen die Gruppe tatsächlich auf Erich Harsch verständigte, der die nächsten Jahre zunächst mein Stellvertreter wurde. Aus verschiedenen Gründen, unter anderem weil wir in Stuttgart bessere Schulen für unsere Kinder fanden, zogen meine Familie und ich 2005 nach Stuttgart. Das half allen Beteiligten – mir, aber auch allen Kollegen –, schon einmal ein bisschen auf Abstand zu gehen. Ich fuhr immer seltener, nicht mehr jeden Tag nach Karlsruhe. Und so konnten wir miteinander lernen, erfahren und trainieren, wie die dm-Geschäfte auch ohne die Anwesenheit des Gründers wunderbar weiterliefen.

Der Rückzug aus dem operativen Geschäft vollzog sich also innerhalb mehrerer Jahre, und ich arbeitete bewusst und sorgfältig auf den Punkt der Übergabe hin. Insofern war es dann tatsächlich eine Art Befreiung, als ich den Staffelstab in letzter Konsequenz an meinen Nachfolger weitergab.

Konkret merkte ich das daran, dass ich von einem Tag auf den anderen aufhörte, Fingernägel zu kauen. Mein Leben lang hatte ich wohl unter der allgemeinen Last der Verantwortung an den Nägeln geknabbert. Jetzt war es damit vorbei. Als normales Mitglied des Aufsichtsrates verfolge ich noch – mit wachem Verstand und kritischem Blick, wie es sich für ein Aufsichtsratsmitglied gehört –, was bei dm geschieht. In die konkreten Entscheidungen mische ich mich aber nicht ein. Trotzdem lasse ich mir die alte Angewohnheit nicht nehmen, wenn ich auf einer Reise an einer dm-Filiale vorbeikomme, den Laden zu betreten und das Gespräch mit den Mitarbeitern zu suchen. Bislang wissen sie noch, wer »Herr Werner« ist.

Gelegentlich trafen mich in den ersten Jahren meines »Rentnerdaseins« vor allem in Wirtschaftskreisen mitleidige Blicke, und irgendjemand stellte die Frage: »Wollen Sie wirklich schon Ihr Lebenswerk aufgeben?« Da nickte ich freundlich und antwortete: »Ein Lebenswerk wird ja erst dann zum Lebenswerk, wenn es so angelegt ist, dass es von anderen weitergeführt werden kann.«

## Eine Stiftung sichert die Zukunft des Unternehmens

Genau deswegen machte ich mir auch frühzeitig Gedanken über die formale Ausgestaltung des dm-Drogeriemarktes, wobei ich wertvolle Anregungen von meinem Freund Benediktus Hardorp bekam. Denn voller Sorge blickte ich auf den Umstand, dass die Rechtsform von dm, eine GmbH, zahlreiche Schwächen aufwies. Denn all die Jahre hatte es ja zwei gleichberechtigte Gesellschafter gegeben, Günther Lehmann und mich, die wir jeweils fünfzig Prozent hielten. Was aber würde geschehen, wenn einer von uns beiden sterben würde? Wie würden die Erben mit der Verantwortung fertig werden?

Immerhin habe ich sieben Kinder. Sie verstehen sich gut, aber der Volksmund lästert vermutlich nicht zu Unrecht: »Sie verstehen sich gut? Dann haben sie wohl noch nicht geerbt?« Nun werde ich zwar in vielen Wirtschaftsgazetten als einer der reichsten Deutschen tituliert. Aber es ist keineswegs so, dass ich jeden Morgen wie Dagobert Duck in ein Schwimmbecken voller Goldmünzen springe. Mein Vermögen steht auf dem Papier und besteht aus den dm-Anteilen. Ich könnte das Geld nur ausgeben, wenn ich im Gegenzug dm verkaufen würde.

Selbst wenn meine Kinder zusammen mit allen Schwiegerkindern, also möglicherweise 14 juristisch beteiligte Personen, gemeinsam in großer Einigkeit die Idee des organisch gewachsenen Unternehmens fortführen wollten, würden sie, nur um die Erbschaftssteuer zu bezahlen, Anteile verkaufen müssen. Das allein könnte das Ende von dm bedeuten.

Und so folgte ich dem Rat von Benediktus Hardorp, rief die dm-Werner-Stiftung ins Leben und übertrug ihr all meine Anteile an dm. Mein Anliegen war und ist es, damit auf lange Sicht – und eine Stiftung besteht »für die Ewigkeit« – die bestmögliche Grundlage für das Unternehmen zu schaffen. Das Geld ist bei dm verdient worden, und es soll auch dm zur Verfügung stehen.

Die Stiftung stellt sicher, dass weiterhin die Geschäftsführung nur so viel Überschuss anstrebt, wie das Unternehmen für seine wirtschaftliche Stabilität benötigt. Wenn ausreichend in die Zukunftsfähigkeit des Unternehmens investiert wurde, kommen die Gewinne gemeinnützigen Zwecken zugute. Durch die Stiftungssatzung ist sichergestellt, dass das auch so bleibt, wenn ich die Leitung der Stiftung, die ich derzeit noch selbst innehabe, an einen Stiftungsrat übergebe. Zugleich ist dadurch dieser Unternehmensanteil nicht mehr verkäuflich, also jeder privaten Verfügung entzogen. Denn eigentlich ist der Kunde der Eigentümer unserer Marke. Solange dm aus eigener Kraft überlebt, weil die dort wirkenden Menschen miteinander füreinander dienlich sind, kann niemand dem Unternehmen etwas anhaben.

Für die Stiftungsgründung gab es noch ein weiteres Argument, das mich mehr als Vater denn als Unternehmer umtrieb: Aus Sicht meiner Kinder war dm *mein* Leben, nicht *ihres*. Für mich war dm eine selbstgewählte Aufgabe, mit der ich wachsen konnte. Ich wollte meinen Kindern nicht eine Bürde hinterlassen, die verhindert, dass sie ihren eigenen Lebensweg finden und bestreiten können. Sie sollen nicht Zahnpasta verkaufen müssen, nur weil ihr Vater Zahnpasta verkauft hat. Wer immer in die Fußstapfen anderer tritt, der hinterlässt keine Spuren.

Ein Journalist hat einmal vor meinem Sohn in überspitzter Weise geunkt, die Kinder vom Herrn Werner müssten ja jetzt am Hungertuch nagen. Da ging mein Sohn energisch dazwischen: »Haben Ihre Eltern Ihnen ein Unternehmen vererbt?« Der Journalist schüttelte irritiert den Kopf. »Nagen Sie am Hungertuch?« Der Journalist schüttelte erneut den Kopf. »Warum soll ich dann am Hungertuch nagen?«

Denn darum geht es doch bei allem, was wir tun: dass die Menschen Entwicklungsmöglichkeiten haben. Wenn wir ins Leben starten, wissen wir doch gar nicht, was aus uns wird. Meine Kinder werden ihren Weg finden müssen, wie jeder andere auch – und meines Wissens sind sie ganz froh, dass sie das dürfen.

*Genialität erfindet durch Hinwegschreiten über die Übergänge: Die klare Einsicht in den zurückgelegten Weg kommt später und bildet erst den freien Künstler.*

Johann Gottlieb Fichte

## Epilog
## oder warum man erst hinterher weiß, wie eine Geschichte ihren Weg nimmt und worauf sie hinausläuft

Wenn ich heute vor unseren Filialleitern stehe, dann frage ich manchmal: »Wer von Ihnen hat eigentlich bei uns seine Ausbildung gemacht?« Sehr viele Finger gehen dann hoch. Und nun sage ich: »Erinnern Sie sich noch daran, wie Sie damals waren? Das hätte Ihnen vermutlich keiner zugetraut, dass Sie einmal eigenverantwortlich eine Filiale mit zwanzig, dreißig und mehr Mitarbeitern leiten!«

Die dm-Geschäftsführung besteht heute aus neun Persönlichkeiten. Davon haben vier als Studenten im dualen Studium bei uns angefangen. Und der Fünfte kam als 19-Jähriger, als abgebrochener Jurastudent aus Österreich. Das ist heute der Vorsitzende der dm-Geschäftsführung, mein Nachfolger. Wer hätte das jemals vorhergesagt?

Und ich selbst? In der Schule sitzengeblieben, nach elf Schuljahren abgegangen. Deutscher Jugendmeister im Rudern, Drogist gelernt, Prokurist geworden. Verstoßener Sohn. Realträumer. Gründer wider Willen. Nach 35 Jahren ein Unternehmen mit 30 000 Mitarbeitern, 2000 Filialen und fast fünf Milliarden Umsatz an die Nachfolger übergeben. Zweimal verheiratet. Vater von sieben Kindern. Großvater. Universitäts-Professor. Pionier für die Idee des Grundeinkommens. Stifter. Buchautor.

Wer hätte damit rechnen wollen?

Ein Kind lernt nicht an einem einzigen Tag das Laufen. Es läuft einfach irgendwann. Dann staunen alle: Oh, das Kind kann laufen. Manche behaupten: Es hat heute laufen gelernt. Und auch das Kind selbst erkennt: Ich kann laufen! Zwanzig Jahre später wird es Olympiasieger im Hundert-Meter-Lauf. Dann schaut es zurück: Woher kommt der Erfolg? Was habe ich da eigentlich gemacht? Wieso weiß ich, wie das geht?

Der Weg zum Erfolg wird erst im Nachhinein erkennbar. Wenn ich heute zurückblicke, kann ich nur sagen: Ich hatte sehr viel Glück. Hätte damals mein Chef im ersten Anlauf meinem Konzept zugestimmt, wäre alles anders gekommen. Nur weil er meine Ideen ablehnte, bin ich Unternehmer geworden. Hätte ich dieselbe Idee ein paar Jahre oder nur ein paar Monate früher oder später gehabt, wer weiß, wohin mich mein Weg geführt hätte.

In einem jedoch bin ich mir sicher: In jedem Fall würde ich jetzt auf ein Unternehmen zurückschauen. Denn jeder Mensch ist ein Unternehmer – ein Lebensunternehmer. Jeder Mensch schreibt seine eigene Biographie. So unberechenbar wie ein Unternehmen ist auch ein Leben, aber beides ist gestaltbar. Wichtig ist, sich das bewusst zu machen. Sobald ich das tue, schaue ich anders in die Welt. Jeder Tag, jede Aufgabe beurteile ich anders, schließlich ist alles, was ich tue, Teil meiner Biographie. Und ich investiere stets meine Lebenszeit.

Unternehmerschaft braucht die Kraft zur Vorausschau. Jeder Mensch hat die Fähigkeit, vorwegzunehmen und zumindest in den Blick zu nehmen, was auf ihn zukommt. Diese Fähigkeit braucht es. Nur dann kann man sich einen Gestaltungsspielraum eröffnen und sinnvoll nutzen.

Beim Blick in die Zukunft zeigt sich: So wie wir heute

leben, so wie wir heute konsumieren, können wir nicht weitermachen. Das wird immer mehr Menschen bewusst. Viele fragen sich schon heute: Was ist das für ein Unternehmen, bei dem ich einkaufe? Wen unterstütze ich mit meinem Kauf? Diese Fragen gab es vor zwanzig Jahren nur selten. Inzwischen werden sie immer häufiger gestellt.

Kann sich ein Unternehmen Nachhaltigkeit auf die Fahne schreiben und zeitgleich Millionen in Werbung investieren, die Kunden zum Kauf von Produkten verführen soll, die sie nicht benötigen? Können wir tatsächlich nachhaltiges Handeln fordern, ohne beim »überflüssigen« Konsum Abstriche zu machen?

Bislang fokussieren die meisten Menschen sich fast ausschließlich auf das Materielle. Das hat zu enormem Wohlstand geführt. Inzwischen leben wir materiell im Überfluss. Dagegen gibt es im Sozialen, im Zwischenmenschlichen einen enormen Mangel. 99 Prozent der Probleme, die wir haben, sind soziale Probleme. Im Sozialen ist jeder gefordert. In jeder Situation geht es darum, die Bedürfnisse seiner Mitmenschen – seien es Eltern, Kinder, Partner oder Freunde – zu erkennen und eigeninitiativ für sie tätig zu werden. Sobald Mangel und Überfluss gleichzeitig auftreten, ist es nötig zu handeln. Wer sich dies klar macht, weiß: Immer wenn Menschen zusammenkommen, gibt es etwas zu tun. Oder anders gesagt: Zahnpasta verkaufen kann jeder. Doch Zahnpasta mit anderen Menschen für andere Menschen bereitzuhalten, das ist eine soziale Kunst.

Deswegen brauchen wir Menschen, die nicht nur ihre eigenen Lebensunternehmer, sondern auch herausragende soziale Künstler werden. Ich rechne damit!

# Danksagung

Bei der Arbeit an diesem Buch konnte ich auf Unterstützung und Hilfe von vielen Menschen zählen, die mich im privaten wie beruflichen Leben all die Jahre begleitet und unterstützt haben. Einmal mehr hat sich dabei gezeigt, dass ein Mensch nie allein tätig werden kann und dass die Ergebnisse unserer Arbeit aus gemeinschaftlicher Anstrengung und wechselseitiger Inspiration entstehen. Für dieses vertrauensvolle Wissen darum, niemals allein zu sein, bin ich zutiefst dankbar.

Zuallererst möchte ich meiner Frau Beatrice danken, dass sie auf so wunderbare Weise mein Leben bereichert, meine Augen und Ohren, mein Herz und meine Seele für die schönen Dinge des Lebens geöffnet hat. Mit ihr habe ich die Tiefe und Weite der Kunst entdeckt, die Seele der Musik und den feinen Rhythmus der Liebe. So konnten wir unseren Kindern Cornelia, Christoph, Bettina, Michaela, Johanna, Sonja und Matthias gemeinsam ein Zuhause schaffen, in dem sie sich zu ihrem Besten entfalten und entwickeln konnten.

Danken möchte ich auch allen Personen, die durch Erinnerungen, Bilder und Gespräche mitgeholfen haben, die Geschichten in diesem Buch authentisch und lebendig werden zu lassen: meinem Jugendfreund und lebenslangen Weggefährten Ulrich Zwissler, meinem alten Ruderkameraden und Geschäftspartner Günter Bauer, meinem Mentor und Berater Dr. Benediktus Hardorp, meinem Schwager, Freund und Geschäftspartner Götz Rehn, meinen Kollegen und dm-Weggefährten Erich Harsch, Mario Mescoli, Michael Kolodziej und Herbert Arthen.

Danken möchte ich auch Andrei Birtolonu, der mir wie in

all den letzten Jahren auch bei dieser Publikation mit seinem fundierten Wissen über die dm-Geschichte zur Seite gestanden. Auch Dr. Heino Rück, Aufsichtsratsvorsitzender von dm und mein langjähriger juristischer Wegbegleiter, hat dem Buch wertvolle Impulse gegeben. Großen Dank verdient nicht zuletzt der Künstler Enno Schmidt, der sich seit vielen Jahren mit dem Thema Grundeinkommen, aber auch den Ideen der Biographiearbeit von Hellmuth J. ten Siethoff beschäftigt hat, für seine Anregungen und Ideen, die ins Manuskript eingeflossen sind.

An der Entstehung dieses Buches war wesentlich die Beraterin und Journalistin Claudia Cornelsen beteiligt, indem sie geholfen hat, meine Anliegen und Botschaften zu einem dem Menschen dienenden Führungsverhalten und zum bedingungslosen Grundeinkommen in den biographischen Zusammenhang zu stellen, aus dem sie entstanden sind. Durch ihre Fragen und Recherchen ist mir vieles wieder ins Gedächtnis gekommen, was vergessen schien; und mancher bislang lose Gedanke steht jetzt in einem stabilen reflektierten Zusammenhang.

Unterstützt haben diese Buchveröffentlichung auch die Mitarbeiter des Econ-Verlags, zuvörderst der Programmleiter Jürgen Diessl, der im beharrlichen Bemühen überhaupt erst die Bereitschaft zu einer Biographie bei mir geweckt hat. Hanna Schuler gab dem Text im Lektorat den letzten Schliff.

Ihnen allen danke ich von Herzen und hoffe, dass unsere gemeinsame Anstrengung das Buch für viele Menschen lesenswert macht. Denn mein größtes Anliegen ist, dass sich eine breite Öffentlichkeit für die Wirtschaftsweise und den Führungsstil bei dm interessieren und begeistern kann, so dass eine menschenzentrierte Wirtschaft und die Dialogische Führung eine ansteckende Kraft entwickeln und möglichst viele Menschen sich frei in einer gerechten und solidarischen Umwelt als die Unternehmer ihrer eigenen Biographe entfalten können, wie es wohl unser aller Wunsch ist.